高等职业教育新形态一体化教材

U0728055

高职体育与健康

杨柳　杜强　马宁　李希春　主编

中国教育出版传媒集团

高等教育出版社·北京

内容提要

本书为高等职业教育新形态一体化教材，配以二维码链接的数字化资源，将文字、视频、图片有机结合，使技术部分内容更加生动、形象，增强学生的学习体验。全书分为三篇十四章。第一篇体育与健康基本知识，包括体育文化与竞赛参与、科学健身与运动安全、健康生活与职场保健；第二篇专项运动技能，包括大球类运动、小球类运动、操舞健体类运动、格斗类运动、武术与民间传统类运动、游泳运动、时尚户外运动；第三篇体能和社会适应，包括身体素质锻炼、体质的评价与锻炼计划的制订、职业体能训练、职业心理和社会适应。

本书充分体现职业性、实用性和开放性的特点，可以作为高职院校体育公共课教材和各类职业岗位从业者锻炼身体的指导用书。

图书在版编目（CIP）数据

高职体育与健康 / 杨柳等主编 . -- 北京 ： 高等教育出版社，2025. 8. -- ISBN 978-7-04-065004-4

Ⅰ. G807.4；G717.9

中国国家版本馆CIP数据核字第2025FZ1766号

Gaozhi Tiyu yu Jiankang

| 策划编辑 | 陈 海 | 责任编辑 | 陈 海 | 封面设计 | 王 琰 | 版式设计 | 杨 树 |
| 责任绘图 | 马天驰 | 责任校对 | 窦丽娜 | 责任印制 | 刘思涵 | | |

出版发行	高等教育出版社	网　　址	http://www.hep.edu.cn
社　　址	北京市西城区德外大街4号		http://www.hep.com.cn
邮政编码	100120	网上订购	http://www.hepmall.com.cn
印　　刷	武汉市新华印刷有限责任公司		http://www.hepmall.com
开　　本	787mm × 1092mm　1/16		http://www.hepmall.cn
印　　张	19		
字　　数	450千字	版　　次	2025 年 8 月第 1 版
购书热线	010-58581118	印　　次	2025 年 8 月第 1 次印刷
咨询电话	400-810-0598	定　　价	48.00 元

本书如有缺页、倒页、脱页等质量问题，请到所购图书销售部门联系调换

前言

党的二十大报告指出："广泛开展全民健身活动，加强青少年体育工作，促进群众体育和竞技体育全面发展，加快建设体育强国。"体育与健康教育是提高人民健康水平的重要途径，是促进人的全面发展的重要手段。开展体育与健康教育能为满足人民群众对美好生活的向往、促进经济社会发展提供重要支撑。

高等职业教育体育与健康课程是一门公共基础必修课程，是高等职业院校体育工作的中心环节。本课程以身体练习为基本手段，以体育与健康知识、运动技能和锻炼方法为主要学习内容，以培育学生体育与健康核心素养、促进身心健康发展为主要目标，帮助其成为德智体美劳全面发展的高素质技能型人才，从而对推动职业教育高质量发展，加快建设文化强国、教育强国、人才强国、体育强国和深入开展健康中国行动产生重要作用。

为全面贯彻党的二十大精神和全国教育大会精神，进一步完善高等职业院校的体育课程教材，顺应我国高等职业院校迅速发展和人才培养的需要，我们依据教育部研制的《高等职业教育专科体育与健康课程标准》（征求意见稿），在参阅大量国内外文献资料和近期学者研究成果的基础上，组织多所高职院校从事一线教学工作多年的专家、学者，紧扣高职院校公共体育课的实际需求，对教学内容进行了全新地规划和调整，联合编写了本教材。教材文字精练，图文并茂，视频资源丰富，力求做到新颖、实用、立体和直观。教材具有以下几个显著特点：

1."课程思政"元素多元化。教材深入挖掘体育内在的文化基因和价值观念，充分发挥体育课程的独特优势，将这些内涵转化为育人的要素，旨在实现知识建构、能力培养、精神塑造和价值引领的有机统一。

2.数字化与立体化。教材充分利用现代多媒体技术，对重要内容进行了数字化处理，不仅便于动态更新教学内容，还能够以立体化的方式呈现学习内容。通过二维码链接的数字化资源，学生的学习更加便捷高效。

3.新颖性与时尚性。教材充分考虑当代高职院校学生的特点，紧扣当前教育发展的新趋势，融入新的教育观念和知识，突出教材的新颖性。同时，针对职业院校学生追求时尚的特点，特别增加了一些他们喜闻乐见的新兴休闲运动项目，凸显教材的时尚感。

教材由杨柳、杜强、马宁、李希春担任主编，李超、刘汉卿、栾伟元、安宏图担任副主编，并由杨柳、杜强统稿。各章节编写人员如下：李超编写第一章、第十二章，杜强、耿文锦编写第二章，段甜甜、肖守利编写第三章，安宏图、马宁编写第四章，尹进刚、苏明玺编写第五章，王晓、翟雷编写第六章，刘西友、栾伟元编写第七章，赵长通、李文涛编写第八章，杨柳、孙传明编写第九章，杨新荣、辛磊编写第十章，刘汉卿、郝佳编写第十一章，徐之军、李希春编写第十三章，窦志红、赵岸编写

第十四章。

　　教材编写过程中，得到了高等教育出版社的大力支持和帮助，在此表示真诚的感谢，并对所参考的文献资料作者致以最诚挚的谢意！由于编者能力有限，书中不当之处，恳请广大读者批评指正。

编者

2025 年 2 月

目录

第一篇

体育与健康基本知识

　　体育与健康基本知识主要解答学生在理解体育文化、维护身心健康、进行体育锻炼等方面的困惑，促进学生主动参与体育运动，掌握科学的锻炼方法，初步掌握基础的急救技能。体育与健康基本知识主要包括体育文化、竞赛参与、科学健身、运动安全、健康生活、职场保健等内容。

第一章　体育文化与竞赛参与

【章前导言】

在人类文明的长河中，体育文化如同一股不竭的清流，滋养着人们的精神世界，塑造着坚韧不拔的民族性格。它不仅仅是身体力量的展现，更是智慧、勇气、团结与拼搏精神的集中体现。从古老的奥林匹克竞技场到现代的世界级体育赛事，体育文化与竞赛参与始终伴随着人类社会的进步与发展，成为连接不同国家、不同民族、不同文化的重要桥梁。

体育，是力与美的交融，是速度与激情的碰撞。它教会我们如何在挑战中超越自我，在失败中汲取力量，在成功中保持谦逊。而竞赛，则是体育文化的精髓所在，它让体育的精神与价值在激烈的对抗中得以彰显，让参与者在公平竞争的环境中追求卓越，实现自我价值的最大化。

本章深入探讨体育文化的丰富内涵，从历史的维度追溯其起源与发展，从社会的角度剖析其对社会结构、价值观念乃至国际交流的影响。同时，我们也将重点关注竞赛参与的重要性，分析竞赛如何成为推动体育文化传播、促进人的全面发展、增强民族凝聚力与自豪感的有效途径。

【学习目标】

1. 理解体育文化的内涵与价值。
2. 了解体育竞赛的基本规则。
3. 培养竞赛参与意识与能力。
4. 领悟体育精神与意义。

毛泽东的体育情缘

中华人民共和国开国领袖毛泽东是众所周知的政治家、军事家、革命家。作为一代伟人，他不但雄才大略，而且博学广识，对体育热爱有加，少年时期就与体育结下不解之缘。

身材高大的他，在湖南第一师范学校读书时，就是学校足球队的队员，尤其擅长做守门员，只要往球门前一站，那种一夫当关万夫莫开的气势就凸显出来。

他很喜欢打乒乓球。他认为乒乓球运动对于场地器材要求低，倡导开展此项运动。后来在延安艰苦的斗争岁月里，打乒乓球成为他工作之余的主要运动方式。在党中央和毛主席的关怀下，1937年上半年成立了陕甘宁边区体育运动委员会。1941年建立延安大学体育系，培养体育人才。

他热爱游泳，曾在我国多个水域畅游，其中就有长江、珠江、钱塘江、湘江等。"才饮长沙水，又食武昌鱼。万里长江横渡，极目楚天舒……"这是他畅游长江后写下的著名词作。

1952年6月，毛主席为中国体育工作题写"发展体育运动，增强人民体质"，至今仍指引着各行各业重视体育、发展体育。

第一节　体　育　文　化

体育文化是关于人类体育运动的物质文明与精神文明的总和。体育文化是人类在历史发展进程中，通过体育活动所创造和积累下来的宝贵财富，它反映了人类对体育的认识、情感、价值追求和道德观念，是体育运动的灵魂和精髓。

一、体育文化概述

（一）体育文化的定义

体育文化可以理解为一个以体育这一核心概念来命名的与体育有关的多种文化的集合。按照对核心概念类文化的认定以及对体育文化概念的理解，体育文化应该包括体育运动、体育道德、运动训练、体育教育、体育竞赛、体育制度、体育组织、体育器械、体育服装、体育雕塑和体育作品等以体育为核心的人们所创造的与体育直接相关的内容。因此，体育文化是一个综合概念，而不是对某种特殊文化的特指。这一概念以体育为核心，以体育人的心理期待为半径，为关注体育的人们画了一个很有意义的文化圈。而体育文化的定义，应该是由人类创造的、与体育直接相关的，并以体育为核心，包括体育在内的与体育有关的多种文化的综合。

（二）体育文化的功能

1. 教育和培养功能

体育文化通过体育活动，能够教育和培养人们的体育观念、意识、思想等，提升人们的体育素养和综合能力。它不仅有助于个体的身心健康，还能促进人的全面发展，包括团队合作能力、竞争精神及坚毅性格的培养。

2. 聚合和凝结功能

体育文化具有将人们聚集在一起，形成共同体育观念和价值取向的能力。它能够增强社会凝聚力，促进不同民族、不同习俗、不同地区的人们之间的交流与融合。

3. 调节和引导社会生活功能

体育文化通过体育活动，能够调节人们的心理状态，释放心理能量，促使心理平衡。同时，它还能引导社会生活，为人们提供健康、积极的生活方式，促进社会的和谐与稳定。

4. 传承和传播文化功能

体育文化作为文化的一种表现形式，具有传承和传播社会文化价值的功能。它通过体育活动，将社会正确价值观、道德观念等传递给下一代，促进文化的传承与发展。

5. 吸收和融合先进文化功能

体育文化具有开放性和包容性，能够吸收和融合世界先进文化元素，不断丰富和发展自身。这种功能使得体育文化能够与时俱进，保持活力和创新力。

6. 创造和更新文化功能

体育文化在传承和传播文化的同时，也在不断地创造和更新文化。它通过体育活动的创新和发展，推动文化的进步和繁荣，为人类社会提供新的文化样式和价值观念。

二、中华优秀传统体育文化

（一）中华优秀传统文化的定义

中华优秀传统体育文化是中华优秀传统文化的重要组成部分，承担着弘扬和传承中华优秀传统文化的历史重任。中华优秀传统体育文化也是中华民族历史文明长久发展并传承下来的宝贵的精神财富，其蕴含了中华民族经过五千年发展历程所创造出的爱国精神、劳动精神和拼搏精神等优秀精神。我们可以把中华优秀传统体育文化分为民俗类传统体育项目和民族类传统体育项目两个部分。民俗类传统体育项目是中国大部分省份参与和举行的传统体育文化活动，而民族类传统体育项目主要是指具有民族特色的体育文化活动，两者之间既有联系也有区分。例如，端午节的赛龙舟运动，这种参与范围广、运动员基数多的民间体育运动就属于民俗类传统体育项目，而像满族的珍珠球运动这种带有民族特点的项目就属于民族类传统体育项目。但不论是民俗类传统体育项目还是民族类传统体育项目，它们都是中华优秀传统体育文化的一部分，都承担着弘扬中华优秀传统文化和推进中华优秀传统文化传承的时代使命。中华优秀传统体育文化的核心内涵在于传承和推进，以培养当代青少年"自强不息"的爱国精神为主要目的，增强青少年的文化自信，加强青少年的运动能力和体质健康，从而促进青少年身心健康的和谐发展。

（二）中华优秀传统体育文化的形成与发展

中华传统文化是世界上独一无二的一种文化，历经五千多年的继承和发扬，博大精深、源远流长。中华民族在漫长的发展历程中，逐步形成了一套与其他各民族不同的独特的文化标志，这些标志通过一代代的继承与发展，成为我们增强文化自信的源泉。

中华优秀传统体育文化也伴随着中华传统文化的发展应运而生。中华优秀传统体育文化是由中华各民族创造的，经过多年的发展，逐步形成了具有民族民俗特征和体现时代价值的，以身体运动为形式、以增强体质健康为目的的运动文化。中华优秀传统体育文化的形成与发展离不开当时的政治背景和地理环境的影响。

1. 政治背景是中华优秀传统体育文化形成与发展的基础

人类生活与政治息息相关，人类的发展也在不同的政治背景下得以推进。政治影响着人类生活的方方面面，随着不同的时代背景和政治内涵的变化，不同历史时期的体育文化也各不相同。中华民族自夏商时期至今，不同时代的社会治理形式使中华传统体育文化发展出了不同的时代特征，其中出现了带有封建迷信色彩并为少数统治阶级服务的、阻碍社会进步的不良体育文化，也出现了顺应时代发展、推动社会进步的优秀传统体育文化。从中华民族五千年的历史发展历程来看，中华优秀传统体育文化仍然是历史的主旋律。在新时代的背景下，中华优秀传统体育文化所蕴含的体育精神、拼搏精神和劳动精神激励着中华民族坚定文化自信，以更昂扬的精神面貌去迎接现在及未来的所有困难和挑战。随着时代的发展和进步，当今社会的主旋律就是拼搏和奋进，这也是中华优秀传统体育文化在不同政治时期的时代标志。

2. 地理环境造就了丰富多彩的中华优秀传统体育文化

独特的生活环境造就了独特的生活文化。我国国土广袤、人口众多，每个民族都有其特有的生产生活方式，不同的地域环境孕育了不同民族独特的体育文化。北方天高地阔，骑射、摔跤、赛马等运动得以良好发展，长期从事这类赛力型的运动项目，培养了北方人豪壮、勇武的精神品质；南方山水秀丽、气候温和，登山、游泳、龙狮活动、龙舟活动等体育活动开展频繁，团队协作、互帮互助的团队精神得以体现。我国之所以创造并发展出形式多样、丰富多彩的中华优秀传统体育文化，自然是与这广阔的土地、先辈的辛勤劳作分不开的，更与我国各民族的生产生活方式息息相关。

三、新时代中华体育精神

（一）新时代中华体育精神的内涵

关于中华体育精神的含义，学界虽有不同看法，但内容大致相同。一些学者将中华体育精神的含义概括为：顽强拼搏、为国争光、勇攀高峰、热爱集体、争先进取、文明守法等品质，一些学者将其概括为爱国主义、集体主义、革命英雄主义等。中华体育精神在新时期的含义是：以爱国为本，以严格自律为目标，以集体主义、奉献主义、公平公正和求真务实为目标。

（二）新时代中华体育精神对高职院校学生的激励作用

1. 爱国主义精神增强高职院校学生的民族认同感

伴随着科技媒体的发展，体育运动日益成为国人喜爱的一种形式，许多新兴的体育项目正在全国范围内蓬勃发展，橄榄球、拳击等强对抗项目的适用人群主体是男生；而大部分女生，都会选择一些契合自身柔韧度的如体育舞蹈和健美操等运动项目。随着更多的人加入体育活动锻炼中，人们的运动兴趣进一步被激发，并逐步养成锻炼习惯。

高职院校作为技术型人才的摇篮，在近年来受到我国教育部的重视，提出了"课程思政"的教学要求。我们应当引导学生进行深入的自我感悟和体会，从而提升他们的精神境界。体育运动作为一项极佳的辅助手段，能够有效地将学生紧密联系起来。通过班级、院系乃至全校范围内的体育竞赛，学生的集体荣誉感得到显著增强。随着这种集体荣誉感的提升，学生们开始关注更广泛的体育赛事，包括国家层面的体育盛事。随着对国家体育赛事关注度的提升，学生的民族认同感也逐渐增强。在这个过程中，高职院校的学生在不知不觉中巩固了爱国主义精神。作为中华民族的精神支柱，爱国主义精神应当成为高职院校学生行动的指南，激励他们运用自己的专业技术，全面建设现代化强国贡献自己的力量。

2. 严守纪律是树立良好行为的基础

"纪律"一词常在部队中使用，但是在体育运动中也有自己的"纪律"，如体育运动中所规定的犯规条例，体育比赛中运动员、教练员和裁判员行为守则等，这些都是体育运动的"纪律"，不遵守体育运动纪律的人就只能被淘汰。

在投身于任何体育活动之前，首要任务是熟悉其规则和条例，这是不可或缺的初始步骤。初涉某项运动时，学生可能会因规则的约束而感到迷茫，但随着练习的持续和次数的累积，他们将逐渐适应这些规则，并开始自觉地遵守和执行。随着参与的体育项目日益增多，学生在各种规则的约束下培养出自律的行为习惯。这种自觉性如果延伸至生活的各个领域，将有助于学生树立良好的行为准则。良好的行为习惯能够提升学生的自我管理能力，避免诸如迟到、早退、熬夜等不良行为，从而成长为健康、自律、自信、自强的大学生。

3. 集体主义、奉献主义、公平公正、求真务实铸就优良品格

体育运动中有许多的身份角色，参与体育运动的过程就好似演一场电影，里面有主角、配角、反派；但与电影不同的是，它没有规定好的剧情路线，若想获得一个良好的结果，团队协作、无私奉献永远是体育运动的制胜法宝，不论是个人项目还是团体项目，都是离不开合作与奉献的。

公平公正、求真务实是体育运动的灵魂，没有了灵魂，体育运动也就失去了存在的意义。

高职院校的学生要传承和发扬新时代中华体育精神就必须坚持体育锻炼。大学生只有通过体育锻炼，才能收获良好结果，最明显的结果就是自身的体质健康得以提升，精神状态更加饱满，做事情充满干劲，慢慢地在日常的体育锻炼过程中磨炼自我的精神品质，从而影响自己身边的人；只有养成良好的运动习惯，才能持之以恒地传承和发扬新时代中华体育精神。体育锻炼不仅需要坚持，更需要养成习惯，从坚持锻炼到养成锻炼习惯，是一个从量变到质变的过程。只有经历了这个过程，才能体会到体育运动真正的精神内核，才能做到传承和发扬新时代中华体育精神。

四、奥林匹克文化

（一）奥林匹克文化的起源

奥运会起源于两千多年前的希腊，因举办地为希腊的一个乡村城镇奥林匹亚而得名。奥运会分为古代奥运会和现代奥运会。古代奥运会是古希腊人伊菲图斯在公元前776年创办的，到394年结束，是宗教祭祀与体育竞技相结合的盛会，随着岁月的推移，仪式的不断变化，如今的奥运会已经演变为世界上最具影响力、最精彩、水平最高的体育盛会。

现代奥运会的创始人是皮埃尔·德·顾拜旦（Pierre De Coubertin），他热衷于环游世界，喜欢领略各国的风土人情，在其游玩期间，他发现各国的国民都热爱体育运动，于是在1894年，他发起并召集了"九国会议"，决定召开一场全世界运动员都参与其中的运动比赛，终于在1896年，第1届现代奥运会在希腊雅典举行，共有来自世界各地的311名男运动员参赛。

（二）现代奥运会的标志和分类

一个多世纪以来，现代奥林匹克运动会已经成长为全球规模最大的综合性体育赛事。每四年举办一次，每届赛事持续不超过16天。奥运会以五环标志为象征，这五个环相互套接，分别采用蓝色、黑色、红色、黄色和绿色，代表着五大洲的团结。全世界的运动员们在这一盛会上以公正、坦诚的态度和友好的精神相互竞技。奥林匹克格言、会旗、会徽、奖牌和吉祥物等元素，共同构成了奥运会深厚的文化底蕴，并生动地展现了奥运会的理想价值和精神核心。例如，2008年在我国北京举办的第29届夏季奥运会的吉祥物"福娃"，便是历届奥运会中最具代表性的吉祥物之一。

奥运会包括夏季奥运会、夏季残疾人奥运会、冬季奥运会、冬季残疾人奥运会、夏季青年奥运会、冬季青年奥运会、世界夏季特殊奥运会、世界冬季特殊奥运会、夏季聋人奥运会以及冬季聋人奥运会，共十个系列的运动会。

（三）现代奥运会的仪式和奖牌

1. 奥运圣火点燃仪式

圣火点燃仪式的起源可追溯至古希腊神话，其中普罗米修斯盗火种予人类的故事广为流传。在奥林匹亚的宙斯神像前，依照宗教仪式在祭坛上点燃火种，随后由持火炬者跑遍各城邦，传递奥运会即将开幕的消息。这一传统要求各城邦暂时休战，放下仇恨与争斗，积极备战奥运会的竞技赛事。因此，火炬成为和平、光明、团结和友谊的象征。现代奥运圣火的首次亮相是在 1928 年荷兰阿姆斯特丹的奥运会上，当时仅在赛场附近的一个喷泉盛水盘上点燃。随着时间的推移，奥运会不断进行改革与创新，东道主国家开始在赛事开始前举行圣火传递仪式。每一届奥运会的圣火都将在希腊的奥林匹亚点燃，随后通过接力跑的方式，将火炬传递至奥运会的主会场。

2. 开幕式和闭幕式

开幕式包括奥运会组委会主席宣布开幕式开始、国际奥林匹克委员会主席和奥运会组织委员会主席引导东道主国家元首至专席就座、奏唱主办国国歌、开幕式文艺表演、各国运动代表团入场、奥运会组委会主席讲话、国际奥委会主席讲话、东道主国家元首宣布奥运会开幕、升奥林匹克会旗和奏奥林匹克圣歌、运动员和裁判员代表宣誓、火炬手入运动场，最后一名接力运动员沿跑道绕场一周后点燃奥林匹克圣火并放飞白鸽等仪式；闭幕式包括国际奥林匹克委员会主席和主办国元首的欢迎仪式、升主办国国旗、文艺表演、各国旗手一列纵队入场并在发言台后形成半圆形、男子马拉松颁奖仪式（东京奥运会后增加女子马拉松颁奖仪式）、奥运会志愿者致谢仪式、升希腊国旗和奏希腊国歌、奥运会组织委员会主席致辞、国际奥林匹克委员会主席致闭幕词、奥运会旗交接仪式、下届奥运会东道主 8 分钟文艺表演、奥林匹克圣火熄灭等仪式。

3. 颁奖仪式和奖牌

在奥运会期间，奖牌应由国际奥林匹克委员会主席（或由其选定的委员）在有关的国际单项体育联合会主席（或其代表）陪同下颁发。通常情况下，在每项比赛结束后，立即在举行比赛的场地以下述方式颁奖：获得前三名的运动员身着正式服装或运动服面向官员席登上领奖台，根据比赛成绩依次宣布他们的名字，冠军代表团的旗帜应从中央旗杆升起，第二名和第三名代表团的旗帜分别从紧靠中央旗杆右侧和左侧的旗杆升起，奏冠军代表团的国歌时，所有奖牌获得者都应面向旗帜。奥运会奖牌分为金色、银色、铜色三种颜色，奖牌的正面为胜利女神像。奖牌上的女神站了起来并插上翅膀，飞向体育场，寓意把胜利带给最优秀的运动员，各届奥运会奖牌正面的图案保持不变，只有举办地名与届数会进行相应的变更。

第二节　竞赛参与

竞赛参与主要是指某人或某一群体在特定的规则下，通过某种途径（如某种方法、某种组织形式等）实现自己或群体的预期目标的体育赛事活动。进行这种体育赛事活动时，须考虑到安全因素与方法要点。

一、群众性体育竞赛的方法及其组织与编排

（一）群众性体育竞赛的方法

1. 淘汰法

淘汰法是根据既定步骤进行逐步淘汰的方法，根据每一轮次的比赛结果，胜出的队伍晋级下一轮的比赛，失利的队伍则淘汰出局，最后决出有限定名次的竞赛方法。为避免实力强劲的队伍过早碰面，保障比赛的精彩度，一般常把实力相对较强的队伍定为种子队，各种子队分至不同小组，其余队伍通过抽签的方式进行编排。

2. 循环法

循环赛制分为单循环、双循环以及分组循环三种模式，其核心在于依照预定的比赛轮次，以特定的顺序逐一进行比赛，并最终依据各参赛队伍的胜负记录和积分来确定排名。在大众体育赛事中，单循环赛制因其简便性而被广泛采用。

3. 混合法

混合法是把淘汰法和循环法结合起来使用的竞赛方法，常见于群众性篮球比赛中，小组先采用循环法，后进行交叉淘汰的方式来决出限定的比赛名次。

（二）群众性体育竞赛方法的组织与编排

1. 淘汰法的组织与编排

为了节约赛事成本和减少赛事工作量，群众性体育赛事一般使用单淘汰的方法进行组织与编排，下面将简单介绍单淘汰法的组织与编排。单淘汰法的编排基数为2，所有参赛队伍比赛轮次为2的乘方数。例如，有4支队伍参赛，4等于2^2，那么比赛的轮次就为2轮，比赛场次依据数字顺序编号，依次排列。

如果参赛队伍无法满足2的乘方数，那么就选择其最近的可以满足2的乘方数的数字替代。以3个队伍参赛为例，选择临近的号码，即4，那么三个队之间有一个队在第一轮的比赛中会作为轮空队，一般选择抽签或对种子队有利的形式决定哪支队为轮空队。

2. 循环法的组织与编排

单循环法是群众性体育比赛常用的方法，下面简单介绍单循环法的组织与编排。

（1）比赛轮次。使用单循环法的比赛，当参赛队伍为奇数时，则轮次就等于参赛队伍数；当参赛队伍为偶数时，比赛轮次就等于参赛队伍数减去1。例如7支队伍，轮次为7；8支队伍，轮次为8减去1等于7。

（2）比赛场次。参赛队伍数乘以括号中的参赛队伍数减去1，最后除以2，就等于本次比赛的场次。例如，本次比赛有8支队伍，那么本次比赛的场次为8乘以括号里的8减去1，后除以2，那么本次比赛的场次为28场。

（3）编排办法。例如，有4支参赛队伍参与比赛，要采用单循环法进行编排，那么编排方式如图1-2-1所示。

4支队伍分别编号，编号1保持不动，其余数字以逆时针的方向进行排列；如果参赛队伍为奇数，如5支参赛队伍，那么给5支参赛队伍分别编号之后，再加一个数字0作为轮空的场次，编排方式与图1-2-1一致。

第一轮	第二轮	第三轮
1—2	1—4	1—3
3—4	2—3	4—2

图 1-2-1 单循环法场次编排

3. 混合法的组织与编排

混合制的编排方法就是把淘汰制与循环制两种方法结合起来编排。一般情况下，分为预赛与决赛两个阶段，预赛阶段为循环制，决赛阶段为淘汰制。

（三）群众性体育竞赛规程的编写

竞赛规程的编写是举行一次比赛的"说明书"，竞赛规程里清楚地写明了竞赛的时间、地点、规则及参赛条件等问题，参赛运动员一般通过了解该比赛的竞赛规程选择是否参与该项赛事。学会编写竞赛规程，是竞赛参与的非常重要的部分。

竞赛规程

1. 主办单位、承办单位及协办单位

（1）主办单位。一般为政府职能部门。

（2）承办单位。一般为相关体育项目的协会组织。

（3）协办单位。一般为某企业单位、学校、体育公司等。

2. 竞赛日期及地点

（1）竞赛日期。一般根据当地具体情况而定，为追求赛事现场火热场面，可于公休日或节假日进行比赛。

（2）竞赛地点。一般选取室内通风性好、防滑性好的比赛场地，交通便利，便于停车，周围酒店、饭店较多的地方。

3. 竞赛项目

竞赛项目一般要写清楚男、女参赛项目类别，男、女参赛项目类别中要写明组别，如少年组、青年组、成年组等。

4. 参赛单位及参赛办法

（1）参赛单位。一般参赛单位是规定好的，只有规定的范围内的单位才有参赛资格；当然也可以不限制参赛单位，不在规程上编写即可。

（2）参赛办法。一般说明该项目参赛队伍的人数，如领队几人、教练员几人、运动员几人及工作人员几人等。

5. 运动员资格及资格审查

（1）运动员资格。一般以居民身份证件为准，规定好参赛运动员的户籍、年龄等条件。

（2）资格审查。注明参赛运动员的参赛权限、比赛前后的审查制度，以及违规行为的惩罚制度。

6. 竞赛办法

竞赛办法一般需要写明该项目参照的竞赛规则、竞赛方法、服装要求、赛事编排方式等方面的内容。

7. 录取名次及奖励办法

写明该项目比赛的个人奖项、团体奖项，分别取前几名次。

8. 报名、报到及联席会议

（1）报名、报到。写明具体时间、赛事联系人电话与邮箱；写明报到地点及需要提交的材料。

（2）联席会议。写明时间、地点、参会人员即可。

9. 技术官员

技术官员一般由主办方进行指定选派。

10. 参赛保险及承诺书

为了运动员的参赛安全，必须具备参赛保险及承诺书，参赛保险一般统一由参赛个人或参赛队伍自行购买；参赛承诺书主要内容一般要表明运动员的参赛行为属于个人意愿，出现任何个人身体健康问题与赛事主办方、工作人员无关。

11. 仲裁

仲裁一般按照国家体育总局《体育仲裁规则》执行。

12. 未尽事宜，另行通知

任何竞赛规程没有考虑到的其他事宜，由赛事委员会临时决议。

二、参与社会体育比赛的途径与注意事项

随着人们的生活水平逐步提高，越来越多的人开始重视并参与到体育锻炼中，通过一段时间的体育锻炼，部分群体已经具备参与群众性体育比赛的能力，这部分人往往会通过各种途径参与到社会体育比赛中。各项体育运动除了有既定的规则外，还有一些注意事项，以此确保运动过程的安全。下面对参与社会体育比赛的途径与注意事项进行简单的介绍。

（一）参与社会体育比赛的途径

1. 个人名义参赛途径

通常情况下，个人可以通过各级政府、体育局、相关体育项目协会或私人体育俱乐部发布的比赛通知，利用电话、电子邮件、现场报名等多种方式完成报名流程，从而获得参加相应体育比赛活动的资格。

2. 集体名义参赛途径

一般由相关项目体育协会、私人俱乐部推荐或借助集团公司、学校、其他社会团体的名义进行报名参赛。

（二）参与社会体育比赛的注意事项

（1）参赛前要去医院进行全身健康状况的检查；不适宜进行剧烈运动的人群，禁止参与体育比赛。

（2）参赛前必须购买个人或集体的运动意外险。

（3）参赛前不可过饱或过饥，不可大量饮水。

（4）参赛前注意做好准备活动，防止造成运动损伤。

（5）参赛时如果感觉到身体不适，应当立即停止运动，并及时与工作人员取得联系。

（6）参赛时要注意及时补充水分和无机盐。

（7）参赛时要严格遵守比赛的相关规定。

（8）参赛后不能立刻停下或坐下休息，应当继续慢跑或行走，等待心跳逐步恢复到正常水平。

（9）参赛后应当立即做好放松活动，减缓肌肉疲劳，加速身体恢复。

思 考 题

1. 什么是中华传统体育文化？

2. 8支队伍进行单循环比赛，应如何编排？

3. 参与社会体育比赛有哪些注意事项？

第二章　科学健身与运动安全

科学健身与运动安全

【章前导言】

《"健康中国2030"规划纲要》指出：要立足全人群和全生命周期两个着力点提供公平可及、系统连续的健康服务，实现更高水平的全民健康。党的二十大报告指出，广泛开展全民健身活动，加强青少年体育工作，提高学生个人生活幸福感。人们既要拥有参与体育运动的热情，更需要掌握科学的运动方法并树立良好的运动安全意识，否则不仅影响运动效果，更可能引起运动损伤。

本章介绍了身体机能自我监测评估，科学健身的原则、方法，以及运动处方的设计。"安全第一，预防为主"是体育运动开展的基础，学生通过学习要了解运动损伤产生的原因，学会运动损伤的预防和处理，女生要掌握经期体育卫生知识，真正实现安全运动、快乐生活。

【学习目标】

1. 能够进行身体机能的自我监测评估。
2. 能用科学的方法锻炼身体。
3. 学会处理常见的运动损伤。
4. 掌握女子经期体育卫生知识。

"体育达人"钟南山

20世纪50年代，年仅20岁的钟南山就读于北京医学院，那时的他展现出了很强的身体天赋，在短跑项目上实力突出，代表学校参加了市大学生运动会，并夺得了400米跑冠军。第二年，钟南山又在全运会上大放异彩，以破全国纪录的成绩获得了400米栏冠军。如今半个多世纪过去了，他创下的多个校纪录依然无人能够打破。

钟南山的妻子李少芬也是一位运动健将，甚至称得上是明星运动员。李少芬曾是女篮国家队的主力球员，由于技术全面、投篮精准，还曾被周总理安排前往苏联深造，回国后，李少芬帮助中国队拿到过多个冠军头衔，为国征战13年后光荣退役。她还担任过广东女篮教练和篮协副主席等职，是新中国篮球事业的先驱者之一。

受父母影响，钟南山的儿女也对体育深爱有加，儿子钟帷德闲暇之余酷爱篮球，是所在单位的篮球队主力。女儿钟帷月更显专业，曾是国家游泳队成员，夺得过100米蝶泳世界冠军，还曾打破世界纪录。显然，钟家完全配得上体育和医学双重世家的身份，他们不仅潜心钻研医学，而且对体育爱得深沉，在田径、篮球和游泳项目上均取得过辉煌成绩。

钟南山从小热爱运动，篮球、羽毛球、健身、跑步可谓样样精通。为了增强国民身体素质和抵抗力，钟南山还曾呼吁：预防传染病，增强免疫力，必须加强锻炼，跑步、走路和游泳都是见效很快的方式，更重要的是，务必要长期坚持！

第一节 科学健身

科学健身是指遵循人体生理规律，运用科学的原理和方法进行锻炼，以达到增强体质、预防疾病、延年益寿的目的。科学健身应进行全面的体质评估，选择安全有效的健身内容和方法，遵循科学健身原则，在运动处方的指导下进行体育锻炼。

一、身体机能自我监测评估

（一）客观生理指标

1. 基础心率

基础心率是清晨起床前空腹仰卧位心率，基础心率一般较为稳定，通常也用晨脉来表示基础心率，也就是测量早晨起床前个人每分钟的脉搏数。正常健康成人的晨脉通常为 60~100 次 / 分钟。一般来说，如果体育运动的运动量适宜，运动参与者的晨脉变化每分钟不会超出个人平常范围的 4 次，如果连续几天所测晨脉有明显的持续上升，则说明运动量过大，身体有疲劳积累的征兆，应适当调整休息。

2. 运动后即刻心率

运动过程中运动参与者的心率呈现动态变化的特点，并且随着运动强度的增大而增加，为便于测量，通常用运动后即刻心率来代替运动中心率。运动中心率增加到最大限度时叫最大心率，最大心率随着年龄增长而逐渐减小，一般可采用"220- 年龄"的简单公式估算个人最大心率，但其变化范围较大。更精确的、普遍适用的计算公式可采用"206.9-（0.67× 年龄）"。运动中心率的快慢与运动强度相关，运动强度越大，运动时心率越快。研究表明，经过长期规律性的体育运动，运动参与者在完成同样负荷的运动时，心率变化呈逐渐下降趋势。

3. 肺活量

肺活量反映的是呼吸时一次通气的最大能力，主要体现呼吸肌肉力量的大小和胸廓的活动范围，亦是评定肺通气功能简单易行的指标，常用于学生体质健康测试、国民体质监测和运动员训练水平评定。肺活量有较大的个体差异，正常成人的肺活量平均值男性约为 3 500 毫升，女性约为 2 500 毫升。长期参加体育运动，呼吸肌的力量会得到提高，肺活量也随之增大。通常用连续肺活量测试，来判断呼吸肌的机能，对被试者进行连续 5 次肺活量测试，若肺活量测试值逐渐升高，则表示呼吸肌的机能增强，反之则认为呼吸肌处于疲劳状态。

（二）主观自我感觉

1. 精神状态

个人的精神状态良好与否，反映出个体的各方面的机能状态是否正常。正常情况下，适宜的体育运动能使人感觉精神饱满、体力充沛、反应迅速、思维敏捷、注意力较为集中。但是当自我感觉烦躁不安、反应迟滞、两眼无神、注意力明显下降时，表明运动量过大，疲劳的积累已经到达必须充分进行休息调整的时期了。

2. 睡眠与食欲

睡眠可以使人体精力和体力得到恢复，保持良好的机能状态，良好的饮食则保障了人体机能正常运转所需的物质能量。个体在参与运动时，能量消耗大，科学适宜的体育运动不但能够增进食欲，还能够改善睡眠质量；然而运动过度或者运动量过大，则会导致食欲不振、不易入睡、多梦和睡眠质量下降。

二、科学健身的原则

科学健身的原则是指体育锻炼中客观规律的反映，是人们长期进行体育锻炼实践的经验总结，是达到理想锻炼效果所必须遵循的基本准则和原理。

科学健身的原则主要包括自觉性原则、全面性原则、经常性原则、渐进性原则、针对性原则和适量性原则。

1. 自觉性原则

自觉性原则是指体育锻炼的参加者必须有明确的健身目的，自觉主动地从事体育锻炼。必须明确"生命在于运动"的科学原理，认识体育锻炼对人生事业的重要价值，树立"健康第一"的思想，树立自己身体的好坏将关系到整个中华民族伟大复兴的理念，把体育锻炼作为生存的需要，全身心地投入其中。

2. 全面性原则

全面性原则是指体育锻炼者在身体活动中使身体机能、心理等得到全面和谐发展。人体是由各器官、系统构成的一个有机整体，进行体育锻炼时，必须采取多种形式和手段，使整个有机体得到全面的、均衡地发展，既要促进身体形态的发展，使体形匀称健美，又要提高和改善各器官、系统的工作效能；既要全面发展力量、速度、耐力、灵敏、柔韧、平衡能力等素质，又要提高跑、跳、投、攀、爬、游等基本活动能力；同时要注意培养心理素质，在体育锻炼过程中保持愉悦的心情。

3. 经常性原则

经常性原则是指体育锻炼必须持之以恒，养成习惯，使其成为日常生活中的重要内容。体育锻炼所取得的效果是日积月累的，要取得良好的锻炼效果，必须保持体育锻炼的时间、强度、次数的衔接性和连续性。要持久锻炼，反复练习，不断积累锻炼的效果，决不能"三天打鱼，两天晒网"。

4. 渐进性原则

渐进性原则是指体育锻炼者必须按照人体自然发展和机体适应性规律，逐步积累增强体质的效果。体育锻炼不能急于求成，运动负荷的安排必须在个体所能承受的范围之内。一般情况下，运动的时间、次数、强度应由小到大，逐步上升，使机体逐步适应，要按照人体接受刺激—适应—再刺激—再适应的规律，决不能使机体一开始就超负荷运转，否则会引起过度疲劳，损伤身体。

5. 针对性原则

针对性原则是指体育锻炼者根据个人的实际情况，有针对性地进行锻炼。因为个体差异的存在，同样的方法对甲适用，对乙就不一定适用，达到的效果也不一定相同，所以要根据年龄、性别、健康情况、兴趣爱好、生活水平等诸多因素来决定选择的项目、内容、方法和运动负荷，特别要注意改善和提高自己的薄弱环节。

6. 适量性原则

适量性原则是指进行体育锻炼时要有适宜的生理负荷。锻炼效果的好坏很大程度上取决于运动刺激的强度，太弱的刺激不能引起机体功能的变化，过强的刺激会损伤机体，只有强度适宜，才能有利于能量消耗的恢复和超量补偿。体育锻炼必须量力而行，注意自我感觉并结合生理测定，如果锻炼后出现头晕恶心、四肢无力、精神萎靡、食欲不振、睡眠不好等症状，则说明强度过大，需要调整。

三、科学健身的方法

科学健身的方法是指根据人体发展规律，运用各种身体练习提高人体的身体素质和基本活动能力的途径和方式。科学健身的方法主要有重复锻炼法、间歇锻炼法、循环锻炼法、综合锻炼法和处方锻炼法。

1. 重复锻炼法

重复锻炼法是指按一定负荷标准，反复多次进行某一动作或某一项目练习。运用时，要掌握好负荷的有效程度，通常依据心率来调整重复的次数和休息时间。通常心率在每分钟 120~180 次时，心输出量能保持在最佳范围内；若心率超过每分钟 180 次，则心舒张充盈时间过短，回心血量少，心脏充盈不足，因而心输出量下降，这时就应减少次数，安排足够的时间休息；若心率低于每分钟 120 次，由于心率过低，也不能达到最大的输出量，影响锻炼效果，此时应增加重复次数。

2. 间歇锻炼法

间歇锻炼法是指严格规定重复锻炼各次的负荷强度和其间的休息时间。运用间歇锻炼法时，要根据个人的具体情况，科学合理地安排每次锻炼的负荷强度及间歇时间。一般地，当心率在每分钟 160~180 次时进行间歇；而当心率恢复到每分钟 120~130 次时，就应进行下一次锻炼。

3. 循环锻炼法

循环锻炼法是指将具有不同锻炼效果的各种类型的动作编成固定的程序，锻炼者按一定的顺序循环反复地进行锻炼。锻炼者要按要求在各练习点完成规定练习，当一个练习结束，迅速移到下一个练习点，锻炼者完成各练习点上的练习后，就算完成了一次循环。运用循环锻炼法时，各练习点锻炼内容的搭配要全面，应选用已经掌握的、简便易行的动作，同时规定好练习的次数、规格和要求，使锻炼者得到全面的锻炼。

4. 综合锻炼法

综合锻炼法是指根据锻炼的目的、任务，综合运用各种锻炼方法，以便更灵活地调节运动负荷，取得更好的锻炼效果。运用综合锻炼法时，各锻炼法的组合运用要根据个人实际情况和锻炼任务而定。综合锻炼法变化多，组合多样，能适应不同性别、年龄、身体状况、锻炼水平的人的需求。

5. 处方锻炼法

处方锻炼法是指根据锻炼者体质测试结果，由体育专家制定锻炼身体的方案进行锻炼。运用处方锻炼法时，锻炼者应先进行体质测试，并根据测试结果，由体育专家来制定锻炼处方。锻炼者根据锻炼处方的具体安排进行锻炼，并定期进行体质测试，以便根据体质变化情况修改锻炼处方。

四、科学健身处方

1. 科学健身处方的概念和特点

科学健身处方是指针对个人的身体状况而采用一种科学的、定量化的体育健身锻炼方法，以达到锻炼的目的。这种方法类似医生给病人开的处方，故得此名。它的特点是因人而异，对"症"下"药"，可以避免由于不合理的运动而损害身体，更好地达到健身和防治疾病的目的，从而吸引更多的人进行锻炼，促进锻炼的普及和科学化。

2. 科学健身处方的内容

（1）运动项目。运动项目主要根据运动者所要达到的目的而设定。一般健身或改善心血管及代谢功能、预防冠心病、肥胖症等，可以练习耐力性（有氧训练）项目，如走、慢跑、骑自行车、游泳、爬山及原地跑、跳绳、上下楼梯等；改善心情，清除身体疲劳或防止高血压和神经衰弱等，可选择运动负荷较小的放松练习，如打太极拳、散步、做放松操或保健按摩等；针对某些疾病进行专门性的治疗，必须选择有关疾病的医疗体操，如慢性支气管炎、肺气肿患者就应做专门的呼吸体操，内脏下垂者应做腹肌锻炼，脊柱畸形、扁平足患者应做矫正体操等。

（2）运动强度（运动量）。运动强度对运动效果与安全有直接的影响，规定适宜的运动强度是执行运动处方的主要措施之一，这是保证达到锻炼效果、预防发生意外事故所必须规定的。运动强度可分为三级（较大、较小、小）。反映运动强度的生理指标通常采用测定心率，在运动处方中应规定运动中应达到而不应超过的心率指标，其标准应根据锻炼者的实际情况而有所不同（表 2-1-1）。

表 2-1-1　不同年龄段运动强度心率指标

强度	心率 /（次・min^{-1}）					
	15~19 岁	20~29 岁	30~39 岁	40~49 岁	50~59 岁	60 岁以上
较大	150~180	150~160	145~160	140~150	135~145	125~135
较小	135~145	125~135	120~135	115~130	110~120	110~125
小	120	110	110	105	100	100

运动时常用计脉搏跳动的次数来掌握运动强度（即测 10 s 脉搏次数，再乘以 6，为 1 min 脉搏次数），心率标准则根据年龄特点而有所不同。

（3）每次运动的持续时间。耐力性运动（有氧练习）可进行 15 min~1 h 的练习，其中达到适宜心率的时间在 5~10 min；医疗体操持续的时间视具体情况而定。运动中应常有短暂的休息；计算运动负荷时注意运动的密度，并扣除休息的时间。运动强度和运动持续时间决定运动负荷，运动负荷确定后，运动强度大时，练习持续时间应相应缩短。采用同样的运动负荷时，年轻且体质好的人宜选择大强度、持续时间短的练习，中老年及体弱者应选择小强度、持续时间长的练习。

（4）运动次数。最好每天都安排锻炼，也可以安排每周进行 3~4 次练习，即隔日锻炼 1 次。不论采用哪种方式，都应该注意的是，负荷量较大时，休息间隔要长一些，反之短一些。总之，要等待上一次锻炼的疲劳消除后，再进行下一次锻炼。

第二节   运动安全

　　运动有利于同学们的身心健康，是德智体美劳全面发展必不可少的重要途径，每个学生都应积极参加体育活动。由于大学生年轻有朝气、精力充沛、活泼好动，在体力和智力上都处于或接近人体生理机能的巅峰期，所热衷的体育项目多是竞争激烈、对抗明显的运动，加上大学的多元环境和条件使大学生有更多的机会参与体育运动，大学生运动损伤的概率也随之增加。了解必要的运动安全常识，遵守运动安全守则，学会常见运动损伤的预防与处理，可以减少或避免在运动中受伤，从而更好地享受体育带来的乐趣，不断提高健康水平。

一、造成运动损伤的原因

　　了解运动损伤发生的原因是预防运动损伤的前提。发生运动损伤的原因是多方面的，既与锻炼者的运动基础、身体素质有关，又与运动项目的特点、技术难度及运动环境等因素有关。总体来说，造成运动损伤的原因可概括为主观和客观两个方面。

　　1. 主观原因

　　（1）思想上重视不够，麻痹大意，在体育锻炼时违背了人体运动的规律。

　　（2）青年学生的好胜心强，经验不足，意识里缺乏防伤的观念，不顾主客观的条件可能，盲目或冒失地进行运动。

　　（3）在体育锻炼中情绪急躁，急于求成，忽视了循序渐进、量力而行的原则。

　　2. 客观原因

　　（1）身体素质差。

　　（2）运动技术不正确。

　　（3）身体机能状态不好。

　　（4）缺乏科学正确的准备活动。

　　（5）组织方法不当。

　　（6）运动量过大。

　　（7）场地、器材设备不符合要求。

　　（8）天气恶劣或光线不好。

二、运动损伤的预防与处理

　　1. 运动损伤的预防

　　（1）加强运动安全教育，克服麻痹思想，提高预防损伤意识。

　　（2）认真做好准备活动。

　　（3）改进技术动作，合理安排运动负荷。

　　（4）加强保护与帮助，特别是提高自我保护能力。

　　（5）做好医务监督工作，掌握运动损伤的预防与处置方法。

微课－运动损伤预防及处理

2. 常见运动性损伤的处理

（1）擦伤的处理。小面积擦伤，用红药水涂抹伤口即可。大面积擦伤，先用生理盐水洗净，后涂抹红药水再用消毒布覆盖，最后用纱布包扎。

（2）肌肉痉挛的处理。不太严重的肌肉痉挛，只要向相反的方向牵引痉挛的肌肉，一般可使其缓解，如腓肠肌痉挛时，可伸直膝关节，用力将踝关节背屈；屈踝和屈趾肌痉挛时，可用力将踝关节跖屈；牵引时切忌采用暴力，用力宜均匀、缓慢，以避免造成肌肉拉伤。此外也可采用揉捏、点穴（委中穴、承山穴、涌泉穴）等手法，促使症状缓解。游泳中发生肌肉痉挛时，不要慌张，可先深吸一口气，仰浮水面，用抽筋肢体异侧的手握住抽筋肢体的足趾，用力向身体方向拉，同时用同侧的手掌压在抽筋肢体膝盖上，帮助将膝伸直，待缓解后，慢慢地游向岸边。如果事先未能掌握此法，就应立即呼救，发生抽筋后一般不要再继续游泳，应上岸休息、注意保暖、按摩抽筋部位。

（3）肌肉拉伤的处理。轻者可即刻冷敷，局部加压包扎，抬高患肢。24小时后可施行按摩或理疗。如果肌肉已大部分或完全断裂，则在加压包扎急救后，立即送往医院进行手术治疗。

（4）肩关节扭伤的处理。单纯韧带扭伤，可采用冷敷、加压包扎。24小时后可采用理疗、按摩和针灸治疗。出现韧带断裂时，应立即送往医院缝合和固定处理。当肩关节肿胀和疼痛减轻后，可适当进行功能性锻炼，但不宜过早活动，以防止转为慢性伤病。

（5）踝关节扭伤的处理。受伤后，应立即冷敷，用绷带固定包扎，并抬高伤肢。24小时后，根据伤情采取综合治疗，如外敷伤药、理疗、按摩等，必要时进行封闭疗法。待病情好转后，施行功能性练习。对于严重患者，可用石膏固定。

（6）关节脱位的处理。用长度和宽度相称的夹板固定伤肢。如果没有夹板，则可将伤肢固定在自己的躯干或健肢上，防止震动，随后及时送往医院治疗。必须指出，如果没有把握进行整复处理时，切不可随意进行整复手术，以免加重病情。

（7）脑震荡的处理。发生脑震荡后，应立即让受伤者平卧，绝对保持安静。严禁摇晃、牵扯、移动，同时用毛巾冷敷头部，身体盖些衣物以保暖。对神志不清者可用手指按压人中穴、合谷穴，严重者立即平稳送往医院救治。

（8）骨折的处理。若伴有休克出现时，应先进行处理，即点按人中穴，并进行口对口人工呼吸或心脏胸外按压；若伴有伤口出血，应及时实施止血和包扎。骨折后暂勿移动患肢，应用夹板或其他代用品固定伤肢，及时送往医院检查和治疗。

（9）运动性晕厥的处理。应立即使患者平卧，足略高于头部，并进行由小腿向大腿、心脏方向推摩或拍击，同时用手指点压人中穴、合谷穴等穴位，必要时给予氨水闻嗅。如果有呕吐，应将患者头部偏向一侧；如果停止呼吸，应立即进行人工呼吸。轻度休克者，应由同伴搀扶慢慢走一段时间，帮助其进行深呼吸，症状即可消失。

（10）运动性腹痛的处理。运动中出现腹痛时应减慢运动速度和降低运动强度，加深呼吸，调整呼吸和运动节奏，用手按压疼痛部位，或者弯着腰跑一段距离，一般疼痛即可减轻或消失，若无效或疼痛加重，就应停止运动，口服解痉药物（如颠茄片、阿托品等），针刺或掐点足三里穴、内关穴、三阴交穴等穴位或进行腹部散热，如果仍无效，则须请医生诊治。

（11）中暑的处理。对有中暑前兆者，应迅速将其带到阴凉处休息，饮用低盐的清凉饮料，服用十滴水、人丹和藿香正气水或涂抹清凉油，一般很快就会恢复。对情况严重者除采取以上方法外，还可采用物理降温法迅速降温，如扇扇子、头部冷敷，用冷水、冰水或酒精擦身体等，如果有条件应该及时送往医院处理。对中暑的预防：平时要坚持在较热的环境中锻炼，逐步提高身体的耐热能力。在夏天进行锻炼时，应该穿浅色、单薄、宽松的衣服，并准备好清凉解暑的饮料和药物，体育锻炼的时间不宜太长，应安排适当的休息时间，对于运动量大的项目应放在早晨或傍晚进行。在室内锻炼时要注意通风，膳食中注意水和无机盐的补充。

（12）溺水心肺复苏的处理。一要确定周围环境是否安全；二要评估患者，判断其是否有意识；三要判断呼吸，观察患者胸廓是否有起伏，鼻翼是否有煽动（判断5秒）；四要判断有无颈动脉搏动（用右手食指、中指从气管正中旁开两指，于胸锁乳突肌前缘凹陷处确认有无搏动）；五要确定是否需要进行心肺复苏。

进行心肺复苏的方法如下。首先，胸外按压部位在两个乳头连线中点，胸骨中下1/3交界处，用手掌根部紧贴患者胸部，两手重叠，五指相扣，手指翘起，肘关节伸直，用上身重量垂直下压30次。开放气道，将患者置于仰卧位观察有无义齿，将其头部偏向一侧，清理口鼻分泌物，头复位，采用仰头抬颌法，开放气道，进行人工通气。

心肺复苏的操作要点：按压与人工通气比例为30∶2，持续进行5个周期，约2分钟。

判断心肺复苏有效的标准为：可触摸到颈动脉搏动，收缩压在60毫米汞柱以上，瞳孔由大缩小，对光反射恢复，口唇由青紫变红润，自主呼吸恢复，此时应密切监护患者的生命体征。

三、女子经期体育卫生预防及处理

经期是女性特殊时期，在经期进行体育运动时要遵循以下几个原则。

（1）避免做剧烈的运动，如快速跑、跳高、跳远、踢球及腹部屏气类的运动。可以根据自己的情况慢跑、散步等。

（2）不能游泳，因为游泳会增加感染的概率，如果是冷水，会引起月经不调，经期子宫内膜脱落后，子宫有创面，细菌易入侵引发炎症，同时也要注意避免寒冷刺激。

（3）要适量运动，控制运动时间，一次一般在半小时左右，避免长时间运动，要循序渐进，养成经期锻炼的习惯。

（4）运动时要选择适宜的室外温度，过热或过冷时都不建议户外运动。

（5）如果遇有月经紊乱、痛经等现象发生时，则应立即暂停体育锻炼。

四、安全使用体育器材

在公共体育活动中，必须树立"安全第一"的观念，要把安全教育贯穿于体育活动的每个环节，在进行体育活动的过程中，要进行安全教育，重视体育设施安全，促使学生在进行体育活动过程中提高自我保护能力。例如，在使用公共体育设施之前，仔细检查体育场地，清除杂物，检查体育器材是否牢固、有无破损等。此外，在非常激烈的体育运动项目中要对可能出现的安全问题有充分的认识，并有自我防护意识，避免设施安全事故的发生。

　　建立完善的公共体育设施安全制度。体育设施管理者应特别重视安全管理，把安全工作放到重要位置，建立完善的安全管理体系，包括安全操作保证体系、安全维护保证体系。制度的建立和完善是体制的保证，是减少人为因素的重要措施和规范化的前提，既能建立正常体育设施安全管理和工作秩序，又能使学生养成良好的体育设施安全观念。

思 考 题

　　1. 重复锻炼法和循环锻炼法的区别是什么？

　　2. 如何处理踝关节扭伤？

第三章　健康生活与职场保健

【章前导言】

《"健康中国2030"规划纲要》指出：健康是促进人的全面发展的必然要求，是经济社会发展的基础条件。实现国民健康长寿，是国家富强、民族振兴的重要标志，也是全国各族人民的共同愿望。推进健康中国建设，是全面建成小康社会、基本实现社会主义现代化的重要基础，是全面提升中华民族健康素质、实现人民健康与经济社会协调发展的国家战略，是积极参与全球健康治理、履行2030年可持续发展议程国际承诺的重大举措。本章内容包括健康生活与职场保健，主要介绍规律作息、健康饮食、传染病预防，以及常见职业病的运动疗法等相关知识。

【学习目标】

1. 了解常见的身心健康问题产生的原因与科学干预的知识，内容包括规律作息、健康饮食、心理调适、传染病预防等。
2. 了解在未来工作中常见的职业性伤病的原因及预防知识，如颈椎病、肩周炎、腰肌劳损、腰椎间盘突出等伤病的早期预防与运动康复方法。

"中国机长"刘传建

2018 年 5 月 14 日，四川航空一架客机在执飞重庆至拉萨的航线时，于 32 000 英尺（约 9 750 米）的巡航高度遇险，飞机驾驶舱挡风玻璃破碎，驾驶舱瞬间失压，副驾驶员受伤短暂失能，机长刘传建在万米高空氧气稀薄、气温骤降、自动驾驶系统解除的情况下，靠着惊人的毅力、充沛的体能和高超的驾驶技术，控制住严重受损的飞机，并安全备降成都双流机场，避免了一次重大飞行安全事故的发生，刘传建也成为当之无愧的"英雄机长"。

驾驶大型客机不仅要求驾驶员有精湛的飞行技术，还对驾驶员的体能有着严格要求。根据国际惯例，各国航空公司必须定期对驾驶员的各项身体指标进行严格考核，如有心脏病、高血压、视力减弱或心理疾病等隐患，是不能担任驾驶员职务的。跨国航线有时单次飞行在 10 个小时以上，虽然现代客机拥有自动驾驶系统，但是也要求驾驶员必须时刻将注意力集中在仪表盘的各项数据上，一旦分神，就容易造成严重后果，如"法航 447 空难"中，事故部分原因就是飞行员未能及时观察到飞机仪表盘的变化。当飞机在飞行过程中遭遇结构性损坏、系统失灵时，如辅助系统失效，需要驾驶员完全依靠自身力量在巨大阻力的情况下操纵飞机的刹车系统。在前文所述的川航事件中，飞机驾驶舱瞬间失压，在高空中氧气非常稀薄，氧气面罩又未能及时发挥作用，驾驶员就必须克服因缺氧带来的精神涣散、四肢无力、判断力下降等困难，依靠自身毅力和平时的体能储备完成驾驶动作，稍有不慎后果将不堪设想。

体能对于空乘人员来说同样重要。虽然空乘人员的工作主要是在机舱内服务乘客，但在长途飞行中，空乘人员需要不停地站起、坐下、走动，以提供客舱服务；当有乘客在飞行途中突发状况时，需要提供一切可能的帮助，如果飞机在飞行途中遇险，还要协助机长处理危机、安抚乘客，引导乘客疏散。在川航事件中，空乘人员就曾在机舱内进行紧急处置，在飞机飞行姿态不稳、严重颠簸的情况下，安抚乘客情绪，确保乘客人身安全。

由此可见，即便是飞行员、空乘这样看似优雅轻松的技术型岗位，依然需要良好的体能作为履职的有力保障。

第一节　健康生活

健康生活是指有益于健康的习惯化的行为方式，具体表现为生活有规律，没有不良嗜好，讲究个人、环境和饮食卫生，讲科学、不迷信，平时注意身心保健，生病及时就医，积极参加有益健康的文体活动和社会活动等。以下从健康的概念、规律作息、健康饮食、心理调适、传染病预防等方面介绍如何维护健康生活。

一、健康概述

（一）健康的概念

习近平总书记指出，健康是幸福生活最重要的指标，健康是 1，其他是后面的 0，没有 1，再多的 0 也没有意义。健康是促进人全面发展的必然要求，是经济社会发展的基础条件，也是广大人民群众的共同追求。人们习惯于将健康等同于没有疾病。而世界卫生组织将健康定义为一种身体、心理和社会适应的完满状态，健康不仅仅是没有疾病和处于虚弱的状态。良好的健康状况，首先意味着不受疾病困扰——包括采取行动预防疾病。除生理健康外，良好的健康状况还意味着良好的精神和情感方面的健康——也就是每个人都意识到自己的潜力，可以应对正常的生活压力，可以富有成效地工作，能够为所在的社区作出贡献。

2016 年 10 月 25 日中共中央、国务院印发《"健康中国 2030"规划纲要》、2019 年 7 月 15 日国务院印发《国务院关于实施健康中国行动的意见》。一系列政策的出台，使"每个人是自己健康第一责任人"的理念日益深入人心。

（二）健康素养

健康素养是在进行与医疗服务、疾病预防和增进健康有关的日常活动时，通过获取、理解、评价和应用健康信息来做出健康相关的决定，以维持或提高生活质量的知识、动机和能力。健康素养之所以重要，是因为它可以作为衡量个体或者群体是否具有保持健康能力的指标，同时也是运动、健康教育对健康干预效果的有效评价指标。

二、规律作息

规律作息是指一个人的生活、工作和休息的时间安排规范。一个人的生活、工作和休息的时间应根据需要进行分配，如长期稳定地日出而作、日落而息就是一种作息规律。人的身体是具有习惯性的，长期作息规律的人如果突然做出一些改变，调整了时间的分配，身体会容易出现不适应的现象，建议调整作息时不要太激进，应循序渐进。

（一）坚持早起，神清气爽

睡懒觉会使大脑皮质抑制时间过长，久而久之，可能引发大脑功能的某些障碍。这不仅会削弱我们的理解力和记忆力，还可能导致免疫系统的功能下降，扰乱肌体的生物节律，使人变得懒散并滋生惰性。此外，这种习惯对肌肉、关节以及泌尿系统的健康也可能造成不利影响。因此，培养早睡早起的习惯显得尤为重要。

（二）午间休息，精力充沛

适当午睡对于减轻身心疲惫、提高学习和工作效率是非常有益的。午睡不在于时间长短，关键在于睡眠的质量。建议平躺在床上伸展四肢，使血液循环至脑部以缓解因大脑供血不足而产生的疲惫感。切忌趴在桌子上休息，不仅使呼吸受限，同时也使颈部和腰部肌肉处于紧张状态，久而久之，容易患慢性颈肩炎和腰椎间盘突出等疾病。

（三）经常熬夜，影响健康

如果长期熬夜，会慢慢地出现失眠、健忘、易怒、焦虑不安等精神症状。过度劳累会使身体的神经系统功能紊乱，引起体内主要的器官和系统失衡，如发生心律不齐、内分泌失调等，严重的还会导致全身的应激状态、感染疾病的概率相应提高。

美国的免疫学家在对睡眠和人体免疫做了一系列研究后认为，睡眠除了可以消除疲劳，还与提高免疫力、增强抵抗疾病的能力有着密切关系。有充足睡眠的人血液中的 T 淋巴细胞和 B 淋巴细胞均有明显上升，而这两种细胞正是人体免疫力的主力军。因此，即使在相对紧张的工作中也要保持充足的睡眠。大学生的睡眠时间一般每天不得少于 7 小时。

三、健康饮食

健康饮食的三大原则：多样化地选择食物种类、避免暴饮暴食及注意均衡饮食，这样做有助于我们获取身体所需的各种营养素。

均衡饮食是指选择多种类和适当分量的食物，以便能提供各种营养素和适量的热量维持身体组织的生长，增强抵抗力与达到适中的体重。在进食时，应该按照饮食金字塔的分量比例进食及保持充足的水分摄入，以促进健康。均衡饮食能使身体正常运作，有助于抵抗疾病，让人时刻感到精力充沛并维持理想的体重。

人生在每个阶段都须重视健脑、护脑，因为脑部与身体其他部位有所不同，其生长发育必须吸收充足营养，增加益智补脑食物可使之健康发育，并延缓大脑的衰老。要想保持身体健康，应多关注脑部健康。

以下是中国营养学会发布的"中国居民平衡膳食宝塔（2022）"（图 3-1-1）。

四、心理调适

心理调适是指根据自身发展及环境的需要对自己的心理进行控制调节，从而最大限度地发挥个人的潜力，维护心理平衡，消除心理困扰。大学生学会自我心理调适，能够帮助自己在遇到困难、挫折和心理冲突时，化解困境、排除困扰、改善心境。这里介绍科学锻炼对心理健康的作用，具体内容见微课视频。

微课 – 体育运动与心理健康

五、常见传染病的预防

（一）上呼吸道感染

上呼吸道感染是指鼻、咽、喉、支气管由致病微生物作用引起的病变，上呼吸道感染，俗称"感冒"，是一种常见的呼吸系统疾病。它通常由病毒引起，如流感病毒、鼻病毒等，也可能由细菌导致。春、冬季节发病率高。

（1）症状。这种疾病主要影响鼻腔、咽喉等上呼吸道部位，症状包括喉咙痛、咳嗽、流鼻涕、打喷嚏、发热和全身不适等，严重时畏寒、高热、咽部及扁桃体充血，淋巴结肿大和牙痛。

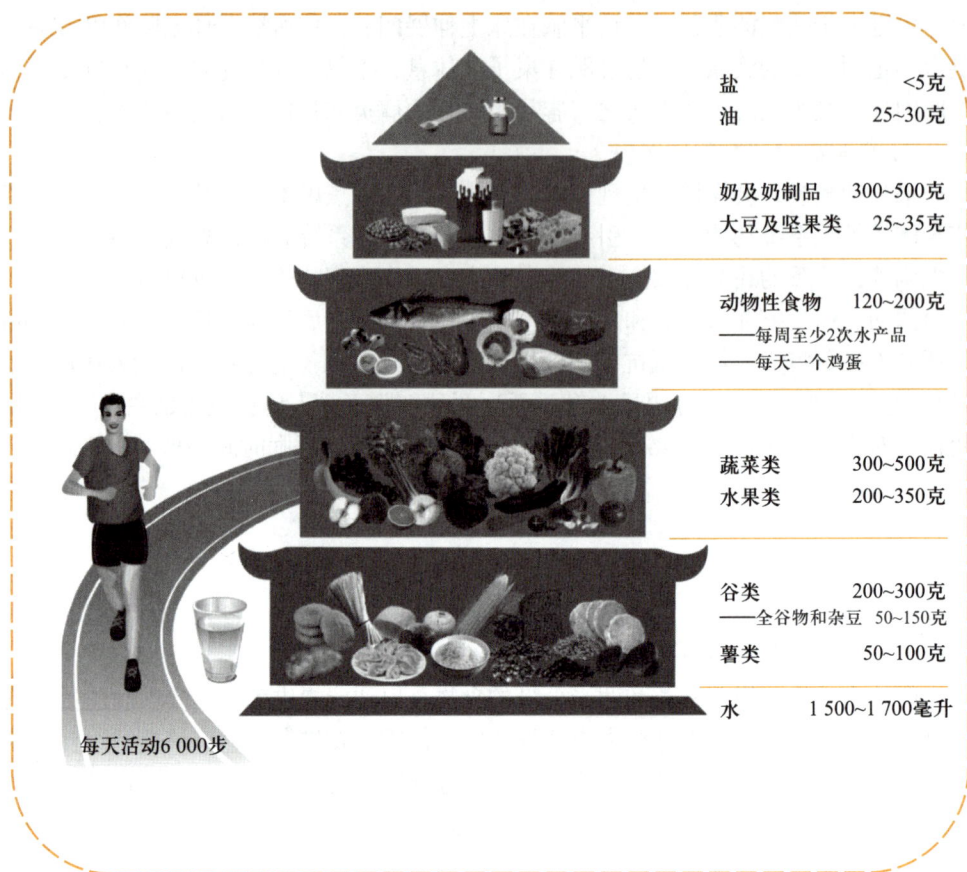

盐	<5克
油	25~30克
奶及奶制品	300~500克
大豆及坚果类	25~35克
动物性食物	120~200克
——每周至少2次水产品	
——每天一个鸡蛋	
蔬菜类	300~500克
水果类	200~350克
谷类	200~300克
——全谷物和杂豆 50~150克	
薯类	50~100克
水	1 500~1 700毫升

每天活动6 000步

图 3-1-1 中国居民平衡膳食宝塔（2022）

（2）防治。平时要加强体育锻炼，增强体质，注意室内空气流通，避免受凉、淋雨和过度疲劳等。治疗时可用抗病毒和抗菌药物。

（二）支气管炎

支气管炎是由病毒和细菌的感染或物理因素、化学因素刺激所致的急性炎症，一年四季均可发病。

（1）症状。主要表现为咳嗽、咳痰、胸闷等症状。鼻塞、流鼻涕、喉痛、全身酸痛、咳嗽多痰，常伴有低至中度发热。

（2）防治。平时积极参加体育锻炼，增强身体抗病能力，避免过度疲劳、受凉，防止吸入有害气体、烟雾和粉尘。治疗时适当给予解热镇痛药和抗生素，剧烈咳嗽和多痰的可服用镇咳化痰药。发热时应卧床休息，吃易消化的食物。

（三）肺炎

肺炎多由双球菌引起，常发生在春、冬两季。

（1）症状。肺炎的主要症状包括发热、咳嗽、咳痰、胸痛和呼吸困难。此外，还可能出现全身乏力、食欲不振、头痛和肌肉酸痛等症状。

（2）防治。患者应卧床休息，多喝开水，用抗菌药消炎。提倡户外运动，提高耐寒和适应气候变化的能力；积极防治急、慢性上呼吸道感染，以及容易诱发的肺炎、麻疹、百日咳等疾病。

（四）急性扁桃体炎

急性扁桃体炎是由细菌感染引起的，多发于儿童和少年。

（1）症状。初发病时表现为一侧咽痛，渐渐发展到两侧，咽食时咽痛加剧，颌下淋巴结肿大，同时畏寒和发热。

（2）防治。积极锻炼身体，增强体质，预防感冒，注意口腔卫生，及时治疗急性传染病。如果有上呼吸道感染和口腔炎症，则要及时治疗。患病时多注意休息，多喝水。

（五）慢性鼻炎

急性鼻炎反复发作或治疗不彻底可转为慢性鼻炎。引起鼻炎的原因可能是病毒、细菌和物理、化学的刺激。

（1）症状。患者常有间歇性或持续性鼻塞、流鼻涕、嗅觉减退甚至头痛、头晕等症状。

（2）防治。应以预防为主，经常锻炼身体，增强体质，避免粉尘、冷空气和有害气体的刺激。对于慢性单纯的鼻炎，可用 1% 麻黄素和呋喃西林溶液滴鼻，也可用封闭法和激光照射法治疗。对于肥厚性鼻炎和萎缩性鼻炎可采用手术治疗。

（六）急性胃肠炎

食用被细菌或其他毒素污染的食物可引起中毒性胃肠炎。此外，暴饮暴食、过量食用有刺激性或粗糙不易消化的食物也可引起急性胃肠炎。

（1）症状。主要是频繁呕吐和腹泻，患者腹部不适、腹痛。有的还有头痛、打寒战、发热等全身症状，严重的可有脱水和电解质平衡失调症状，出现小腿痉挛，甚至发生昏迷和虚脱。

（2）防治。注意个人卫生和饮食卫生，特别注意饮水及食品的卫生检查，勿暴饮暴食，做好灭蝇灭鼠工作。患者应隔离和卧床休息，注意保暖，必要时禁食，同时应多饮水，严重者应静脉滴注生理盐水和葡萄糖溶液。

（七）急性阑尾炎

（1）症状。发病初期，腹部或肚脐周围开始疼痛，然后疼痛转移到右下腹部。患者常有恶心、呕吐、发热、腹泻等症状。

（2）防治。应及早治疗，否则会导致严重的并发症，如腹膜炎。可根据病情进行保守治疗或手术切除阑尾。

第二节　职场保健

随着现代社会的发展，人们在职场中的时间越来越长，导致职场常见疾病的发病率不断上升。这些疾病的病因包括压力和焦虑、运动不足和久坐不动、眼睛疲劳和颈部疼痛等。同时，随着人们对健康的关注日益加强，职场健康逐渐成为一个备受关注的领域。以下讨论职场常见疾病和如何进行预防。

一、颈椎病

（一）颈椎病的成因

颈椎病是一种常见疾病，是指颈椎间盘退行性改变、颈椎骨质增生及颈部损伤等引起颈段脊柱内外平衡失调，刺激或压迫颈部神经、血管而产生的一系列症状。长时间伏案劳作或颈椎长时间处于某些特定体位，会使颈椎间盘内的压力增高，颈部肌肉长期处于非协调受力状态，再加上颈部过度扭转、侧屈，会进一步导致损伤而引起各种病变。

（二）颈椎病的症状

颈椎病的表现多种多样。初期可能仅感颈部酸痛、僵硬，久而久之，可能出现上肢麻木、疼痛，甚至头晕、恶心等不适。严重时，还可能影响行走稳定性，给日常生活带来极大不便。

（三）颈椎病的自我康复疗法

据病情恢复的情况，建议通过颈肩保健操或器械进行颈肩部的活动度训练和肌肉力量训练（表 3-2-1）。

表 3-2-1　职业性颈椎病的自我康复疗法

动作名称及图示	动作要点	动作功效	练习次数
 颈部"十"字拉伸	做颈部的前后左右拉伸与左右旋转，可用手放于头部给予重力	可以缓解颈肩疲劳，增强肌肉韧度，润滑颈椎和肩关节，增强颈段脊柱的稳定性，增强颈肩顺应颈部姿势突然变化的能力	保持 20~30 秒
 鸭子探水	即模仿鸭子的动作，把头向前伸，划出波浪形		10~20 次
 肩部内收外展	做肩部的内收—外展		保持 20~30 秒

续表

动作名称及图示	动作要点	动作功效	练习次数
 爬墙运动	可进行爬墙运动,即患者仰头,患侧上肢贴着墙壁逐渐向上移动的爬墙动作		20~30 次
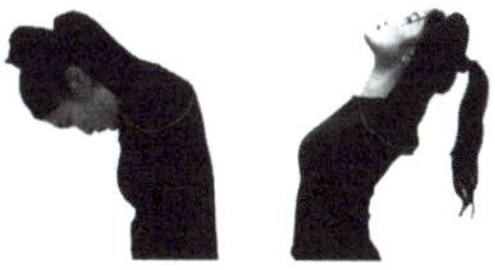 抬头望月	双脚站立与肩同宽,吸气时双手抱住后脖颈抬头向上看,同时双肘往后夹,停留5秒钟后放松		10~20 次
 上下后伸摸棘	手臂一上一下向后背部触摸脊柱棘突,使两手指尖尽量触碰		保持 20~30 秒
 弹力带头部前后左右对抗	将额头放于弹力带中,并固定弹力带一端,做头部前后左右的力量对抗	在颈椎病、肩周炎的症状缓解之后,需要对颈部以及肩关节周围的肌肉进行力量训练,来降低后期病情复发的概率	10~20 次
 弹力带肩袖外旋	拉伸弹力带的肩袖外旋		10~20 次

续表

动作名称及图示	动作要点	动作功效	练习次数
 弹力带或哑铃抬举上肢	手持弹力带或哑铃/重物,大臂与地面平行,再逐渐抬举上肢		10~20次

二、腰肌劳损

（一）腰肌劳损的成因

　　腰肌劳损又称功能性腰痛或腰背肌筋膜炎,主要是指腰骶部肌肉、筋膜等软组织慢性损伤。通常来说,长时间的不良坐姿或站姿,如长时间弯腰工作、久坐不动等,都会导致腰部肌肉过度劳累;缺乏适当的运动和锻炼,使得腰部肌肉力量不足,无法有效支撑脊柱;突然的剧烈运动或不当的举重方式,也可能造成腰部肌肉的拉伤或扭伤。

（二）腰肌劳损的症状

　　腰肌劳损的症状通常表现为腰部疼痛,这种疼痛可能在劳累后加重,休息后有所缓解。还可能感到腰部肌肉僵硬,活动受限。在严重的情况下,疼痛可能向臀部或大腿放射,影响日常生活和工作。常见于运动员、久站和久坐、重体力劳动的职业者。

（三）腰肌劳损的自我康复疗法（表3-2-2）

表3-2-2　职业性腰肌劳损的自我康复疗法

动作名称及图示	动作要点	动作功效	练习次数
 臀桥	取仰卧位,屈膝踩地,形成头、肩、臀和两脚的5点支撑,抬高臀部保持20秒后缓慢放下	可缓解因神经压迫而引起的腰部疼痛,还能矫正下骨盆前倾,增加腰椎曲度	10~20次

续表

动作名称及图示	动作要点	动作功效	练习次数
 抱膝触胸	取仰卧位，双手抱膝使大腿尽量靠近胸，感受腰背部有牵拉感，保持20秒后慢慢放松	可放松腰背部肌肉，增加腰椎的柔韧性	10~20次
 深蹲	取站立位，双脚平行，与肩同宽，抬头挺胸，双臂前平举，深吸气做缓慢地伸髋、屈膝、下蹲，直至大腿平行于地面	能锻炼脊柱核心肌群，增强脊柱的稳定性，对椎间盘突出、腰肌劳损等脊柱疾病有很好的缓解治疗效果。在日常生活中从地面提放物品时，也应采用深蹲的正确姿势	10~20次
 瑜伽狮身人面式	取俯卧位，双手屈臂支撑于地面后，将上半身挺起，头部微微扬起，均匀呼吸，保持20~30秒后缓慢放下	可以使腰部得到一个有效的舒展与放松，提升腰部柔韧度	10~20次
 瑜伽上犬式	取俯卧位，双手直臂支撑于地面后，将上半身挺起，头部微微扬起，均匀呼吸，保持20~30秒后缓慢放下		10~20次
 瑜伽坐立脊柱扭转式	取坐立位，将右腿屈膝后放在左大腿的外侧，并将身体扭转向右侧保持，交换为另外一侧	能够使腰部得到放松，缓解腰疼的症状	保持30~60秒

三、鼠标手

（一）鼠标手的成因

鼠标手又称腕管综合征，是正中神经在腕管内遭到挤压而引起的一种周围神经卡压综合征。主要成因是长时间重复性的手腕和手指运动。这种运动会导致手腕和手指的肌腱和神经受到压迫，进而引发炎症和疼痛。

（二）鼠标手的症状

鼠标手的症状主要包括手腕疼痛、手指麻木、握力减弱等，常见于正中神经分布的拇指、食指、中指区域。这些症状通常会在使用鼠标后加重，严重时甚至会影响日常生活和工作。

（三）鼠标手的自我康复疗法（表 3-2-3）

表 3-2-3　职业性鼠标手的自我康复疗法

动作名称及图示	动作要点	动作功效	练习次数
 手指对抗	双手五指张开,各指尖相碰,相互用力对抗	可锻炼手部关节,舒缓僵硬状态	20~30 次
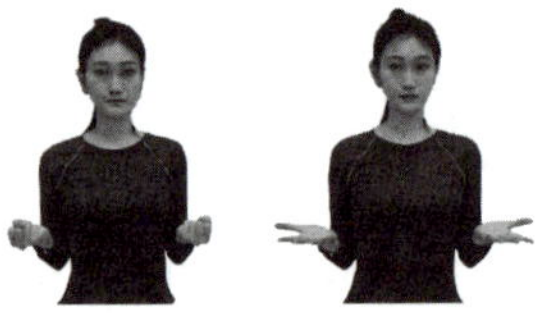 手指抓握	用力展开和抓握双手手指	可增强关节力量,促进血液循环	各保持 5 秒,20~30 次
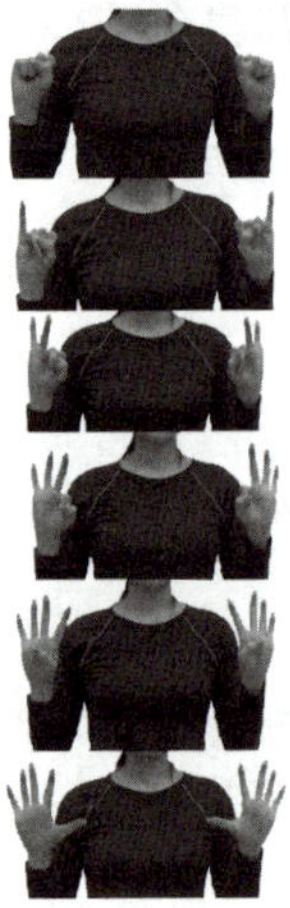 扇形舒展	吸足气用力握拳,用力吐气,同时急速依次伸开小指、无名指、中指、食指、拇指	可锻炼手部关节,舒缓僵硬状态	10~20 次

续表

动作名称及图示	动作要点	动作功效	练习次数
时钟绕环	手臂伸直，双手五指并拢，按顺时针和逆时针转动手腕	可缓解手腕肌肉酸痛感，并锻炼腕屈肌，增强手腕力量，防止腕关节骨质增生	25 次
手腕伸肌与屈肌拉伸	一手手臂伸直，指尖分别向上（伸肌）和向下（屈肌），另一手扶住手背往胸口方向牵拉	可增加腕部和指部的伸展和屈曲幅度，缓解手腕和手指的肌肉酸痛	保持 20~30 秒

四、肩周炎

（一）肩周炎的成因

肩周炎是肩周肌肉、肌腱、滑囊和关节囊等软组织的慢性炎症，肩周炎在 45 岁以上人群中比较常见，女性多于男性，双侧同时发病者少见。通常由于肩部肌肉韧带长期处在紧张状态，关节平常活动比较频繁，周围软组织经常受到来自各方面的摩擦和挤压而形成。加之肩部肌腱本身的血液供应较差，而且随着年龄的增长会发生退行性改变。常见于长期伏案工作和用肩过度的职业人群。

（二）肩周炎的症状

肩周炎的症状主要表现为肩部疼痛和活动受限。早期，可能感到肩部轻微不适或偶尔疼痛，但随着时间的推移，疼痛逐渐加重，并可放射至颈部、上肢甚至手指。同时，肩关节的活动范围也会受到限制，如梳头、穿衣、洗脸等日常动作变得困难。

（三）肩周炎的预防与运动疗法

（1）钟摆运动。基本站立姿势，身体重心微微前倾，手臂自然下垂，两臂轻轻前后摆，并逐渐增大摆动幅度。这个动作有助于放松肩部肌肉，减轻疼痛。

（2）爬墙运动。面对墙壁站立，用手指在墙上缓慢向上爬行，尽量达到最高点，然后缓慢回到起始位置。这个动作可以拉伸肩部肌肉，增加关节活动度。

（3）旋转运动。双臂伸直，做小幅度的顺时针和逆时针旋转，逐渐增加旋转幅度。这个动作可以增强肩部肌肉力量，提高关节稳定性。

（4）耸肩运动。双肩同时向上耸起，尽量靠近耳朵，然后缓慢放下。重复多次，可以有效缓解肩部紧张。

五、腰椎间盘突出

（一）腰椎间盘突出的成因

腰椎间盘突出又称为腰椎间盘突出症，是指腰椎间盘各部分，尤其是髓核出现不同程度的退行性病变后，在外力的作用下，导致椎间盘的纤维环部分或全部破裂，髓核突出刺激或压迫神经根、马尾神经所引起的一种综合征。常见于弯腰或长期坐位工作的人群，男性多于女性。

（二）腰椎间盘突出的症状

腰椎间盘突出的症状主要表现为腰痛和坐骨神经痛，这种疼痛可能放射至臀部、大腿后侧乃至小腿和足部，形成所谓的"坐骨神经痛"。在日常生活中可能感到腰部活动受限，弯腰、转身等动作变得困难。严重时，甚至会出现下肢麻木、无力，影响行走和日常生活。

（三）腰椎间盘突出的预防与运动疗法

（1）"猫牛式"伸展。四肢着地，手腕在肩膀下方，膝盖在髋关节下方。吸气时，背部下沉，头部抬起，形成"牛"的姿势；呼气时，背部拱起，头部下垂，形成"猫"的姿势。这个动作可以很好地放松腰部肌肉，减轻腰椎的压力。

（2）"桥式"运动。仰卧在地上，双脚平放地面，双膝弯曲。然后慢慢抬起臀部，直到身体形成一条直线，保持几秒钟后放下。这个运动可以加强腰部和臀部的肌肉力量，提高脊柱的稳定性。

（3）保持良好的坐姿和站姿。避免长时间久坐或久站；定期进行适量的有氧运动，如散步、游泳等；以及注意控制体重，减轻腰椎的负担。

六、视疲劳综合征

（一）视疲劳综合征的成因

视疲劳综合征是以眼部各种不适症状为突出表现的一组症候群。主要由于长时间集中精力用眼于屏幕或文字，眨眼次数会明显减少（由日常每分钟22次左右锐减到4~5次），眼睛特别容易干涩，日积月累，或多或少会出现视疲劳综合征。伏案类职业人群较易患此症。

（二）视疲劳综合征的症状

视疲劳的症状多种多样，包括但不限于眼睛干涩、疼痛、视力模糊、头痛、颈部和肩部酸痛等。这些症状不仅影响日常生活质量，还可能对工作效率和学习效果产生负面影响。更为严重的是，长期忽视视疲劳，还可能导致近视、散光等视力问题的加重。

（三）视疲劳综合征的预防与运动疗法

（1）转眼法。选择一个安静场所，或坐或站，全身放松，清除杂念，双眼睁开，头颈不动，转动眼球。先将眼睛凝视正下方，缓慢转至左方，再转至凝视正上方，至右方，最后回到凝视正下方，依此顺序顺时针转9圈，再让眼睛沿逆时针方向转9圈，总共做4次，每次转动时，眼球都应尽可能地达到极限。这种转眼法可以锻炼眼肌，使眼睛灵活自如、炯炯有神。

（2）眼呼吸凝神法。选择空气清新处，或坐或立，全身放松，双眼平视前方，徐徐将气吸足，眼睛随之睁大，稍停片刻，然后将气徐徐呼出，眼睛也随之慢慢微闭，连续做 9 次。

（3）极目法。早晨在空气清新的地方自然站立，双眼先平视远处的一个目标，再慢慢将视线收回，到距眼睛 35 cm 时，再将视线由近而远转移到原来的目标上。如此反复数次，再配合深呼吸，对调节眼睛的功能有一定好处。

（4）熨眼法。坐姿，全身放松，闭上双眼，然后快速相互摩擦两掌，使之生热，趁热用双手捂住双眼，热散后两手猛然拿开，双眼也同时用劲睁开。如此 3~5 次，能促进眼部血液循环，加快新陈代谢。

七、膝关节疼痛

（一）膝关节疼痛的成因

膝关节疼痛成因有很多，如关节炎、膝韧带损伤、髌骨软化症、半月板症、损伤性滑囊炎等，这些由慢性劳损引起关节组织退化、工作或运动中引起的碰撞和扭伤都会导致膝关节疼痛和活动受限。经常从事下肢活动，以及在高热湿冷等特殊环境中工作的人群较易患有膝关节疼痛病，如运动员、酒店前台、流水线和野外作业人员等。

（二）膝关节疼痛的症状

膝关节疼痛的症状多种多样，主要表现为关节肿胀、僵硬、酸痛以及活动受限等。在初期，可能只是感到轻微的不适或酸胀感，但随着时间的推移，疼痛会逐渐加剧，甚至影响到日常行走和上下楼梯等基本活动。严重的情况下，膝关节还可能出现畸形，如 O 型腿或 X 型腿等。

（三）预防与运动疗法

预防膝关节疼痛，可采取保持体形适中的办法，同时加强肌肉训练，避免过多上楼、跪地、下蹲等姿势。平时应穿着避震力强的鞋，佩戴护膝等护具。这样可减少膝关节负重，降低关节所受压力。通过以下运动可达到缓解和治疗的目的。

（1）静立半蹲。双足分开与肩同宽，慢慢蹲下，使大腿与小腿的夹角保持 120° 左右。上半身平直，胸、腹、颈放松，呼吸自然，两手叉腰。静立半蹲 3~5 min。适应后可逐渐延长至 10~20 min。蹲后原地踏步 2~3min。

（2）扶腿蹲立。两足同肩宽，两手扶膝盖上部，身体向下蹲，当大腿和小腿夹角为 90° 时，再起立。如此反复蹲立，每次 50~100 下，每天 2~3 次。

（3）摆臂蹲立。两脚同肩宽，脚尖着地，脚跟提起，身体下蹲，尽量使臀部挨着脚跟，同时两臂前摆平举，然后两腿立起，两臂下垂，身体站立。注意两臂不要摆动过大，上身不要前俯后仰，连续蹲立 50~100 下，每天 2~3 次。

（4）半蹲转膝。两膝并拢，两手扶在膝关节上，两腿弯曲成半蹲状，两脚站立保持不动，将膝关节先向左、前、后旋转，再向右、前、后旋转，每呼吸一次旋转一周，每次旋转 30~50 周，每天 2~3 次。

（5）前后摆腿。站立，两手叉腰，先将左腿抬起，前后摆动，幅度由小到大，摆动 10 次后再换右腿，每条腿摆动 30~50 次。

（6）仰卧抬腿。仰卧在垫子上，两腿伸直，交替上抬，逐渐增加高度，每次抬 50~100 下，每天早晚各一次。

（7）单腿蹦跳。一条腿支持身体，另一条腿弯曲抬起，然后连续跳跃，每次 20~30 下，交替进行。

思 考 题

1. 简述颈椎病的预防与运动疗法。
2. 简述鼠标手的预防与运动疗法。

第二篇

专项运动技能

专项运动技能是指学生经过系统化训练，对某一运动项目技战术达到熟练掌握、灵活运用程度的技能与本领。专项运动技能篇内容包括大球类运动、小球类运动、操舞健体类运动、格斗类运动、武术与民间传统类运动、游泳运动、时尚户外运动等大类。

第四章　　大球类运动

【章前导言】

在众多的体育锻炼项目中，大球类运动是高校参与人群最多的运动。通过学习本章内容，学生可以了解足球、篮球、排球和手球运动的起源、发展现状，掌握各项目的基本技术和战术，有助于提高专项运动技能水平，促进终身锻炼习惯的养成，有助于培养规则意识、合作意识、公平竞争意识等良好的体育道德品质。大球类项目比赛和训练，可以培养学生集体主义精神，培养"胜不骄、败不馁"的良好品质，弘扬"无私奉献、团结协作、艰苦奋斗、自强不息"的精神。

【学习目标】

1. 了解足球、篮球、排球和手球的起源、发展以及锻炼价值。
2. 掌握足球、篮球、排球和手球的基本技术。
3. 初步掌握足球、篮球、排球和手球的常用战术。
4. 能够安全地参与运动项目，并在运动中享受乐趣、增强体质。
5. 培养学生的规则意识、团队意识，促进学生终身体育习惯的养成。

一年又一年，中国女排精神激励一代又一代

1981 年 11 月 16 日，对于中国体育而言，是一个特殊的日子——中国女排以七战全胜的战绩首次摘得世界杯桂冠。中国女排的这次胜利，不仅实现了历史性的突破，也开启了女排"五连冠"的黄金时代。

在 2019 年 9 月再次以全胜战绩问鼎世界杯冠军后，中国女排成为史上首支 5 次斩获该荣誉的队伍。同时，这也是中国女排在三大赛中收获的第 10 个世界冠军奖杯。在中华人民共和国成立 70 周年庆典上，中国女排登上了庆典彩车，接受了全国人民对她们的致敬："中国女排，世界第一！中国女排，世界第一！"天安门广场上那震耳欲聋的口号仍回响在耳畔。在欢呼、赞誉、鲜花背后，女排姑娘们数十年团结拼搏的身影早已成为几代国人共同的成长记忆，他们所缔造的女排精神更是超出了体育范畴，成为激励国家前行、民族奋进的精神力量源泉。10 座沉甸甸的奖杯固然可贵，但我们也应看到，女排也曾输过比赛，也曾经历过漫长低谷，然而女排精神始终是每一届队伍的共同信仰。

2019 年 9 月 30 日，习近平总书记在会见从世界杯载誉而归的女排队员代表时表示："广大人民群众对中国女排的喜爱，不仅是因为你们夺得了冠军，更重要的是你们在赛场上展现了祖国至上、团结协作、顽强拼搏、永不言败的精神面貌。"没有完美的个人，只有完美的团队。中国女排之所以能够屡次问鼎世界冠军，根本原因在于其精神的核心就是团结协作，一代代女排队员正是继承和发扬了这一精神才能取得如此佳绩。

中国体育一路走来，完成了从"体育弱国"到"东方巨人"的巨变，从参加奥运会到举办奥运会，再到独一无二的"双奥之城"；从女排精神到振兴中华，一年又一年，中国体育在历史长河中变大变强，其间尽管充满起伏曲折，但女排精神始终激励着国人。不论时代如何变迁，象征着顽强、拼搏、不服输、集体主义的女排精神永不褪色，激励一代又一代中国人在实现中华民族伟大复兴的道路上奋勇前进。

第一节　足　球

一、足球运动的概述

足球运动是以脚为主控制和支配球，采用传球、带球及头顶球等技术，通过集体配合，以射门为目标，以得分多少决定胜负的一项球类运动，是世界上开展最广泛、影响最大的体育项目之一，被誉为"世界第一运动"。

（一）足球运动的起源与发展

足球运动，源远流长。古代足球运动起源于我国的春秋战国时期的齐国故都临淄，称为"蹴鞠"，到了唐宋时期，"蹴鞠"活动已十分盛行，后来经过阿拉伯人传到欧洲，发展成现代足球。

1863 年，英国成立了世界上第一个足球协会，标志着现代足球的诞生。从 1900 年的第 2 届奥运会开始，足球被列为奥运会正式比赛项目。1904 年 5 月 21 日，国际足球联合会（简称"国际足联"）在巴黎成立。标志着足球作为一项世界性的体育项目登上了国际体坛。1932 年国际足联总部迁至瑞士苏黎世，直至今日。1930 年起，每 4 年举办一次世界足球锦标赛（又称世界杯足球赛）。

（二）足球运动的特点与价值

1. 足球运动的特点

（1）整体性。足球比赛是一项团队运动，每队由 11 人上场参赛。场上的 11 人需要相互配合、团结协作、思想统一，具备整体参战的意识。

（2）大局性。足球比赛场地大、人数多。可进行巧妙的传切，流畅的配合，单刀突入，层层突破。通过有效的大空间转移，可调动对方以期达到找出漏洞或撕开防线的目的。足球比赛对抗强度大，攻防转换快，如何合理地分配体能、适当地轮换球员也是需要全盘考虑的要素。

（3）技术精细性。足球运动讲求个人技术细腻到位，动作时机得当，有时很短的时间差或几步的距离都会形成突破、妙传甚至进球，具有很高的观赏性。

（4）对抗性。比赛中双方为争夺球的控制权，会进行激烈的身体对抗，球员需具备一定的身体素质和对抗能力。一场高水平的比赛，双方因争夺和冲撞倒地次数多达 200 次以上，可见足球运动对抗之激烈。

（5）多变性。足球运动的局势瞬息万变，战术上变幻莫测、胜负结局难以预测，球员需要根据场上的情况快速做出决策，要求球员必须具备较高的应变能力和战术意识。

2. 足球运动的价值

（1）强身健体，促进身体健康。研究发现，经常踢球者能减少体内脂肪含量，增加肌肉质量，保持体形健美，还能增强心肺功能，提高身体协调性。

（2）促进人际交往，增强民族凝聚力。不同国家和地区在比赛中相互交流，增进国际文化传播和交融。国家队代表一个国家的足球实力，整个国家的球迷都会为之自豪，这种情感能够增强民族凝聚力。

（3）锤炼意志，增强团队意识。足球运动能够培养勇敢顽强、机智果断、坚韧不拔的意志品质和团结协作的交流沟通能力。

二、足球运动基本技术

足球运动的技术，是指运动员在足球竞赛规则允许的条件下，有目的、有意识地运用身体有效部位合理支配球的动作方法的总称。足球基本技术包括传球、接控球、射门、运球、头顶球、抢截球、守门员技术。

（一）传球与接控球

传球是球队保持控球权的主要手段。在学习和掌握传球技术时，应正确地把握助跑、触球部位和随前摆动3个环节。传球主要技术有脚弓内侧传球（图4-1-1）、脚背内侧传球、脚背外侧传球和脚背正面传球等。脚内侧传球动作技术要领：直线助跑，支撑脚站在球的侧面约15厘米处，膝关节微屈，脚尖指向出球方向，踢球腿以髋关节为轴由后向前摆动，在前摆过程中大腿外展，脚底与地面平行，踝关节功能性地紧张使脚型固定，小腿做爆发式的前摆，用脚内侧击球的后中部。

① ② ③ ④

图4-1-1　传球

接控球是在原地或跑动中利用规则，有目的地运用身体的有效部位，减弱来球的冲力或采用推、拨动作使运行中球保持在自己控制范围内的连续触球动作。接控球只是达到下一目的的手段，应迅速连接射门、传球和运球。接控球所用的主要部位有脚弓内侧、脚背正面、脚背外侧等。

传球、接控球的练习方法：

（1）熟悉动作方法和要领，做各种传、接的无球模仿练习。

（2）一人用脚底踩在球的后上部，另一人做跨一步和助跑触球练习，练习触球的部位和支撑脚的选位。

（3）两人面对面踢、接由正面或侧面来的地滚球。

（4）迎面前后跑动传、接球。

（5）"之"字形交叉跑动接传球。

（6）三人一组三角传球、接球。

（7）三人一组跑动传球、接球。

（8）三人一组成三点一线循环练习。A传球给B，B接球转身传给C，C再回传给B，B接球后转身再传给A。

（二）射门

比赛中运用技术、战术的最终目的是射门得分。射门时，要根据不同的来球方向和位置，选择合理的射门方式。射门主要采用脚弓内侧、脚背内侧、脚背外侧、脚背正面、头顶球等部位。

射门练习的主要方法：

（1）A 和 B 分别站在球门的两边，控球队员 A 把球向前推拨一步后射门。若守门员接住球，就转身把球传给另一边队员，由 B 练习射门。

（2）B 接 A 的传球后迅速转身并射门，然后 A 到 B 的位置，接 C 的传球后练习射门。

（3）A 从边路传中，B 中路插上在跑动中接 A 的横传球射门。

（4）A 给 B 传球后要迅速前跑并接 B 的回传球，B 在传球后要即刻对 A 逼近，形成一对一防守，A 应视情况射门或突破。

（5）A 从中路定点传球，B 和 C 两侧包抄射门。

（6）A 传球于边路，B 接球后运球至端线附近并向罚球点传球，A、C 分别从近、远点插上射门。

射门

（三）运球

运球是个人控制球的一个主要手段，是在跑动中用脚的推、拨、扣等动作，使球保持在自己控制范围内的连续触球动作。可采用直线运球或曲线运球的方式达到自己的运球目的，也可在运球中结合假动作突然起动、急停、转身、变速等摆脱防守。运球的主要技术有脚背外侧运球、脚背内侧运球和脚背正面运球等（图 4-1-2）。脚背内侧运球的动作技术要领：运球前进时支撑脚始终领先于球，位于球的侧前方，肩部指向运球方向。支撑脚膝关节微屈，重心放在支撑腿上。另一条腿屈膝提起，用脚内侧推球前进，然后运球脚着地。

运球

图 4-1-2　运球

运球练习的主要方法有：

（1）两脚脚内侧左右拨球。

（2）单脚支撑，另一脚底踩在球上部，双脚交替连续向后拖球做模仿练习。

（3）直线行走中，连续做脚内侧扣球、脚外侧拨球练习。

（4）慢跑中用各种脚法直线运球。

（5）快速直线带球做急停急转。

（6）"8"字路线带球。

（7）两名队员一组，两人各站一边，中间放置一个标志，控球队员向标志运球，到达后做运球假动作并超越标志，快速运球至同伴处，同伴再以相同方式反方向运回。

（四）头顶球

在足球运动中，头顶球是除脚踢之外的重要进攻或防守手段。进攻时，头顶球用于传球或攻门，要求准确性；防守时，头顶球要有力量、有远度。头顶球分为原地头顶球和跳起头顶球两种（图4-1-3）。

正面原地头顶球动作技术要领：身体正对来球方向，目视运动中的球，两脚左右开立，膝关节微屈，身体重心置于两脚间（或后脚上），两臂自然张开成保护姿势，当球运行到将垂直于地面的垂线时，两脚用力蹬地，迅速向前摆体，微收下颌；在触球瞬间，颈部做爆发式振摆，用前额正面击球中部，上体随球前摆。

图4-1-3　头顶球

头顶球的主要练习方法有：

（1）做各种头顶球的模仿练习。

（2）顶吊球练习。

（3）自抛自顶练习或自己连续顶球练习。

（4）从两人对面抛顶练习过渡到两人对顶。

（5）3人一组，2人抛球，另一队员左右移动做顶球练习。

（6）接边路传球头顶球射门。

（7）头顶远距离高空球。

（五）抢截球

抢截球技术是足球运动中重要的防守技术，是转守为攻的锐利武器。主要有正面抢截球、侧面抢截球和铲球等技术动作（图4-1-4）。

图4-1-4　抢截球

头顶球

抢截球

抢截球练习方法主要有：

（1）一人向前带球，另一人上步做正面脚内侧堵抢练习。

（2）两人并肩走动或慢跑，并做合理冲撞。

（3）一人带球前进，另一人在侧面做冲撞抢球。

（4）向前或向后抛球后，追上去做铲球练习。

（5）正面或侧面抢截球或铲球。

（六）守门员

守门员是全队防守的核心。在本方禁区内，他可用身体的各个部位阻止对方将球射入本方球门。守门员接球最主要的技术包括接地滚球（图4-1-5）、接平直球、接高球和扑球等。在接球时，应注意以下几点：

守门员

图4-1-5　接地滚球

（1）位置选择。位置的选择应根据对方的射门地点和球飞行的方向来判定。

（2）准备姿势和移动。向左右调整位置的移动，一般采用侧滑步和交叉步。一般在接两侧高球或扑接球时，为了便于蹬地跃起，多采用交叉步。

常用的守门员练习方法包括：

（1）从无球过渡到有球的原地、左右交叉步、左右滑步接球。

（2）自抛后自接或击打球。

（3）两人一组，接定点定方向用手或脚的射门。

（4）两人一组，接定点不定方向用手或脚的射门。

（5）接或击打边路、正面、斜线传球。

（6）一对一对抗性练习。

（7）手抛球或脚踢球练习。

三、战术应用

足球战术是比赛中队员个人技术的合理运用和全队队员之间相互配合、协同行动的组织形式。它是在比赛过程中，为了战胜对手，根据主客观情况所采取的个人行动和集体配合方法的综合体现。

（一）进攻战术

进攻战术是个人进攻战术和集体进攻战术的总称。个人进攻战术最基本的有摆脱与跑位、运球过人和传球等。这里主要介绍集体进攻战术。

1. 局部进攻

比赛中，在局部区域进行的2人以上的战术配合行动一般有以下几种。

二过一配合：局部区域的2个进攻队员通过传球与跑位突破1个队员的防守称为二过一配合。

斜传、直插二过一（图4-1-6）：⑩号与⑦号都是斜线传球；⑪号与⑧号都是直线插入接球。这种配合一般是在跑动中遇到迎面抢截球时使用。

直传、斜插二过一（图4-1-7）：⑩号与⑦号都是直线传球；⑪号与⑧号都是斜线插入接球。这种配合又叫交叉换位二过一，一般是在防守人站好位置的情况下使用。

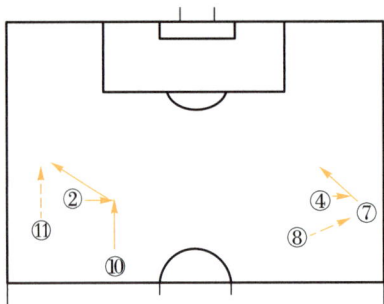

图4-1-6　斜传、直插二过一　　　　　图4-1-7　直传、斜插二过一

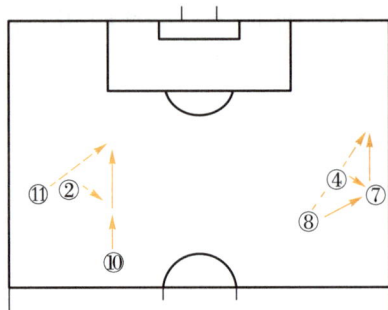

三过二配合：比赛中，局部区域经常出现三过二的配合，它实际上仍是二过一配合的变形，只是在二过一的配合中有另一个进攻队员参与了进攻。在二过一的基础上都可以根据具体情况转移球给第3个队员，攻击对方球门。

2. 全队进攻

全队进攻指在局部进攻的基础上，涉及全队的战术行动。

（1）边路进攻。在对方半场两侧地区发起的进攻称为边路进攻。一般防守在边路区域布兵较弱，进攻方利用防守的空当进攻，把中间防守引向边路，扩大攻击面，拉开防线，再抓住中间暴露的空隙进攻。

（2）中路进攻。中路进攻是在场地中间区域发动的进攻。采用中路进攻时，会对对方防守队员造成较大的威胁。但要选用本方攻击能力强、身材高大、技术全面、战术意识好的队员充当尖刀和突击手。罚球区前的区域射门角度大，可集中优势兵力，一旦突破成功，进球机会多，对进攻取胜极为有利。

（二）防守战术

一个队失去了对球的控制，便是防守的开始，一旦重新获得了球就是防守的结束。防守也包括个人和集体两种战术，个人战术最基本的是选位与盯人、补位和抢截球。这里重点介绍集体防守战术的人盯人防守、区域防守和混合防守3种战术。

（1）人盯人防守是每一个防守队员专门盯住一个进攻队员，封锁和限制他的活动，使其传球和接球发生困难，是一种积极主动的防守战术。它的优点是任务明确，但要求防守队员的体力、技术、战术意识和战斗经验都要有较高的水平，否则防守阵线会被对方打乱，反而使防守处于被动局面。

（2）区域防守是指每个队员负责防守一个区域，只要有对方队员跑入本区域内就进行积极防守。这种防守具有分工明确、相互便于补位、防止门前出现危险区的优点，但由于不是主动盯人，易造成对方以多打少使防守处于被动局面。

（3）混合防守是人盯人防守和区域防守相结合的防守方法。这种防守具备人盯人防守和区域防守两者的长处，弥补了两者的不足。混合防守要求对有球队员要紧逼，对距球近和有可能接球的队员也要紧逼，对距球远的队员可采用区域防守。对特别有威胁的队员，可由专人盯防。

（三）其他战术

1. 任意球战术

任意球有直接任意球和间接任意球两种。在罚球区附近的任意球攻守配合的方法有：

（1）直接射门。在罚直接任意球时，当守方的人墙有漏洞或守门员站的位置不当，攻方主罚队员可考虑直接射门。

（2）配合射门（图4-1-8）。⑩号向前跑去，好像要射门，但越过球向人墙后插上，以吸引防守队员的注意力。这时⑧号突然将球横传给后面插上的⑨号，由⑨号射门。⑧号也可以传给插上的⑩号射门。

（3）防守配合。无论是直接任意球还是间接任意球，前锋和前卫都应迅速回防。对一个有威胁的任意球的防守，最重要的是组织好人墙。一般人墙由1到5人组成，可封住射门的近角，守门员站在球门的远角。除此以外，其他队员还要盯住对方任何一名可能对球门构成威胁的队员。

2. 角球战术

发角球的进攻配合主要有两种：一是直接发到球门区，二是运用短传配合的方法。

直接发到球门区的方法，一般由技术较好的队员罚角球，把球传到远端球门柱附近。其他前锋队员在发球时交叉换位跑动，选择好位置，以便抢点射门。

在身体、顶球能力比对方差时，多采用短传配合的方法（图4-1-9）。⑦号用地滚球将球传给快速摆脱迎上接球的⑩号，⑩号直接回传给突然插上的②号射门。

图4-1-8　配合射门　　　　　　　　　图4-1-9　短传配合

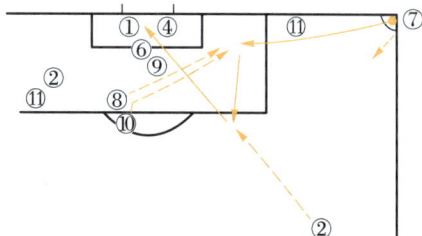

3. 掷界外球战术

最简单的配合是接球队员直接将球踢还给掷球队员，由掷球队员处理球。或者将球掷给正向进攻方向跑动的队员，由接球队员跑向空当接球。

在接近对方端线的位置掷界外球时，可直接掷向罚球区，形成射门机会。

4. 中圈开球战术

在对方思想不集中，队形站位不当，有较大的空当时，进攻队可采用突然袭击的方法（图 4-1-10）。⑨号开球传给⑧号，⑧号立即传给已插到对方门前空当的⑩号，由⑩号运球射门。

利用短传先将球控制好，其他队员积极跑位，选好接球机会，快速向对方门前推进。

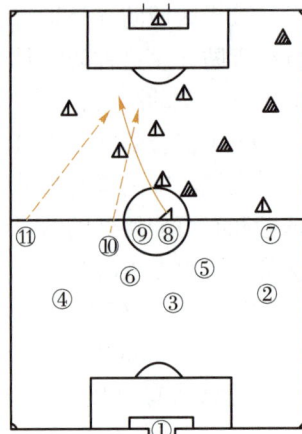

图 4-1-10　中圈开球战术

四、足球竞赛规则简介

1. 场地（图 4-1-11）

正式比赛场地应为长方形，其长度不得大于 120 米或少于 90 米，宽度不得大于 90 米或少于 45 米（国际比赛的球场长度不得大于 110 米或少于 100 米，宽度不得大于 75 米或少于 64 米）。在任何情况下，长度必须超过宽度。

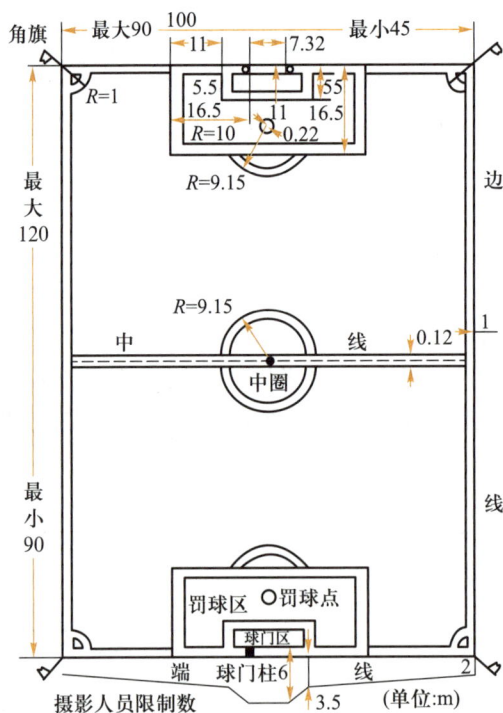

图 4-1-11　场地

2. 球

球的圆周长不得大于 70 厘米或少于 68 厘米。球的质量，在比赛开始时不得大于 450 克或少于 410 克。充气后其压力应保持 0.6~1.1 个大气压力（海平面上），即相当于 600~1 100 克 / 平方厘米。

3. 比赛队员人数

每队比赛场上队员不得多于 11 人，其中有一名守门员。任何一个队少于 7 人时，该场比赛无效。每场比赛，每队最多可替补 3 名队员，其中 1 人必须为守门员（现部分比赛试行最多换人 3 次，最多换 5 人的新规则）。被替补下场的队员不得在本场比赛中再次参加比赛。非正式比赛中经比赛双方商定，替补队员可多于 3 名。

4. 比赛时间

比赛分为上下两个半场，每半场 45 分钟，全场比赛 90 分钟，除经过裁判员同意，半场之间的休息时间不得超过 15 分钟。比赛开始的时间，不是以裁判鸣哨为准，而是从开球后，球向前滚动一周时算起。

5. 比赛开始

开球队员触球后，比赛即为开始。其他队员触球之前，开球队员不得再次触球。

6. 计分方法

在符合规则的情况下，球的整体从门柱间及横梁下，从空中或地面越过球门线及其垂直面为进 1 球，在一场比赛中进球多者为胜。如全场踢成平局且必须决出胜负，应加时 30 分钟，15 分钟时交换场地，中间不休息。如双方仍未进球，则以点球决定胜负。

7. 越位

如果进攻队员传球的刹那，同队队员在对方半场，较球更靠近对方端线，并且该队员与端线间的场地内，防守队员少于 2 名（与倒数第 2 名防守队员平齐不算越位），该队员处于越位位置。处在越位位置的队员干扰比赛或干扰对方，或企图从越位位置参与进攻，应判罚越位犯规，由对方队员在犯规地点踢间接任意球。如果队员直接接得角球、球门球或界外球则没有越位犯规。

8. 守门员

守门员不得用手接本队队员用脚回传的球，不得用手接本方队员掷出的界外球，否则，将判罚间接任意球。

9. 任意球

任意球分为直接任意球（踢球队员可以直接射入对方球门得分）和间接任意球（踢球队员不能直接射门得分，除非球进入球门前被其他队员触及）。

（1）有以下行为可判罚直接任意球。

踢或企图踢对方队员。

绊摔或企图绊摔对方队员。

跳向对方队员或猛烈地或带有危险性地冲撞对方队员。

从背后冲撞对方队员。

打或企图打对方队员或向对方队员吐唾沫。

拉扯对方队员或推对方队员。

用手或臂部携带、击或推球。

（2）有以下行为可判罚间接任意球。

危险动作（动作目的是获得球或处理球，但动作方式有可能伤害对方队员或自己）。

目的不在踢球，球又未在其控制范围以内时，作所谓合理冲撞。

队员不去踢球而故意阻挡对方或冲撞守门员。

越位或守门员违例。

10. 罚点球

当守方队员在本方罚球区内故意踢、绊摔对方队员，跳向对方队员，猛烈地或带有危险性地冲撞对方队员，抑或企图打对方队员，向对方队员吐唾沫，拉扯、推对方队员，除守门员以外的队员手触球等，应判罚点球。

罚点球时，由主踢队员从罚球点踢出，除主罚队员和对方守门员外，其他队员均应在场内该罚球区外，并至少距罚球点 9.15 米。

11. 掷界外球

凡球的整体不论在地面或空中越出边线时，由出界前最后触球队员的对方队员在球出界处掷界外球，球可掷向场内任何方向。掷球时，掷球队员必须面向球场，双脚均应有一部分站立边线上或边线外且不得全部离地，用双手将球从头后经头顶掷入场内，球进场为比赛开始。掷球队员在球未经其他队员触及前，不得再次触球。掷界外球不能直接得分。

12. 球门球

当球的整体不论在空中或地面越出两门柱空间以外的端线、而最后触球者为攻方队员时，由守方队员将球放在球门区内任何地点，直接踢出罚球区恢复比赛。踢球门球时，不得由守门员用手接住后再踢出。球未踢出罚球区，应重踢。踢球门球的队员在未经其他队员触及前，不得再次触球。踢球门球不得直接得分。踢球门球时，对方队员应站在罚球区外。

13. 角球

当球的整体不论在空中或地面越出两门柱的空间以外的端线，而最后踢或触球者为守方队员时，由攻方队员将球放在离球出界处较近的角球区内踢角球。踢角球时，不得移动旗杆。踢角球可直接得分。守方队员在球未滚动至与球的圆周相等的距离时，不得进入距球 9.15 米的范围内。踢角球队员在球未经其他队员触及前，不得再次触球。

第二节　篮　球

一、篮球运动概述

（一）篮球运动的起源与发展

篮球运动由美国体育教师詹姆斯·奈史密斯于 1891 年发明。1932 年，国际业余篮球联合会成立；1936 年，男子篮球被列为第 11 届奥运会正式比赛项目；1946 年，美国出现职业篮球联赛并发展为美国男子篮球职业联赛；1976 年，女子篮球被列为第 21 届奥运会正式比赛项目。著名的篮球赛事包括：国际篮联篮球世界杯、奥运会篮球赛、美国男子篮球职业联赛（NBA）、中国男子篮球职业联赛（CBA）等。

1895 年，美国人鲍勃盖利将篮球运动传入中国，当时篮球运动主要在天津、上海、北京等城市开展；在 1910 年"中华全国学校分区运动会"上，篮球首次被列为表演项目；1976 年，中华人民共和国恢复了在国际篮球组织的合法席位，从此走上了篮球运动的国际赛场。1983 年第 9 届世界锦标赛，中国女篮获得季军；1984 年第 23 届奥运会，中国女篮获得季军；1992 年第 25 届奥运会，中国女篮获得亚军；1994 年第 12 届世界锦标赛，中国女篮获得亚军，中国男篮首次进入 8 强；1996、2008 年年奥运会中，中国男篮进入 8 强；2019 年三人篮球世界杯比赛，中国三人女篮获得冠军，这是中国篮球历史上首个世界冠军；2021 年第 32 届奥运会，中国三人女篮获得季军；2022 年篮球世界杯，中国女篮获得亚军。

（二）篮球运动的特点和锻炼价值

（1）集体性。篮球是一项集体性运动，篮球比赛体现顽强、拼搏、勇敢的作风，讲求团队精神和协同作战，赛场上球员的个人行动都要服务于全队的技战术需要。

（2）对抗性。篮球是一项同场竞技且身体接触性强的运动。篮球比赛双方球员以力对抗、以技对抗，合理运用身体、规则、心理等进行攻防。

（3）趣味性。篮球比赛中、观众可以欣赏到球员娴熟的个人技术、球员间巧妙的配合及精彩的扣篮等。

（4）健身性。篮球运动涉及跑、跳、投、身体对抗等身体活动，可锻炼并提升参与者的速度、力量、耐力、协调性等身体素质、促进全身各部位和各器官的协调配合以及身体素质的全面发展。

二、篮球运动基本技术

（一）脚步移动技术

移动是篮球运动最重要的基本技术之一，也是该项目运用最多的技术。篮球移动技术是运动过程中，为了达到摆脱防守、抢占有利位置、争取进攻时间、争夺控制权等目的所采用的改变身体位置、运动方向和运动速度的各种脚步动作的总称，它由腿部的蹬、跑、跳等动作组成，因而对腿部力量的要求较高。熟练掌握移动技术，是完成篮球运动技、战术要求的基本保证。具体而言，篮球移动技术主要包括：起动、变向跑、侧身跑、急停、转身等，这些移动方式虽然各有不同，但移动的总体要求是一致的。

1. 常用的移动技术

（1）基本站立姿势。两脚前后或左右开立，距离与肩同宽，膝稍屈，身体重心落在两脚前脚掌、上体稍前倾，抬头、收腹、含胸，两臂稍屈肘自然置于体侧，注意场上情况，以便及时向球场任何方向移动（图 4-2-1）。

①　②　③

图 4-2-1　基本站立姿势

（2）起动。向前起动是用后脚的前脚掌短促有力地蹬地，前移重心，上体前倾，迅速向前迈步。向侧起动是用异侧脚的前脚掌用力蹬地，同时上体迅速向起动方向侧转并前倾，重心跟随移动，迅速向跑动方向迈步。

（3）侧身跑。脚尖和膝盖对着跑动方向，头和腰部向球的方向扭转，侧肩，上体和两臂放松，随时观察场上情况。

（4）变速跑。加速跑时，上体前倾，前脚掌积极后蹬，迅速摆臂，加快脚步频率；减速跑时，上体抬起，加大步幅，减缓步频，脚掌积极制动性着地。

（5）变向跑。以向左变向为例，队员跑动中最后一步用右脚前脚掌制动，同时脚内侧蹬地、屈膝、脚尖稍内扣、腰部随之左转，重心左移，上体稍前倾，同时左脚向左前方跨出一小步，右脚再迅速向左腿的侧前方跨出一大步，加速跑动。

（6）急停。急停主要包括跨步急停和跳步急停两种方式。

跨步急停：急停时第一步跨出稍大，脚跟先着地再滚动到前脚掌支撑，脚尖由向前方转为向侧方，同时降低重心，以减缓向前的冲力。第二步着地时，前脚掌内侧用力蹬地、脚尖稍内转、屈膝内收、上体稍前倾，重心落在两脚之间。两臂屈肘张开、以便控制身体平衡。

跳步急停：队员在跑动时用单脚起跳，两脚同时落地，前脚掌用力蹬地，两膝迅速弯曲、重心下降。两臂屈肘张开，保持身体平衡。

2. 常用的练习方法

（1）小步跑、前后踢腿跑、高抬腿跑、加速跑、变速跑、交叉步跑、后退跑。

（2）原地向上双脚跳，原地跳起空中转体 90°~540°。

（3）行进间单脚跳、双脚跳。

（4）以篮球场的线为标志做急停、转身、跨步、跳步、撤步动作练习。

（5）利用标志杆做加速跑、后退跑、侧滑步。

（二）传、接球技术

传、接球是篮球比赛中相互联系、相互作用、组织进攻、实施战术的纽带。篮球比赛常用的传、接球技术有双手接球、单手接球、双手胸前传球和单手肩上传球。

1. 常用的传、接球技术

（1）双手接球。接球时，两眼注视来球，两臂主动伸出接球，手指自然分开，两拇指呈"八"字形、拇指向前上方，两手呈半圆形。接球后，手臂随球后引减缓来球冲击力，两手持球于胸腹之间。根据来球高低，两臂伸出接球的高低也有所不同。

（2）单手接球。接球时，接球手自然张开，成勺子形，向来球方向伸去。接到球后，手臂顺势将球向后下引，另一只手立即握球，双手将球握于胸腹之间，保持基本的持球姿势。

（3）双手胸前传球。传球时，双手持球手指自然张开，拇指呈"八"字形，手心空出，两手臂自然弯曲，将球置于胸腹之间，身体呈基本站立姿势。传球时，蹬地的同时手臂迅速向传球方向伸出，手腕前屈，拇指、食指、中指用力拨球将球传出。手臂前伸的幅度、蹬地的力量根据传球的距离而定，距离远则前伸多，蹬地力量大；反之亦然（图 4-2-2）。

双手胸前
传球

①　　　　　　　　②　　　　　　　　③

图 4-2-2　双手胸前传球

（4）单手肩上传球。单手持球后下方置于肩上，利用蹬地、扭腰、转肩动作，向前甩臂、扣腕将球传出（图 4-2-3）。

①　　　　　　　　②　　　　　　　　③

图 4-2-3　单手肩上传球

2. 常用的练习方法

（1）原地迎面各种传接球。

（2）2 人近距离原地传球、1 人防守练习。

（3）全场 2、3 人行进间传接球。

（4）三传二防传接球游戏，即由 3 个人成三角站位用各种方法传接球，中间 2 人防守，球若被防守队员接触，则由失误队员换防。

（三）运球技术

运球是篮球最基本的技术之一，是进行篮球比赛的基础，也是衡量一个人篮球技术水平的重要标准。只有通过多种形式的反复练习，才能熟练掌握运球技能。

1. 常用的运球技术

（1）原地运球。两膝弯曲、上体前倾，手指自然分开，掌心空出；以肘为轴，手指及手腕柔和地、有节奏地压拍、并保持一定缓冲。

（2）运球急停、急起。急停时，首先要求站得稳，利用跨步急停动作，以腿、臂和上体护球，保持原地运球姿势。急起时，后腿积极蹬地，快速跨出向前移动重心，同时

单手肩上
传球

将触球部位调整为球的后上方（图4-2-4）。

图4-2-4　运球急停、急起

（3）体前变向换手运球。从对手右侧突破时，先向对手左侧做变向假动作，然后突然向右侧运球。变向时，右手按拍球的右后上方，把球从自己的右侧按拍到左侧前方，同时，右脚向左前方跨出，上体左转，用肩保护球，然后换手运球加速前进。

（4）转身运球。左脚向前跨出一步为中枢脚，然后右脚用力蹬地后撤，顺势做后转身动作。在转身的同时，右手按拍球的右前方，将球拉引至身体的侧后方落地，转身后，换用左手推拍球，转身前按拍球要有力并在球反弹上升过程中拉球，重心平稳。

2. 常用的练习方法

（1）持球听信号，做变速、变向、换手、前后进退等各种姿势的运球。

（2）顺着边线、端线直线运球，采用高低运球结合、左右手变换、端线慢边线快等变化方式。

（3）以罚球线、中线、端线为标志线，进行往返运球比赛。

（4）设障碍做变向、换手、急停急起运球。

（5）队员分布在球场内，由运球队员追赶同伴，用另一只手触及同伴，然后由同伴继续运球追逐。

（四）投篮技术

投篮是篮球比赛唯一的得分手段，因而是篮球运动最为关键的技术之一。投篮是篮球比赛中，在规则允许范围内，运用各种专门、合理的动作将球投进对方篮筐的方法，是运用篮球技战术的终极目的。

1. 常用的投篮技术

（1）原地单手肩上投篮。以右手投篮为例。双手持球，引球至右肩前上方，右臂屈肘，肘关节稍内收，上臂与肩大致保持水平，前臂与上臂约成90°，右手五指自然张开，手腕后屈，掌心空出，用手掌外缘和指根以上部位托住球的后下方，左手扶球的左侧，目视篮筐；两脚左右或前后开立、双膝微屈、重心落于前脚掌。投篮时，借助蹬地、抬肘、伸臂的力量，手腕前屈、食指、中指用力拨球、身体随出球向上伸展（图4-2-5）。

（2）行进间单手肩上高、低手上篮。行进间的高、低手投篮就是俗称的"三步上篮"，其中"高手上篮"多用于切入篮下得分，"低手上篮"多用于运球突破上篮得分。

图 4-2-5　原地单手肩上投篮

高手上篮：以右手为例。右腿向前跨步接球，迅速上左脚蹬地跳起，同时右腿屈膝上抬，双手举球于右肩前上方，当身体升至最高点时，右手持球向前伸展，利用手腕前屈、食指和中指拨球的力量将球投出。出手后掌心向下，球体向后旋转（图 4-2-6）。

图 4-2-6　高手上篮

低手上篮：步法与高手上篮基本相同，只是脚步速度更快。投篮时，五指自然分开，掌心向上托球底部，借助身体上升的惯性，手臂向前上方伸展，利用屈腕挑指的力量，将球于食指和中指的指端柔和投出。出手后掌心向上，球体向前旋转（图 4-2-7）。

（3）原地跳起单手肩上投篮。原地跳起单手肩上投篮（又称原地跳投）是单手肩上投篮技术的延伸，它更突然，出手点更高，是现代篮球运动中广为应用的投篮技术。投篮时，要注意利用屈膝蹬地的力量，在身体接近最高点时果断出手。其余要求与原地单手肩上投篮基本相同。

2. 常用的练习方法

（1）对墙投球。练习者站在距离墙（或者篮板）3~5 米的不同点上，对墙上高 3 米左右不同的标志投球。

图 4-2-7　低手上篮

（2）原地对投。练习者两人相对间隔 5~6 米，做完整投篮动作，突出手腕前屈和拨指动作。

（3）不同点投篮。围绕罚球区外设定不同的 5 个投篮点，练习者在一个点投中一次后下移至后一个点，连进连投，最先完成所有练习点者为胜。

（五）持球突破技术

持球突破是持球队员运用脚步动作和运球技术快速超越对手的进攻技术。良好的突破技术，既能得分，又能吸引防守队员，为同伴创造机会，或者造成对方犯规。一般常用的持球突破包括交叉步突破和同侧步突破两种。

1. 常用的突破技术动作

（1）交叉步持球突破。以右脚做中枢脚为例，两脚打开合理距离，屈膝，降低重心，将球牢牢控制住，先做投篮假动作衔接向左突破的虚晃，然后左脚蹬地向右跨出一大步。同时，右手运球迅速超越对手（图 4-2-8）。

①　　　　　　　　②　　　　　　　　③　　　　　　　　④

图 4-2-8　交叉步持球突破

（2）同侧步持球突破。以左脚做中枢脚为例。准备姿势同交叉步。突破时左脚蹬地伺机爆发，右脚向前抢出进攻位置，右手放球，左脚再启动，运球超过对手。

2. 常见的练习方法

（1）徒手模仿练习。练习者在无防守的条件下做交叉步或者同侧步突破练习，体会用力顺序和方法。

（2）一攻一防练习。甲做持球突破，乙防守，完成一个完整的动作后交换，防守者可以先消极防守，便于持球者体会突破动作。

（3）突破固定障碍上篮。设置一个固定障碍，或者一人定位防守，练习者依次突破防守后持球上篮。

（4）急停接球突破投篮练习。在罚球线外侧设置一障碍，练习者跑到障碍前急停、接球，瞄篮虚晃后作交叉步或同侧步运球上篮。

（六）篮板球技术

篮板球技术主要包括：

（1）抢位。通过敏锐观察和准确判断，在争抢前、后场篮板球时，率先占据有利于争抢起跳的位置。

（2）起跳。指在占据有利位置之后，根据球的高度、方向及落点，正确把握起跳时机，合理运用起跳方式。

（3）空中争抢。跳起后身体充分伸展，以扩大控制范围，并以最快的速度接近目标球。可双臂同时去争夺控球，也可单手去抢控球。

（4）拨打。在自己无法直接控制球时，可利用时空优势将球拨传给同伴。这种抢球方式既突然又迅速，往往能够收到意想不到的效果。

三、篮球运动常用战术

（一）传切配合

传切配合是指进攻队员之间利用传球、切入等技术组成的简单配合。它包括一传一切和空切配合两种。传球者要及时、准确地将球传递给同伴，切入者要善于掌握时机、合理运用假动作诱骗对方，动作要快而直，摆脱防守后立即准备接球上篮得分。如图4-2-9所示，图中的④传球给同伴⑤后，快速切入篮下，接⑤的回传投篮。

传切配合

（二）掩护配合

掩护配合是掩护队员利用身体挡住同伴的防守者的移动路线，使同伴借以摆脱防守，或利用同伴的身体和位置使自己摆脱防守的一种配合方法。如图4-2-10所示，图中的⑤传球给④后，主动跑到④侧后方做侧掩护，待⑤到掩护位后，④立即从⑤的右侧运球突破上篮。

侧掩护

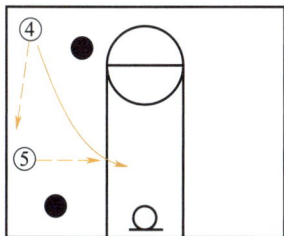

图4-2-9 传切配合

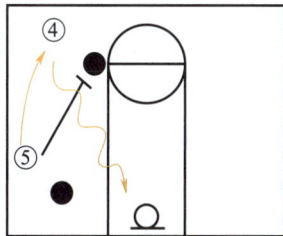

图4-2-10 掩护配合

（三）反掩护结合假掩护配合

图 4-2-11 中的④传球给⑤后，向相反方向去给⑥作侧掩护，⑥及时利用④的掩护切入篮下接⑤的传球投篮。如另一队的防守队员换防，④应及时转身进行跟进拆挡，而切入篮下接⑤的传球投篮，变换成假掩护的配合。

（四）半场人盯人

优点：分工明确，没有固定队形，根据进攻情况及时调整防守，有效地控制对方进攻重点。

缺点：容易被对方在局部地区各个击破，且队形易受对方的调动影响，体力消耗比区域联防大，犯规也比区域联防多（图 4-2-12）。

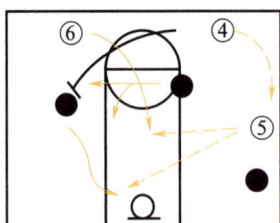

图 4-2-11   反掩护结合假掩护配合

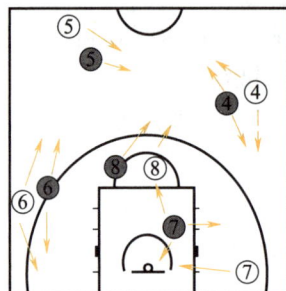

图 4-2-12   半场人盯人

（五）区域联防

1. 2-1-2 区域联防

如图 4-2-13 ①所示。

优点：分布均衡，移动距离近，便于相互协作，变化队形快，能够很好保护篮下三角区，有利于抢篮板球和反击。

缺点：正面和两侧以及篮下底线防守薄弱，不利于防守外围三分区的中远距离投篮和追入底线篮下的防守。

2. 3-2 区域联防

如图 4-2-13 ②所示。

优点：加强了外围防守、有利于防守外围正面和两侧的中距投篮、亦有利于外围截球反击。

缺点：两个底角和罚球区内防守薄弱，也不利于抢篮板球。

3. 2-3 区域联防

如图 4-2-13 ③所示。

优点：加强了禁区防守，有利于防守与篮板球。

缺点：外围防守薄弱、不利于防守外线的中距离投篮。

四、篮球竞赛规则

篮球比赛规则是篮球比赛顺利进行的根本保障，是裁判员执法中行使权利的依据。随着篮球运动的普及与开展，比赛规则也在不断修改和增加。

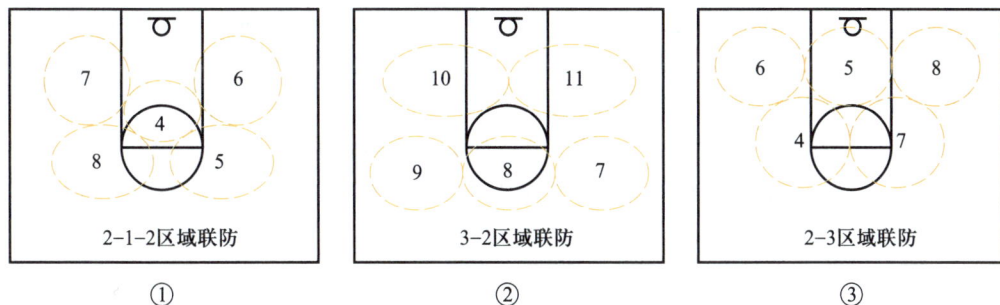

图 4-2-13　区域联防

（一）场地设备

篮球场是一个长方形、无障碍的场地。球场尺寸为长 28 米，宽 15 米，球场的丈量从界线的内沿量起。篮圈的内径最小为 45 厘米，最大为 45.7 厘米，其距离地面的高度为 3.05 米。篮球的外壳由皮革、橡胶或合成物质制成。球的圆周长不得小于 74.9 厘米，不得大于 78 厘米；质量不得少于 567 克，不得多于 650 克。充气后，使球从 1.80 米的高度（从球的底部量起）落到球场的地面上，反弹起来的高度不得低于 1.20 米，也不得高于 1.40 米（从球的顶部量起）。

（二）比赛通则

每场比赛由两个队参加，允许使用 0、00 和 1~99 的号码，每队出场 5 名队员，如果某队在场上准备比赛的队员不满 5 名时，比赛不能开始。

比赛由 4 节组成，每节 10 分钟。第 1 节和第 2 节、第 3 节和第 4 节之间的休息时间为 2 分钟；第 2 节和第 3 节之间的休息时间为 10 分钟。

每队上半时可准予 2 次暂停，下半时可准予 3 次暂停，第四节的最后 2 分钟每队最多只能暂停 2 次。

（三）违例

在比赛中出现违反规则的行为但未造成犯规的统称为违例。一旦出现违例，由对方在就近的边线外掷界外球重新进入比赛。

（1）带球走违例。

（2）两次运球违例。

（3）脚踢球违例。

（4）球回后场违例。

（5）球出界违例。

（6）掷界外球违例。

（7）3 秒违例。

（8）5 秒违例。

（9）8 秒违例。

（10）24 秒违例。

（11）干扰球违例。

（四）犯规

犯规是违反规则的行为，含与对方队员的身体接触或违反体育道德的举止。

（1）侵人犯规。侵人犯规是在活球进入比赛状态或死球时与对方队员发生身体接触而产生的犯规行为。包括以下几种：

① 阻挡：指阻止对方队员行进的身体接触。

② 撞人：指持球或不持球的队员推动或移动对方队员躯干的身体接触。

③ 用手拦阻：指防守队员在防守状态中用手接触对方队员，或是阻碍其行动或是帮助队员来防守对手的动作。

④ 拉人：指干扰对方队员移动而发生的身体接触。

⑤ 非法用手：发生在队员试图用手抢球接触了对方队员时，如果仅仅接触了对方队员持球的手，则被认为是附带的接触。

⑥ 推人：指用身体的任何部位强行移动或试图移动已经或没有控制球的对方队员时发生的身体接触。

⑦ 非法掩护：指试图非法拖延或阻止非控制球的对手到达希望到达的场上位置。

（2）双方犯规。双方犯规是指两名对抗的队员大约同时互相犯规的情况。

（3）违反体育道德的犯规。裁判员认定队员蓄意地对持球或不持球的对方队员实施侵人犯规，应判为违反体育道德的犯规。

（4）取消比赛资格的犯规。十分恶劣的、不道德的犯规是取消比赛资格的犯规。

（5）技术犯规。队员的技术犯规是指所有除与对方队员接触以外的队员犯规。

第三节　排　球

一、排球运动概述

（一）排球运动的起源和发展

排球运动起源于美国，1895 年美国马萨诸塞州基督教青年会干事威廉·摩根首创了排球运动。当时网球和篮球已盛行，摩根先生用网球网挂在篮球场中间，用篮球内胆在网上来回推打。1896 年他将此游戏在基督教青年会上进行了表演和介绍，同时美国人戴特博士建议将这项运动定名为 "Volleyball"，即 "空中飞球"。1905 年，此项运动传入中国。根据球在空中被来回拍击和参加者成排站位这两个特点，我国将这项运动形式称之为 "排球"。

1947 年在巴黎召开了由 17 个国家的排协代表参加的大会，正式成立国际排球联合会（简称国际排联），法国人鲍尔·利伯被选为主席。国际排联于 1949 年在布拉格举办了第 1 届世界男子排球锦标赛，1952 年在莫斯科举办了第 1 届女子排球锦标赛，1964 年在东京奥运会上排球被定为奥运会项目，1965 年在华沙举办了第 1 届男子世界杯排球赛，1973 年在乌拉圭举办了第 1 届女子世界杯排球赛。至此，形成排球锦标赛、世界杯排球赛、奥运会排球赛 3 项健全的世界大赛制度，各项赛事每隔 4 年举办 1 届。

1953 年，中国排球协会成立，1954 年被国际排联接纳为正式会员。1979 年，中国男女排球队双双获得亚洲锦标赛冠军。1981 年，中国女排在第 3 届世界杯比赛中，一路过关斩将，最终以 7 战 7 胜的成绩首次荣获世界冠军。当年全国因此掀起了学习女排精神的热潮，而中国女排也是一鼓作气，接连获得 1982 年世界锦标赛、1984 年洛杉矶奥运会、1985 年世界杯、1986 年世界锦标赛的冠军，这就是至今仍为国人津津乐道的"五连冠"伟业。2016 年里约奥运会女排决赛，中国女排在先失一局的情况下连扳三局，时隔 12 年再次获得奥运冠军，这也是她们第三次获得奥运会金牌。

目前，国际排联已成为拥有 200 多个国家和地区会员的、世界上最大的单项体育运动联合会之一。排球运动已成为当今世界上仅次于足球的广为普及的球类运动项目，深受各国人民的喜爱。

（二）排球运动的特点与价值

1. 多样性和群众性

排球场地设施简单，比赛规则容易掌握。既可在球场上比赛和训练，亦可以在空地、沙滩、草地上进行活动。同时沙滩排球、软式排球、气排球等还丰富了排球运动的内容，其运动量可大可小，适合不同年龄、不同性别、不同体质、不同训练程度的人参与。

2. 健身和健心功能

排球运动从单个动作的练习，到小范围的游戏，直至大运动量的训练和剧烈的比赛，无不是在身体运动的过程中进行的，这一过程既锻炼了人的走、跑、跳等多种基本活动能力，又发展了人体的力量、速度、耐力、灵敏、协调等各种运动素质。一场激烈的比赛使人全身心投入，从而忘却自己心理上的紧张与烦恼，使心情变得愉快，精神压力得到缓解，进而使自己拥有最佳的心态，更具活力，而且能培养机智、果断、沉着、冷静等心理素质。

3. 激烈的对抗性和严密的集体性

排球比赛中，双方的攻防转换始终在激烈的对抗中进行。高水平比赛中，对抗的焦点在网上的扣、拦技术上。排球比赛是集体比赛项目，除发球外，都是在集体配合中进行的。没有严密的集体配合，再好的个人技术也难以发挥，更无法发挥战术的作用。参与者在比赛中既可以体验到成功的乐趣、失败的沮丧、关怀的温暖和理解的动力，又可以提高社会交往能力和社会适应能力，同时也能够在比赛中体会到团队合作精神的重要性。

4. 轻松的娱乐性和高雅的休闲性

排球运动不拘泥于形式，可支网相斗，亦可围圈嬉戏，只要有一块空地就可以尽情享受运动的乐趣。排球比赛是隔网进行，没有身体接触，安全儒雅，是人们理想的休闲娱乐活动。

二、技术练习

排球的基本技术是指运动员在规则允许的条件下运用的各种合理的技术动作。它包括准备姿势、移动、垫球、发球、传球、扣球和拦网。

（一）准备姿势与移动

准备姿势是高质量完成各项技术动作的基础，包括稍蹲、半蹲和低蹲（图 4-3-1）；移动是为了迅速到位，保持人与球的位置关系，以便接球到位，同时也是为了迅速占据场上合理位置，包括起动、并步与滑步、跨步、交叉步、跑步、综合步伐等。

图 4-3-1 准备姿势

移动是排球比赛中运用最多的技术，是每个排球运动参与者提高排球运动技术水平必须掌握的基本技术，常用的练习方法有以下几种：

（1）原地或在慢跑中听到信号后立即做半蹲准备姿势。

（2）绕场走步、慢跑，听到信号后立即做准备姿势，或者转体180°、360°做准备姿势。

（3）看手势分别做并步、跨步、交叉步等步伐练习。

（4）面对进攻线站在中线上，做向前移动双手摸进攻线的动作和向后移动双手摸中线练习，若干次为一组。

（二）垫球

垫球是手臂插入球的下部，利用来球的反弹力向上击球的技术动作。包括正面双手垫球（图4-3-2）、体侧垫球、背向垫球。

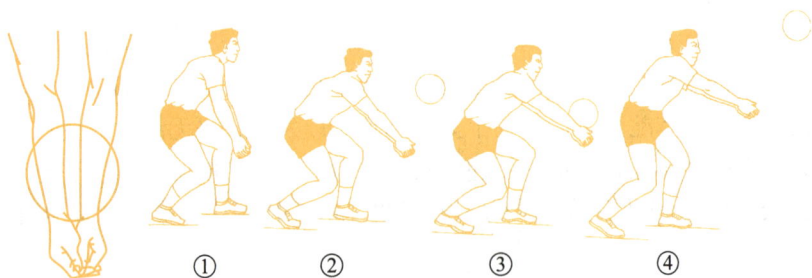

图 4-3-2 垫球

垫球技术的关键：两手掌根靠紧，手指重叠后两手掌互握，两拇指朝前，两臂自然伸直、手腕下压两臂外翻、手腕关节以上形成一个平面。击球点在腹前一臂距离、用前臂腕关节以上10 cm左右、桡骨内侧平面触球。击球时，两臂夹紧插至球下，同时配合蹬地、跟腰、提肩、顶肘、压腕、抬臂等动作，身体重心随击球动作前移，利用小臂上抬将球击出。

排球的垫球可以采用以下几种练习方法：

（1）徒手模仿练习。

（2）垫固定球。两人一组、一人持球于腹前固定球，另一人将手臂插入球下做垫固定球练习。

（3）自垫球。一人一球做连续向上自垫练习。

（4）抛垫球。两人相距 5 m，一人抛球一人垫球练习。

（5）连续对垫球。两人相距 5 m，做连续对垫练习。

（6）移动垫球。两人相距 5 m，一人向两侧抛球，另一人练习垫球，一定次数后交换。

（7）三人成三角形互垫练习。

（三）发球

发球是在本方端线后将球抛起，用一只手将球击出进而开始比赛的过程。发球有正面下手发球、侧面下手发球、正面上手发球（图 4-3-3）、上手发飘球、跳发球等。

发球

图 4-3-3 发球

正面上手发球技术的关键：抛球与引臂，左手将球平稳地抛至右肩前上方，高度适中，以便右手能够顺利击球。在抛球的同时，右臂屈肘抬起并后引，肘关节与肩部齐平或稍高，手掌自然张开，呈勺形或半球形。上体稍向右侧转动，抬头、挺胸、展腹，身体重心移至左脚。击球时，两脚蹬地，利用下肢力量带动身体向上。同时，上体迅速向左转动，收腹带动手臂向右肩上方加速挥动。以全手掌击球的后中下部，使球产生上旋。击球时，手臂要充分伸直，手掌和手腕要迅速、明显地做推压动作，以增加球的飞行速度和旋转。击球后，身体重心继续前移，迅速进场比赛，准备接应下一个动作或准备防守。

（四）传球

传球是利用手指、手腕和全身的协调力量，通过手指击球，将来球传递出去的技术动作。传球是排球运动的基本技术之一，主要用于衔接防守和进攻。传球的种类主要有正面双手传球（图 4-3-4）、背传球等。

图 4-3-4 传球

正面双手传球技术的关键：当球距离额前一球距离时，双手自然张开成半球状，手腕稍后仰，拇指相对成一字或八字形，利用拇指内侧、食指全部、中指二三节触球的后下部。传球时，主要靠伸臂、蹬地力量的协调配合，通过球压在手上用手指手腕的反作用力将球传出，传球后，双臂及手随传球的方向自然伸展，随后放松落下。

传球一般采用以下几种练习方法：

（1）徒手模仿练习。

（2）自传球。一人一球，将球向上抛起 1 m 左右高度，用上手传球手形将下落的球接住，检查传球手形是否正确。

（3）传固定球。一人持球于头前，另一人做传固定球的练习。

（4）对墙传球。一人一球，距墙 1 m，做近距离对墙传球练习。

（5）抛传球。两人相距 4 m 站立，一人抛球，另一人练习传球，一定次数后两人交换练习、先原地传球后移动传球。

（6）两人相距 3~5 m 对传，传球距离由近至远。

（7）三人成三角形站立的传球练习。

（五）扣球

扣球（图 4-3-5）是跳起在空中将高于球网上沿的球击入对方场区的技术动作。扣球是排球的基本技术之一，也是攻击性最强的进攻手段。扣球是在二传配合的基础上，完成进攻战术的关键一环，是得分的重要手段。如能熟练地掌握多种扣球技术，就能较好地掌握比赛的主动权，为取得胜利奠定良好的基础。

图 4-3-5　扣球

扣球技术的关键：包括助跑起跳、挥臂击球、落地缓冲。助跑步幅由小到大，在助跑最后一步时，两臂绕体侧向后引，然后积极向前摆动，同时双腿蹬地起跳后，挺胸展腹，右手臂随即弯曲抬起，手肘略高于肩膀，左手自然放于胸前保持身体平衡。挥臂时，以迅速向左转体和收腹、收胸的动作带动手臂挥动，成快速鞭打动作向右肩前上方挥击，击球时，提肩、伸臂，五指微张呈勺形，以全掌包满球，击中球的后中部。完成扣球后，身体自然下落，尽量用双脚的前脚掌先着地（或前脚掌先着地，再全脚着地），以缓冲身体与地面的撞击力。同时屈膝收腹缓冲，落下时保持平衡，避免受伤。

扣球一般采用以下练习方法：

两人传球
练习

（1）听口令或看手势做助跑起跳的练习，要注意助跑的步幅与节奏。

（2）从4号位进攻线后，向网前做助跑起跳练习。

（3）一人固定球，一人助跑几步起跳扣球练习。

（4）一人一球，距墙5 m，将球抛起后原地对墙扣球。

（5）一人一球，距墙6~7 m将球抛起后把球扣向前下方的地面上，当球从墙上反弹回来后，再把球扣向前下方的地面上，依次连续进行。

（6）一人站在网前的高台上，单手持球于球网上沿扣固定球。

（7）一人传球，一人助跑起跳扣球练习。

（8）利用不同网高进行扣球练习。

（六）拦网

拦网是运动员在球网上沿的空中阻拦对方击球的技术动作。成功的拦网可以直接拦死或拦回对方的扣球，直接得分或使本方由被动变为主动，削弱对方的进攻力量，减轻本方防守的压力。此外，有效的拦网还可以给对方心理造成很大的压力。拦网有单人拦网、双人拦网和集体拦网。

拦网技术的关键：在起跳后，展腹拉满腰弓，手臂迅速向上伸直，手腕和手指绷紧且有力，双手伸直，手腕用力盖帽，让球反弹角度更小，增加拦网的成功率。同时要注意位置和角度，确保能够有效地挡住对方的球。拦网后，要确保能够迅速、平稳地着地。同时保持身体平衡，准备进行下一步的防守动作，如接应队友的补防或准备下一次的拦网。

拦网可采用以下几种练习方法：

（1）徒手原地和移动拦网动作练习。

（2）网前做原地起跳徒手拦网动作，或两人一组，隔网相对，做并步、交叉步、跑步徒手拦网动作，要求移动迅速，两人密切配合。

（3）结合扣球的单人和双人拦网练习。

（4）结合比赛中的各种进攻战术进行拦网。

三、排球运动常用战术

排球战术是指运动员在比赛的攻防过程中，根据排球运动的规律以及双方的具体情况和临场局面的发展变化，运用合理的技术，组织有预见性和针对性的配合行动。了解一些常用战术并应用到日常的排球锻炼中，会使比赛更有趣味、更加激烈，参与者能感觉到同伴之间的默契配合带来的成就感和愉悦感。

排球战术包括个人战术和集体战术。

个人战术即个人根据场上的情况有目的地运用技术的过程，分为发球、一传、二传、扣球、拦网、后排防守6项个人战术。

集体战术包括接发球及其进攻、接扣球及其进攻、接拦回球及其进攻、接传垫球及其进攻。进攻时的阵容配备、进攻阵型，接扣球双人拦网时的防守战术又是集体战术里的基本要素。

1. 阵容配备

阵容配备是根据本队队员的特点以及全队战术要求合理安排场上位置，其目的在于最大限度地发挥每个队员的特点和作用，合理地使用队员。配备的组织形式有"二四""五一""三三"3 种。

"二四"配备：这种配备在水平一般的球队中常被采用。它把两个二传队员安排在对称位置上（图 4-3-6），其余位置安排进攻队员。这样在前后排都能保持一个二传队员和两个进攻队员，便于组织起各种各样的进攻战术。如二传有攻击力，各位置也可采用插上战术，以增强进攻威力。

"五一"配备：这种配备可加强拦网和进攻力量，当全队队员技术均较全面时可采用。这种阵形如图所示（图 4-3-7），二传手在前排时可采用"中、边一二"战术，或"两次球"战术，二传手在后排时，则采用"插上"战术。

"三三"配备：一个进攻队员间隔一个传球队员，如图所示（图 4-3-8），这样在任何轮次上前后排都保持一至两个二传队员和进攻队员，便于组织"插上"和"二次球"战术，也便于转为"中、边一二"的进攻战术。

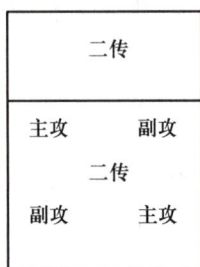

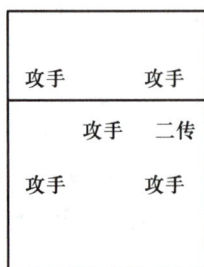

图 4-3-6 "二四"配备　　图 4-3-7 "五一"配备　　图 4-3-8 "三三"配备

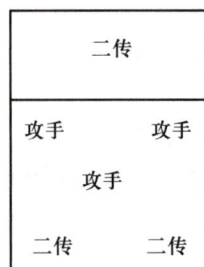

2. 进攻阵型

进攻阵型就是进攻时采用的队形，它的战术形式有"中一二"进攻、"边一二"进攻、"插上"3 种。

（1）"中一二"进攻战术（图 4-3-9）。接发球时把球垫或传给前排 3 号位队员，由 3 号位队员作二传，将球传给 4 号位或 2 号位两个前排队员进行扣球进攻。这种进攻形式具有容易组成、分工明确、战术变化较少、攻击性和突然性较小的特点。"中一二"进攻战术所需要掌握的技术有：接发球一传技术、二传技术和 4 号位、2 号位扣一般高球技术。

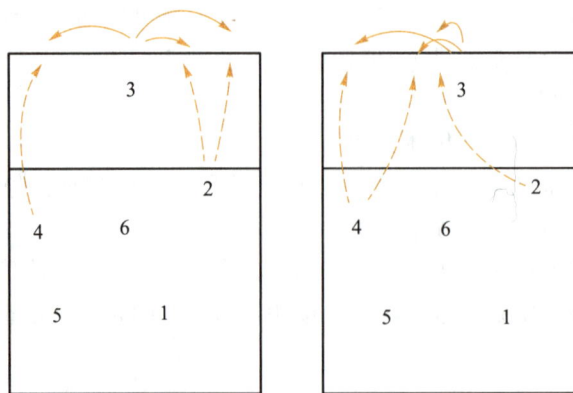

图 4-3-9 "中一二"进攻战术

（2）"边一二"进攻战术（图4-3-10）。由2号位队员做二传，将球传给3号位或4号位队员进行扣球进攻。这种进攻形式可组织"快球掩护拉开""前交叉""快球掩护夹塞""短平快掩护拉开"等战术变化。

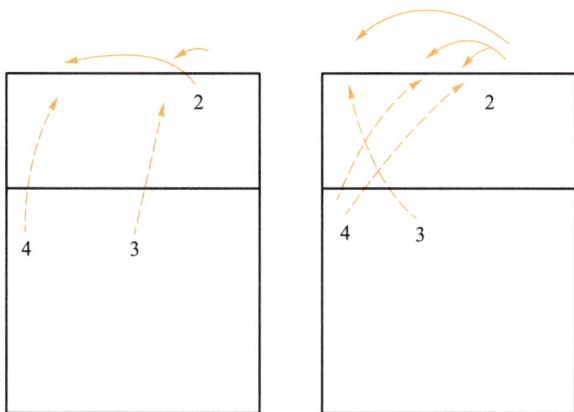

图4-3-10　"边一二"进攻战术

（3）"插上"进攻战术。这是在对方发球后，一个后排队员不接发球，及时插到前排网边做二传，组织前排3名队员进攻的战术配合。插上进攻战术形式的最大特点是能保持前排3人进攻。进攻时能充分利用球网的长度，发挥每个队员的特点，能组成以快球战术为核心的跑动配合，形成多种战术变化。例如，前交叉、后交叉、夹塞、梯次、背溜、假交叉等。这些战术使进攻的突然性增大，突破点多，常使对方难以组织起有效的防守。

3. 双人拦网时的防守战术

排球比赛中经常使用的防守战术中，以双人拦网的防守战术最为常见。

（1）双人拦网的"边跟进"战术（图4-3-11）。当对方在其4号位进攻时，前排2号位和3号位队员组成双人拦网；对方在3号位进攻时，则由前排3号位和2号位或4号位队员组成双人拦网；对方在其2号位进攻时，则由4号位队员阻拦，与球相近一侧的队员配合组成双人拦网，后排的1号位与5号位队员则伺机跟进到进攻线附近形成保护。

（2）双人拦网的"心跟进"战术（图4-3-12）。当对方在其4号位或2号位进攻时，本方前排2号位和3号位队员或3号位和4号位队员组成双人拦网，4号位或2号位队员后撤至进攻线后1 m左右处防守，6号位的保护队员跟进至进攻线附近，在拦网队员身后进行保护，1号位、5号位队员负责后场防守。

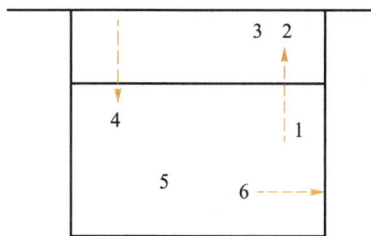

图4-3-11　"边跟进"战术　　　　图4-3-12　"心跟进"战术

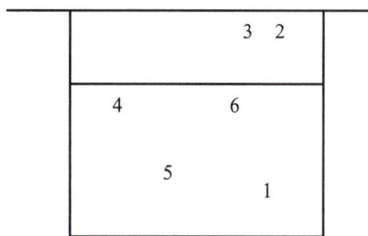

四、排球竞赛规则

排球规则由技术性规定、非技术性规定和场地设备要求等方面的内容组成。比赛采用为五局三胜制，前四局每局先得 25 分且领先对手 2 分及以上为胜，第五局先得 15 分且领先对手 2 分及以上为胜。当出现 24 平或 14 平时，要继续比赛至任一队领先 2 分才能取胜。

排球球场呈长方形（长 18 m、宽 9 m），中间隔有高网（成年男子网高 2.43 m，成年女子网高 2.24 m），比赛双方（每方上场 6 人）各占球场的一方，双方球员隔网把球从网上打来打去。排球运动使用的球用羊皮或人造革做壳，橡胶做胆，国际标准用球周长 65~67 cm，质量 260~280 g，大小比足球稍小。

得一分、胜一局、赢一场：球成功地落在对方场区、对方犯规或对方受到判罚即得 1 分；每一局先得到 25 分（第五局为 15 分）且领先对方 2 分及以上为胜一局；先胜 3 局的一方赢得该场次比赛胜利。

发球：后排右边的队员在发球区内将球击出而进入比赛的行动是发球。

界内球：指球触及比赛场区的地面及界线。

界外球：指球接触地面的部分完全在界线以外；球触及场外物体、天花板或非比赛成员等；球触及标志杆、网绳、网柱或球网标志杆以外部分；球的整体或部分从过网区以外过网。

比赛中的击球：比赛队必须在其本场地内及其空间进行比赛，但允许队员越出无障碍区进行救球。

4 次击球：一个队连续 4 次击球，拦网时击球不算。

过中线：球员的双脚或单脚的全部触及对方场区。

持球：球被接住或抛出，而不是被弹击出。

连击：一名队员连续击球 2 次，或球连续触及他身体的不同部位。

借助击球：队员在比赛场地内借助同伴或任何物体的支持进行击球。

触网：队员在比赛状态下身体触及球网的行为。

进攻性击球：除发球和拦网外，所有直接向对方的击球都是进攻性击球。

后排进攻违例：后排队员在前场区完成进攻性击球，并且击球时球的整体高于球网上沿。

拦发球：拦击在前场区内高于球网上沿的对方发球完成进攻性击球。

拦网：队员靠近球网在高于球网处阻挡对方来球的行动，与触球点是否高于球网无关，只有前排队员可以完成拦网，触球时身体必须有一部分高于球网上沿。

暂停和换人：每局比赛中，每队最多可以请求两次暂停（每次 30 s）和 6 人次换人（一对一）。

技术暂停：正式比赛第 1~4 局中，每局另外有两次时间各为 60 s 的技术暂停，每当领先队得分达到 8 分和 16 分时自动执行。

不良行为及判罚：按等级轻重依次分为粗鲁行为、不同程度的冒犯行为、侵犯行为。根据行为轻重可给予警告、对方得 1 分、驱逐出场、取消比赛资格四种不同程度的判罚。

第四节　手　球

手球运动是一种结合篮球和足球的特点的球类运动，通过用手进行传接球、射门，最终将球攻入对方球门得分的集体运动项目。

一、手球运动概述

（一）手球运动的起源与发展

手球运动起源于丹麦，1848 年，霍尔格·尼尔逊（Holger Nielsen）发明了现代手球，1897 年制定了完整的规则并加以推广。在 1928 年荷兰奥运会上，手球进入国际视野，并被列为表演项目。1936 年，在第 11 届柏林奥运会上，被列为正式比赛项目，后因国际形势变化，未进行奥运会手球比赛，直到 1972 年第 20 届慕尼黑奥运会上，手球再次被列为奥运会比赛项目。

手球的最高组织机构为国际手球联合会，简称国际手联。中国的手球官方组织为中国手球协会。世界主要的手球大赛有奥运会手球比赛，世界锦标赛（成年及青年），欧洲三大杯赛，以及各洲的运动会和锦标赛等。

20 世纪 50 年代，手球开始传入中国，最早在广州发展。1959 年，从第一届全国运动会开始，手球被列为正式竞赛项目，并在全国各地和部队中开展起来。1979 年 9 月，中国手球协会在河北省保定市成立，总部设在北京市，同年，中国手球协会加入国际手球联合会。2019 年我国首届手球超级联赛在北京开幕，标志着中国手球运动将开始迈入职业化、市场化发展道路。我国的手球赛事主要有：手球超级联赛、全运会手球比赛、中国大学生手球联赛等。

（二）手球运动的分类与价值

1. 手球运动的分类

手球运动按照不同运动方式可分为室内手球和沙滩手球。室内手球是最常见的手球运动形式，通常在室内体育馆进行；沙滩手球通常在沙滩或软质草地上进行，由于其特殊的场地条件，规则略有不同。按性别的不同可分为男子组和女子组；按年龄的不同可分为"U"系列比赛。

2. 手球运动的价值

手球运动是一项对团体精神要求高的项目，需要队员之间具备良好的默契和团队精神；手球运动比赛激烈，要求运动员具备良好的意志力和抗压能力，作为集体项目，有助于扩大社交圈，结交更多志同道合的朋友。参加过程中需要智力与体力并重，它不仅能强健体魄，提升心血管功能和呼吸系统功能，而且能培养人独立思考，把握时机的能力，关键时刻敢于站出来打破困境，迎难而上，充分体现了现代社会对个人素质的要求。

二、手球运动基本技术

手球运动基本技术是指参赛者参与运动比赛所运用的各种基本方法，科学合理地运用各种基本技术是参赛者取得比赛胜利的基础。

手球运动基本技术分为进攻技术、防守技术、守门员技术三大部分。进攻技术包括传接球技术、射门技术、突破技术和运球技术；防守技术包括防守对手、封球、打球、抢球、断球技术；守门员技术包括基本姿势、位置选择、移动和挡球等技术。下面重点介绍传接球技术、射门技术、运球技术。

1. 原地单手肩上传接球技术

持球时，双脚前后或左右开立，双手持球于胸前，手指自然分开，拇指相对成"八"字形，手腕稍后仰。

引球动作：转体同时，手臂后引，手肘弯曲，使球落至肩侧上方，身体重心移到后脚。

发力传球：后脚蹬地、转腰、甩臂，将力量从脚经腰传至手臂，以肩为轴，手臂向前挥摆，最后通过手指拨球传出，身体重心移至前脚。传球要求大臂与肩同高，小臂与大臂成 90°。

双手接球：眼睛注视来球，双手伸出迎球，手指自然分开，两拇指相对成"八"字形，掌心向前。触球时，双手顺势后引缓冲来球力量，把球接在胸前。

单手接球：单臂伸出迎球，手指自然分开，手掌成勺形，手臂微屈。触球时，手臂顺势后引缓冲来球力量，把球接在身前。

2. 原地单手体侧传球技术

准备姿势：双脚左右或前后开立，两膝微屈，身体重心落在两脚之间。这样的姿势有利于保持身体平衡，并且能够快速地做出传球动作。

持球动作：双手或单手持球于胸前，手指自然分开，掌心空出，球的位置要稳定，方便后续的传球动作。

引球动作：以右手传球为例，将球移至身体右侧，手臂弯曲，上臂与前臂之间形成一定的角度，为 90°~135°。同时，身体重心稍向右移，利用身体的转动来带动手臂的摆动，增加传球的力量。

传球动作：右脚蹬地，向左转体，同时右臂向前发力。传球时，主要通过小臂的挥动和手指的拨球动作将球传出。手指拨球的方向和力度决定了球的飞行方向和速度，要将球拨向传球目标。

随球动作：球出手后，手臂要自然地跟随球的方向伸展，保持动作的连贯性，并且帮助身体恢复平衡，为下一个动作做好准备。

传接球练习方法：

（1）两名队员一个球，分别从 4 米、6 米、8 米进行对传练习。

（2）传球计数游戏，在规定区域内，两队优先达到规定传接球次数的获胜。

（3）两组同等数量的队员纵列相对而战，用一个球由一组的第一个人传给对面组第一个人，然后传球的队员跑到对面组的末尾，以此类推。

3. 原地射门技术

射门是得分的唯一手段，也是手球最重要的进攻技术。射门的方法很多，如原地射门、跳起射门、倒地射门。另外，根据出球部位还可分为高手射门、肩上射门、体侧射门、低手射门和反手射门。

动作要领：双脚左右或前后开立，与肩同宽或稍宽，两膝微屈，重心落在两脚之间。这样的姿势可以提供稳定的支撑，便于发力。上体向右（以右手射门为例）转动并向后引球，身体重心随之移到右脚上。引球时，手臂弯曲，使球与身体拉开一定距离，为射门发力创造足够的空间。射门时，右脚用力蹬地，同时向左转体，将身体重心快速转移到左脚上。右臂以肩为轴，快速向前挥动，在手臂伸直的过程中，手腕用力前屈，手指用力拨球，使球产生向前的旋转和足够的速度。力量从腿部传递到腰部，再经肩部、手臂到手指，形成连贯的发力。球出手后，手臂要顺势向前上方挥动，身体重心继续向前，保持身体平衡，为后续可能的动作（如补射或防守）做好准备。

练习方法：

（1）配合脚步练习，一人一球直接射门，规定射门区域，定点射门。

（2）跑动中射门，注意及时纠正错误。

（3）射门游戏，所有队员分成4组，分别站在正方形的四个边外面，每人持一个球。正方形中间放置一球，四组队员同时将手中的球砸向中间的球，尽力将球推向靠近其他队的位置。输球的队伍做10个俯卧撑。

4. 运球技术

运球是控制球的队员1次或多次按拍从地面反弹起来的球的动作方法，持球队员通过合理运球可以调节和衔接个人技术，扩大活动范围，提高技术运用的机动性和灵活性。运球分为直线运球和变向运球等。

动作要领：双脚前后或左右开立，两膝微屈，身体重心稍向前倾。眼睛观察场上情况，抬头并保持视野开阔。运球动作：手指自然分开，掌心空出，用手指和指根部位接触球。以肘关节为轴，手臂上下摆动，将球向前推进。球的落点在身体侧前方，高度在腰部左右。这种运球方式速度较快，便于在场上快速推进。

练习方法：

（1）全场快速运球练习。

（2）原地运球练习。

三、手球运动常用战术

（一）进攻战术

1. 传切配合

传切配合是指传球者将球传给切入篮下的队友，切入队员接球后直接射门或进攻。

2. 突分配合

突分配合是指持球队员突破防线后，遇到对方补防，将球及时分给处于有利位置的队友进行射门。

3. 交叉换位配合

交叉换位配合是指两名或多名进攻队员通过交叉跑动交换位置，从而摆脱防守，创造进攻机会。

（二）防守战术

1. 人盯人防守

人盯人防守是指每名防守队员负责盯住一名进攻队员，阻止对方接球、射门和传球。防守队员要紧贴自己防守的对象，注意对方的跑位和接球意图，保持身体对抗。

2. 区域防守

区域防守是指防守队员负责防守一定的区域，而不是特定的队员。防守队员要清楚自己防守区域的范围，对进入该区域的进攻队员进行防守，注重协防和补位，当有进攻队员切入自己区域时，要及时上前防守。

四、手球竞赛规则

（一）手球运动的场地

手球比赛场地长 40 米，宽 20 米，长界线称边线，短界线称端线，场上的线均属于界内。球场两端线中央各放置一球门，球门前各有一扇形的球门区和一个比赛场区。场上的线均属于它们各自界定的场区的一部分，球门线为 8 厘米宽，其余各线为 5 厘米宽。比赛场区周围应有安全区，离边线至少 1 米，离外球门线至少 2 米。两个相邻场区之间的线可由场区的不同颜色所代替。

（二）手球运动的器材

1. 手球

手球比赛用球需得到国际手球联合会的正式批准并印有认可标志。国际手联标志为彩色，高 3.5 厘米和 OFFICIALBALL（正式用球）字样。字样为拉丁字母，字体高 1 厘米。奥运会男子手球采用 3 号球，周长 58~60 厘米，重 425~475 克；女子手球采用 2 号球，周长 54~56 厘米，重 325~400 克（图 4-4-1）。

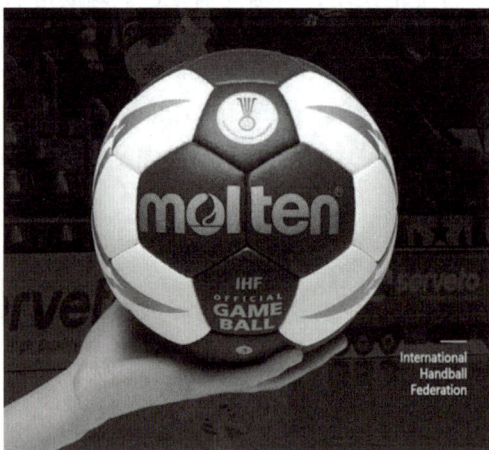

图 4-4-1　男子 3 号球

2. 参赛服

所有手球队的场上队员必须穿着统一的服装，以确保两队服装在颜色和图案上有明显的区分。守门员的服装颜色应保持一致，并且与场上队员及对方守门员的服装颜色有所区别，以便于识别。

队员的号码应从 1 号至 99 号选择，球衣背面的号码高度不得低于 20 厘米，胸前的号码高度不得低于 10 厘米，以确保号码清晰可见。无论队员是作为场上队员还是守门员，他们所穿的号码必须相同。号码的颜色应与球衣的颜色形成鲜明对比。

（三）手球规则

手球规则规定，只允许守门员进入球门区，不允许攻守双方队员进入球门区获利。但进攻队员在完成射门动作，球出手后进入球门或防守队员在不获利的情况下，进入球门区可以不受罚。

1. 犯规

犯规行为有：抢夺或故意击打对方队员手中的球；使用手臂、手或腿来阻挡对方队员，或用身体的任何部位挤推对方队员，迫使其改变位置，这包括在起动和移动过程中使用危险的肘部动作；拉扯或抱住对方队员的身体或衣服，即便对方队员能够继续参与比赛；跑动或跳起并撞击对方队员。

2. 违例

手球规则规定，允许进攻队员持球走 3 步，运球后还可走 3 步，持球不得超过 3 秒。如违反，将被判违例。手球比赛中双方换人不需经过记录台和裁判员允许，只要遵守在本方换人区内，先下后上原则即可。如违反，则违例的队员要被判罚出场 2 分钟，并在受罚时间内其他队员不能替换，即场上减员。

3. 罚出场 2 分钟

（1）队员在比赛中大声抗议，同时使用夸张的手势或进行挑衅，这种行为被视为对比赛规则的不尊重。

（2）当裁判判定对方掷球时，如果持球队员拒绝释放球，故意让球落地或将球放在地上，阻碍对方立即获得球权，这将被视为不正当行为。

（3）如果球滚向替补席区域，任何阻挡对方队员接近并捡回球的行为都是违规的，这妨碍了比赛的正常恢复。

4. 取消比赛资格、开除出场

（1）若队员在裁判员宣判后，以明显不满的态度将球投掷或击向远处。

（2）守门员若公然拒绝执行防守 7 米球的任务。

（3）在比赛的中断期间，如果队员故意将球用力掷向对方，尤其是当距离很近且用力过猛时。

（4）在掷 7 米球时，如果守门员没有做出向球移动头部的动作，而掷球者却将球故意击中守门员的头部，这将被认定为不当行为。

（5）在掷任意球时，如果防守队员没有向球移动头部，而掷球者故意将球击中防守队员的头部。

（6）任何队员在遭受对方犯规后采取的报复性行动。

思　考　题

1. 足球传球、接控球有哪些常用的练习方法？
2. 篮球有哪些常用的基本技术？
3. 排球扣球有哪些常用的练习方法？
4. 手球常用的体能练习方法有哪些？

第五章　　小球类运动

【章前导言】

　　随着人们生活水平的提高及健身知识的普及，乒乓球、羽毛球、网球、匹克球等小球类运动越来越被人们喜爱。本章着重介绍乒乓球、羽毛球、网球、匹克球运动的起源与发展、特点与价值、竞赛规则与裁判方法等知识，以及有利于参加比赛的核心技术和常用战术。使学生通过对本章的学习和实践，初步具备参加小球类运动的能力，在锻炼身体的同时，也使自己能够更加积极主动地融入集体和社会，并在自我技能不断改进和提高的过程中，提高自己对相关项目国际赛事的欣赏水平。

【学习目标】

1. 了解乒乓球、羽毛球、网球、匹克球运动的起源与发展、特点与价值、竞赛规则等知识。
2. 掌握所参与项目的核心技术和常用战术。
3. 能够安全地参与项目运动，在运动中享受乐趣、增强体质。
4. 能够运用合适的方法提高项目专项体能，提升体质健康水平。
5. 培养学生的规则意识、团队意识，促进学生终身体育习惯的养成。

创造历史！郑钦文，中国首个奥运网球女单冠军！

2024 年 8 月 3 日，在巴黎奥运会网球女子单打金牌赛中，中国选手郑钦文战胜克罗地亚选手维基奇，夺得金牌，这也是中国选手获得的首枚奥运会网球女单金牌。从 19 岁到 21 岁，郑钦文用两年的时间结束了对斯瓦泰克的 6 连败，成为自 2021 年以来，第一位在罗兰·加洛斯球场战胜斯瓦泰克的球员，终结了 4 届法网冠军在这里的 25 连胜。更重要的是，郑钦文首次参加奥运会就闯入决赛，成为首位晋级奥运会网球女单决赛的中国球员，创造了历史。

郑钦文说："我一直都想为中国夺得奥运奖牌，当东京奥运会举办时我就有了这样的期待。"本届奥运会，郑钦文前两轮晋级较为轻松，但第三轮非常艰苦。她在 36 ℃的高温天气下，苦战 3 个多小时，跻身 8 强 1/4 决赛。半决赛面对此前从未战胜过的斯瓦泰克，郑钦文开场就很快进入状态，最终收获了一场酣畅淋漓的胜利。郑钦文赛后感慨："是为国比赛给予了我更多力量。"她深情地说，自己身体状况已经到达了疲劳极限，但总感觉在比赛中有一股额外的力量在支撑着。"今天虽然我很累，我却感觉可以继续打。即使现在让我为我的国家再打三个小时，我仍然愿意再来一次。"

第一节　乒　乓　球

一、乒乓球运动概述

（一）乒乓球的起源与发展

乒乓球运动于 19 世纪末起源于英国，是由网球运动派生而来的。最初，乒乓球运动仅仅是一种贵族游戏，名字也不叫乒乓球，而是叫"佛利姆－佛拉姆"（Flim-Flam），又称"高希马"（Goossime）。后来一名叫海亚特的美国人发明了一种赛璐珞制成的空心球。大约在 1890 年，英国人吉姆斯·吉布（James Gibb）去美国旅行时，见到了这种玩具球，并将其带回英国，取代了乒乓球所用的原来的实心球。乒乓球的著名赛事有奥运会乒乓球赛、世界乒乓球锦标赛、乒乓球世界杯等。

（二）乒乓球运动的特点和锻炼价值

（1）乒乓球运动的特点。乒乓球运动器材设备简单，随时随地都可以进行乒乓球练习，非常方便，室内外均可进行活动，运动量可大可小，不受年龄、性别和身体条件的限制，很容易被大众所接受。

（2）乒乓球运动的锻炼价值。长期参加乒乓球运动可以增强身体素质，随着技术水平的提高，活动范围的增大，运动量也就相应增加，这就相应地提高了力量素质、速度素质和身体灵敏性、协调性，从而达到使肌肉发达、身体健壮、关节更加稳固的效果。还可以调节和改善神经系统灵活性，改善心血管系统和呼吸系统的功能，提高心理素质水平，促进交流，增进友谊。

二、乒乓球运动核心技术

（一）握拍与基本准备姿势

1. 握拍

乒乓球握拍方法分为直拍握法和横拍握法两种，不同的握法各有其优点，从而产生各种不同的打法（图 5-1-1）。

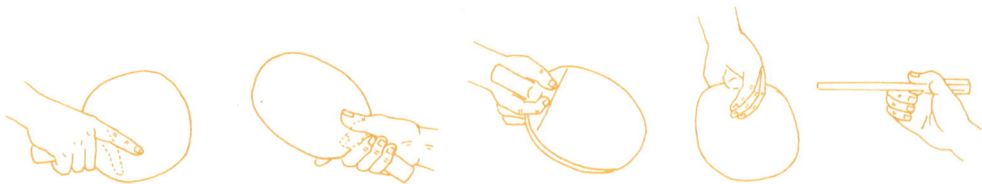

图 5-1-1　握拍

（1）直握拍法。以食指第二关节和拇指第一关节扣压拍面，虎口贴住拍柄，其他三指自然弯曲重叠，中指第一关节顶在中线外。

直拍握法的特点是正反手都用球拍的同一拍面击球，出手快，正手攻球快速有力，攻斜、直线球时，拍面变化不大，对手难以判断。

（2）横握拍法。虎口贴住拍肩，中指、无名指、小指握住拍板，拇指放在正面，食指自然伸直置于背面。

横拍握法的特点是正反手攻球力量大，攻削球时握法变化小，反手攻球容易发力，也便于拉弧圈。但正反手交替击球时，需变换击球拍面，攻斜、直线时调节拍形的幅度大，易被对方识破。

2. 准备姿势

两脚平行站立与肩同宽或稍比肩宽，微微提踵，前脚掌内侧用力着地，保证快速运动移步，两膝微屈并向内扣，稍稍含胸收腹，上体略向前倾，以利于快速移动和击球。持拍手臂自然弯曲，直握拍的肘部略向外张，手腕放松，球拍置于腹部右前侧 20～30 厘米处，以利于左右兼顾，加快击球速度。横握

图 5-1-2　准备姿势

拍的肘部向下，前臂自然平举，两眼注视来球，加强判断（图 5-1-2）。

（二）基本步法

（1）单步。以一脚为轴，另一脚向前、后、左、右不同方向移动一步，身体重心也随之落到移动脚上。单步移动简单，范围小，重心移动平稳，当来球离身体比较近时使用。

（2）滑步。两脚几乎同时向来球方向蹬地，几乎同时离地，来球异方向脚先落地，同方向脚紧随着地，挥臂击球。滑步移动范围较大，重心转换迅速，当来球离身体较远时使用。移动后两脚间距离基本上不变，适合连续快速地回击来球。

（三）发球

发球是乒乓球技术中的一种重要技术，在比赛中能直接得分，并能创造进攻机会。良好的发球可以削弱对方的攻势，破坏对方的反攻。

1. 平击发球

平击发球是一种一般上旋、一般速度的发球。它是初学者最基本的发球方法，也是掌握其他复杂发球技术的基础。

正手发平击球动作方法：左脚稍前，身体略向右转，左手掌心托球置于身体右侧前方。左手将球向上抛起，同时右臂内旋，使拍面角度稍前倾，向身体右后方引拍。右臂从身体右后方向右前方挥动。当球从高点下降至稍高于球网时，击球中上部，向左前方发力。球击出后第一落点在球台中央。手臂继续向左前方随势挥动，迅速还原。发力部位以前臂为主，动作过程中身体重心从右脚移至左脚。

2. 发急球

以正手右侧上旋奔球为例，其特点是球速快、落点长、冲力大，球的飞行弧线低并向左偏斜，具有较强的右侧上旋。

正手右侧上旋奔球动作方法：左脚稍前，身体略向右偏斜，左手掌心托球置于身前偏右侧。左手将球向上抛起，同时右臂内旋，使拍面角度稍前倾，前臂手腕自然下垂，肘关节高于前臂，向身体右后方引拍。上臂带动前臂由身体右方向左前方挥动，当球从高点下降至接近网高时，击球右侧并向右侧上方摩擦，触球瞬间拇指压拍，手腕从右后方向左上方抖动。球击出后第一落点接近自己端线，手臂继续向左前方挥动，迅速还

原。发力部位以前臂手腕为主，动作过程中身体重心从右脚移至左脚。

（四）接发球

1. 站位的选择

要根据对方发球时的位置来决定自己的站位。如果对方用正手在球台的右方发球，站位应偏右一些；如果对方用反手或侧身在球台左侧发球，站位则偏左一些。总之站位的选择要保证在进入对打阶段能发挥出个人的技术特长。通常，为了便于既能接长球又能接短球，站位不宜离台太近或太远。

2. 来球性能的判断

由于发球者可主动改变发球的旋转、力量、速度、落点，因此，提高对来球性能的判断能力是十分重要的。

（1）从对方发球时拍面所朝方向和挥臂方向判断来球的斜、直线。对方如发斜线球，拍面所朝方向向侧偏斜，手臂向斜前方挥击；对方如发直线球，拍面所朝方向则向前，手臂由后向前挥出。

（2）从对方发球时拍触球的移动方向判断来球的旋转性能。关键是观察对方拍与球接触瞬间球拍的移动方向，千万不要被对方触球后的一些假动作所迷惑。一般情况下球拍从上向下移动是下旋；从下向上移动是上旋；从左向右是右侧旋；从右向左是左侧旋，这种单一性能的旋转发球比较容易判断。

3. 接发球的基本方法

（1）接奔球。对方发过来的球速度快，带有上旋，如左方急球不宜移动过大，可采取侧身回接，一般用反手推挡或用反手攻回击。如右方急球用正手快带、快攻借力回接。如果用削球回接，则必须向后退一些，等来球力量减弱时再回接。如对方发过来是急下旋球，由于球速快并带有一定下旋，所以用推或攻回球时，应使拍面稍后仰以增加向上发力。用弧圈球回接时，应增加向上提拉的力量。用搓球回接时，首先向后退一些，拍面角度不宜后仰过大，击球中部向下发力以缓冲来球的前进力。

（2）接下旋球。发过来的球速度较慢，触拍后向下反弹，用搓球回接时，注意拍面后仰以增加向前上方的发力。用拉攻或弧圈球回接时，一定要增加向上提拉的力量。

（五）挡球和推挡技术

1. 挡球（以右手为例）

动作方法：两脚平行或左脚稍前，身体离球台 40 ~ 50 厘米。击球前，前臂与台面平行伸向来球。拍触球时，前臂和手腕稍向前移动，主要是借助对方来球的反弹将球挡回。在来球的上升期击球的中部，拍面与台面接近垂直。击球后，迅速收回球拍，完成击球前的准备姿势。

2. 正手推挡（以右手为例）

在面对对方击过来的右方位速度较快的上旋球或离网较近的加转弧圈球时，如果所处击球位置不合适，可以运用正手推挡球来回击。

动作要点：击球前身体迎前，前臂提起，重心稍升高。在来球上升期击球，手臂内旋拇指用力，球拍盖住球的右侧中上部。触球时手腕和手臂发力极小，拍面角度固定，前倾约 20°。

（六）攻球

攻球技术是乒乓球运动员快攻型打法的主要技术。在比赛中合理地运用攻球技术，常常能够取得比赛的主动，使对方陷入被动。它主要包括快带、快攻、快点、突击、扣杀、杀高球等技术。

1. 正手快攻

正手快攻具有站位近、速度快、进攻性强的特点，是对攻中常用的一项主要技术。

动作要点：站位近台，腰稍向右侧，前臂与台面略平行，以前臂发力为主。拍面略向前倾，触球中上部，前臂向前上方挥动要快，用力大小应根据来球距网的相对位置而定，一般用较大力量。球击出后，动作还原要快，及时放松，准备下次击球。变化落点主要靠手腕调节拍面方向，击斜线球时触球的中右部，击直线球时触球的中部（图5-1-3）。

正手攻球

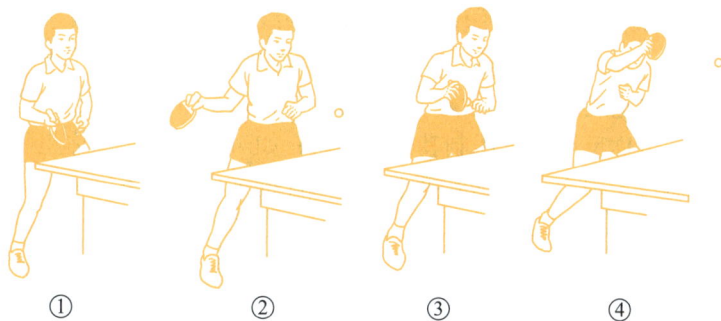

图 5-1-3　正手快攻

2. 正手拉弧圈球

动作要点：站位靠近球台，右脚稍后，重心支撑点在右脚上。击球前，引拍至身体右侧下方呈半横状，拍面近乎垂直。上臂与身体约成35°角，与前臂约成130°角，当球从最高点开始下降时，上臂和前臂由后向前上方挥动，前臂迅速内收，结合手腕转动的力量击擦球的中下部。击球后，重心支撑点移至左脚，球拍随势挥至头部（图5-1-4）。

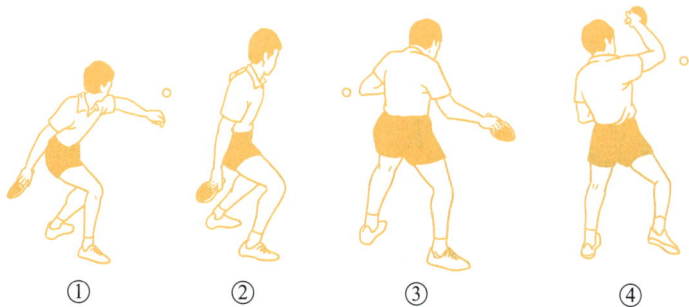

图 5-1-4　正手拉弧圈球

三、乒乓球运动的常用战术

乒乓球战术是根据自己和对手的具体情况，正确而又有目的地把自己所掌握的各种技术有意识地组合起来，从而充分发挥自己的技术风格特点，抓住对手的弱点，采用合理的方法和手段战胜对手。

（一）发球抢攻战术

发球抢攻战术是乒乓球运动战术之一，是比赛中力争主动、先发制人的一种战术。运动员利用发球的旋转、落点变化来控制对方，使其回球较高，然后再以有力的扣杀或用前冲弧圈球等技术进行攻击，常能取得局面上的主动或直接得分。发球抢攻是我国直板快攻打法的"杀手锏"。发球战术运用的效果主要取决于发球的质量和第三板进攻的能力。常用的发球抢攻战术有以下三种。

1. 正手发左侧上、下旋后抢攻

通常把左侧旋球发至对手反手位短球、反手底线大角、中路偏反手底线以及正手小三角短球，再配合一板直线急长球。如对方侧身轻拉至你反手，可用推挡加力或快压直线，也可侧身攻（以速度为主）直线，迫使对方扑救正手位，再寻机发力攻；如对方用反手推、拨或轻挂至你反手，可压制其中路追身；如对方直接回至你正手位，可用正手快带一板斜线到对方正手大角，然后等正手位做连续进攻的准备。

2. 正手发转与不转球后抢攻

这是中国选手制约欧洲选手的常用技术，尤其是直拍选手的绝招。因为发侧旋球很容易被对方借转球抢先转入上旋相持，这对直拍是极为不利的。而发转与不转球，对方最多只能控制或轻拉，直拍会有更多的主动权。

（二）对攻战术

对攻，是进攻类打法在相互对抗时，双方利用速度、旋转、落点变化和力量轻重来控制对方，力争主动的一种重要手段，对攻战术主要依靠左推右攻或正、反手攻结合的打法，它具有快速多变的特点，可达到调动、攻击对方的目的。

1. 压反手，伺机侧身正手攻

用快推、加力推、推下旋球或反手攻压对方反手，伺机侧身正手进攻，或推开角度，逼对方后退，侧身进攻后要力争连续进攻，专攻两角。

2. 压左调右，转攻两角

用推挡或反手攻、拉压住对方反手位，迫使对方站位偏左，突变正手，伺机正手进攻两角。

四、乒乓球运动的竞赛规则与裁判法

（一）比赛规则简介

1. 胜负判定

一局比赛：在一局比赛中，先得 11 分的一方为胜方。10 平后，先多得 2 分的一方为胜方。

一场比赛：一场比赛由奇数局组成。

2. 发球、接发球和方位的次序

（1）选择发球、接发球和方位的权力应由抽签来决定，中签者可以选择先发球或先接发球，或选择先在某一方位。

（2）当一方运动员选择了先发球或先接发球，或选择了先在某一方位后，另一方运动员必须进行另一个选择。

3. 发球

（1）发球开始时，球自然地置于不持拍手的手掌上，手掌张开，保持静止。

（2）发球员需将球几乎垂直地向上抛起，不得使球旋转，并使球在离开不执拍手的手掌之后上升不少于 16 厘米，球下降到被击出前不能碰到任何物体。

（二）裁判法

（1）每场比赛应由一名裁判员和一名副裁判员组成。裁判员坐或站在球台一侧，与球网呈一直线；副裁判员应面对裁判员坐在球台另一侧。

（2）当球结束比赛状态，或在情况允许时，裁判员应立即报分。

（3）报分时，裁判员应首先报下一回合即将发球一方的得分数，然后报对方的得分数。

（4）一局比赛开始和交换发球员时，裁判员在报完比分后，应报出下一回合发球员的姓名，并用手势指明发球方。

（5）一局比赛结束时，裁判员应先报胜方运动员的姓名，然后报胜方得分数，再报负方的得分数。

（6）裁判员除报分外，还可以用手势表示他的判决。

第二节　羽　毛　球

一、羽毛球运动概述

（一）羽毛球运动的起源与发展

18 世纪，在印度的普那城，出现了类似今日羽毛球活动的游戏。19 世纪 60 年代，一批退役的英国军官把这种称为"普那游戏"的活动带回了英国。

1920 年，羽毛球运动传入我国。近代一批有志于报效祖国的赤子回国，并从欧洲带回了先进的羽毛球技术。20 世纪 70 年代，我国羽毛球队已跻身于世界强队之列。1981 年 5 月，国际羽毛球联合会（2006 年更名为"世界羽毛球联合会"）重新恢复了中国在国际羽联的合法席位，从此揭开了国际羽坛历史上新的一页。我国运动员怀着为国争光的雄心壮志，吸取了国外的一些先进的运动训练方法、勤学苦练，自觉地贯彻了"从难、从严、从实战出发"的训练原则，中国羽毛球运动员进入了称雄世界的辉煌时代。1982 年，我国首次参加国际大赛并夺得"汤姆斯杯"，1984 年，女队再夺"尤伯杯"。在 1996 年亚特兰大奥运会上，葛菲、顾俊勇夺女双冠军，实现了我国羽毛球项目在奥运会上金牌零的突破。

（二）羽毛球运动的特点与价值

1. 老少皆宜，终身有益

羽毛球运动适合于男女老幼，运动量可根据个人年龄、体质、运动水平和场地环境的特点而定。运动量宜为中等强度，活动时间以 40~50 分钟为宜。适量的羽毛球运动能促进青少年身高增长，还能培养青少年自信、勇敢、果断等优良的心理素质。

2. 全面提高身体素质

羽毛球运动需要在场地内不停地进行移动、跳跃、转体和挥拍，合理地运用各种击球技术和步伐将球在场上往返对击，从而增大了上肢、下肢和腰部肌肉的力量，加快了锻炼者全身血液循环，增强了心血管系统和呼吸系统的功能。

练习者在短时间内对瞬息万变的球路做出判断，果断地进行反击，从而提高人体神经系统的灵敏性和协调性。

二、羽毛球运动基本技术

（一）握拍法

羽毛球和所有球类运动一样，羽毛球拍的握持也有正反之分，且搓球与勾对角线时的握法略有不同，但无论是哪种握法，最终目的都是使自己的手腕能更加灵活转动，手指能最大限度地发挥力量。其基本要求是：握法不能限制或影响手腕的活动，不能影响手指发力，否则就被视为错误的握拍法，需尽快改正，切忌错误定型。

1. 常见的握拍技术

（1）正手握拍法。握拍之前，先用左手拿住球拍，使拍面与地面垂直。再张开右手，使手掌下部靠在球拍的握柄底托部位，虎口对着球拍框。小指、无名指、中指自然并拢，食指与中指稍稍分开，自然弯曲并贴在拍柄上（图 5-2-1）。

（2）反手握拍法。反手握拍是在正手握拍法的基础上，把球拍框往外转（即往左方向转），拇指前内侧部位贴在拍柄的窄面部位，食指往中指、无名指、小指并拢。通常反手握拍的时候，掌心与拍柄之间有一定的空隙，这样握拍法有利于手腕力量和手指力量的灵活运用（图 5-2-1）。

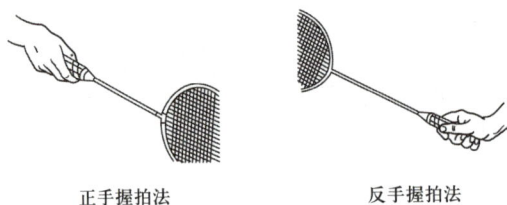

正手握拍法　　　　　反手握拍法

图 5-2-1　握拍法

2. 常用的练习方法

（1）正反手握拍，并反复做无球挥拍动作。

（2）正反手球拍垫球。

（3）一人两侧抛球，一人做左右正反手挥拍动作。

（二）发球法

发球是羽毛球技术的重要环节，虽说无法发出乒乓球那样变化多端的旋转球，但通过落点和弧度的变化，能有效地创造各种得分机会，从而很好地把握比赛节奏。完成发球技术环节，必须做到灵活多变、合乎规则、保质保量。

1. 常见的发球技术

（1）正手发球。发球人一般站在靠近中线距发球线1米左右的位置，双打时可更靠近前发球线。双脚前后开立（左前右后），与肩同宽，重心落于右（后）脚上，上体取侧位，以左肩斜对球网，持球手用拇指、食指和中指将球持于体前，击发时，重心由后脚移至前脚（图5-2-2）。

图5-2-2　正手发球

① 正手发高远球：所谓高远球就是把球发得又高又远，使球向对方后场上方飞去，球的飞行路线与地面形成角度要大于45°，使球在对方场区底线附近垂直下落。着重注意大臂带动小臂的挥拍击球动作，以及击球后的顺势缓冲。

② 正手发网前球：发网前球就是把球发到对方发球区内的前发球线附近，球拍触球时，拍面从右向左斜切击球，使球刚好越网而过，落在对方前发球线附近（图5-2-3）。

（2）反手发球。反手发球特点是动作幅度小，出球速度快，意图不易被对方所察觉，在双打比赛中运用尤其广泛。基本姿势：面对球网，两脚前后开立，上体稍前倾，拇指和食指捏住球体羽毛，反手握拍对准球。

① 反手发网前球：反手发网前球是运用反手发球技术把球发至对方发球区内前发球线附近。击球时，球拍由后向前推送击球，使球运行的弧线最高点略高于网顶，球拍触球时，拍面呈切削式击球，使球落到对方场区的前发球线附近（图5-2-4）。

图5-2-3　正手发网前球　　　　　图5-2-4　反手发网前球

正手发高远球

反手发网前球和后场球

② 反手发平快球：反手发平快球与发正手球的球路、角度、落点一样。发球时，球拍的挥动方向也与反手发网前球一样，只是用力要突然，在击球的一刹那，手腕有弹性地击球，拍面与地面的角度接近垂直，将球发到双打后发球线以内的区域。

2. 常用的练习方法

（1）无球挥拍模仿各种不同发球技术练习。

（2）两人对练，一人发球，一人接发球。

（3）正手或反手单一发球技术多球反复练习。

（4）指定落点区域的不同发球技术的练习。

（5）不同落点区域发球技术的交替练习。

（三）击球技术

1. 常用的击球技术

（1）后场击球技术。后场击球技术主要是击高球的技术，高球分为高远球和平高球。击高远球就是把球打得又高又远，使球飞至对方底线。平高球从高远球发展而来，它飞行的速度比高远球快，弧线比高远球低，是后场进攻的有效技术之一。击高球可分为正手、头顶、反手击直线高球和对角线高球（图5-2-5）。

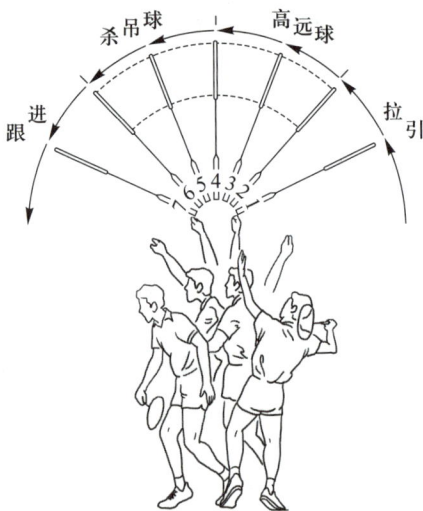

图 5-2-5　后场击球技术

① 正手击直线高球和对角线高球：至后场区，稍侧身，重心下降，起跳后手腕控制球拍对准来球路线，于额前上方快速挥拍击球后部，球即沿着直线飞行。若手腕控制拍面击球托的右下方，球则沿着对角线方向飞行。击球后，手臂随惯性自然回收至胸前（图5-2-6）。

② 吊球：面对较高来球，于后场以轻击、轻切、轻劈的方法，将球回击至对方近网附近，称其为吊球。根据动作方法、出手位置、飞行弧线以及落点的不同，吊球一般有以下几种。

正手击直线和斜线高远球

正反手吊球

　　头顶吊直线球和对角线球：击球动作几乎和头顶击直线高远球相似，只是击球的瞬间、小臂突然内旋并往前下方挥拍，手腕的外伸后展带动球拍轻点球托的左侧后下部，使球沿直线或对角线飞行（图5-2-7）。

图5-2-6　正手击直线高球和对角线高球　　　　图5-2-7　头顶吊直线球和对角线球

　　反手吊直线球和反手吊对角线球：击球前的动作同反手击高球类似。不同的是小臂要上摆，用拇指内侧顶住拍柄，手腕向后"甩腕"轻击球托的后下部位，使球的飞行方向朝着直线和对角线方向落到对方网前（图5-2-8）。

　　③ 头顶扣杀球：准备姿势同头顶击高球类似。挥拍击球时，以腰腹带动大臂，协调小臂、手腕的综合力量形成鞭击动作，全力往下方击球，拍面与水平面的夹角小于90°（图5-2-9）。

图5-2-8　反手吊直线球和反手吊对角线球　　　　图5-2-9　头顶扣杀球

　　（2）中场击球技术。挡网前球技术：用接杀球的步法移至球场的边线，身体右倾，手臂右伸，前臂外旋，手腕外展，精力集中，持拍准备接球。右侧来球正手挡，左侧来球反手挡，击球时，前臂内旋稍外翻带动球拍由内右下向前上方推送击球，把球推向直线网前。另一种是击球时前臂从外旋到内收，带动球拍由右向前切送挡向直线网前。击球后，身体左转成正面对网，然后右脚上前一步，球拍随身体向左转收至

体前。

（3）前场击球技术。前场技术包括网前放、搓、推、勾、扑、挑球等。因球飞行距离较短，落地快，常使对手措手不及而直接得分。即使不能直接得分，也能迫使对方被动回球，为下一拍创造机会。一般要求握拍要活，动作细腻，手腕、手指要灵巧，在击球刹那间产生变化。

① 放网前球：面对网前来球，用球拍轻轻切、托，将球向上弹起恰好一过网就朝下坠落。基本动作：侧向球方向移动，上体稍前倾，正握拍于体前，最后移步为大弓箭步，前臂伸向来球，稍仰，上举，斜对网，取高点击球。松握拍，稍收腕，向球托斜侧击或搓切。挥拍的力量、速度和拍面角度的大小，取决于来球离网的远近和速度的快慢。离网远、则力最大些、速度快些、反之则力量小些、速度慢些（图5-2-10）。反手握拍，反面迎击为反手放网前球。

图5-2-10　放网前球

② 网前搓球：

正手网前搓球：击球前，小臂稍外旋，手腕由后伸至稍内收闪动；击球时，在正手放网前球动作基础上，加快挥拍速度，搓切来球的右下部，使球旋转滚动过网。

反手网前搓球：击球前，小臂前伸外旋，手腕由内收至外展状；击球时，搓击球的右侧后底部，使球侧旋滚动过网。另外，还可以小臂稍伸直，手腕由外展到内收，带动球拍向前切送，击球托的后底部，使球下旋滚动过网。

③ 网前推球：

正手推球：站在网前，当球飞过来，球拍向右侧前上举，在肘关节微屈回收时，小臂稍外旋，手腕稍后伸，球拍也随着稍往右下后摆，拍面正对来球。小指和无名指稍松开，使拍柄稍离开手掌鱼际肌。拇指和食指稍向外捻动拍柄，拍面后仰，推击球托的后部，使球沿直线方向飞去，为正手推直线球。若击球点在右肩前，推击球托的右侧后部，使球沿对角线方向飞去，则为正手推对角线球。

反手推球：反手握拍，在网前较高击球点上，小臂前伸外旋，腕外展伸直，中指、无名指和小指突然握紧拍柄，拇指顶压球拍，挥拍推击球托的左侧面，使球向对方底线快速飞去，此为反手推直线球。若在击球一刹那急速向右前方挥拍，推击球的左侧后部，使球沿对角线方向飞行，则为反手推对角线。

④ 网前勾对角线球：一般采用并步加蹬跨步上网，同时臂前伸，稍外旋，使拇指

贴在拍柄的宽面上，食指的第二指节贴在与其相对的另一个宽面上，拍柄不触及掌心。靠前臂内旋拉收及手腕后伸内收之力，拨击球托的右侧下部，令回球延对角线运行，为正手网前勾对角线球。若移步向左侧前方伸臂，拨击球托的左侧后部，使球沿对角线飞越过网，则称为反手网前勾对角线球（图5-2-11）。

图 5-2-11　网前勾对角线球

⑤ 网前扑球：当来球于网顶上方时，以最快的速度上网扑压的技术称为网前扑球。扑球是一种威胁较大的进攻技术，有正手扑球与反手扑球之分，其核心在于一个"快"字，即判断快、上网快、出手快。

正手网前扑球时，在身体腾空跃起或右脚蹬跨的同时，前臂握拍上举正对来球，借伸臂抖腕、手指顶压之力将球扑下（图5-2-12）。挥拍距离短、动作幅度小，需要强大的爆发力，其中，手腕是控制力量的关键。反手持拍上网扑击，则为反手网前扑球。

图 5-2-12　正手网前扑球

⑥ 网前挑球：准备动作与正手放网前球相同。正手挑时，前臂充分外旋，手腕尽量后伸，从右下向右前方至左上方挥拍击球。在此基础上，若球拍向右前上方挥动，挑出的是直线高球；若球拍向左前方挥动，挑出的则是对角高球。反手挑时，右臂往后抬肘引拍，击球时前臂充分内旋，手腕由屈至后伸闪动挥拍击球。若球拍由左下向左前上方挥动，则球向直线方向飞行（图5-2-13）；若球拍由左下向右前上方挥动，则球向对角线方向飞行。

图 5-2-13   网前挑球

2. 常用的练习方法

（1）击高远球的无球挥拍练习。

（2）用拍垫出高空垂直下落球，并挥拍击球。

（3）一人发高远球，一人击球（高远球、吊球、杀球）。

（4）双人对击高远球或一人吊球，一人挑高球、扣杀球。

（5）一人发高远球，一人原地杀球或跳起杀球。

（6）一人发高远球，一人定位劈吊对角。

（7）两人一组，高、吊、杀球组合练习。

三、羽毛球运动常用战术

实战中，战术是根据对方的打法和场上的具体情况而定。原则是"以己之长，攻彼之短"，常用战术主要有：

（一）单打战术

1. 发球抢攻战术

高质量发球是发球抢攻技术的保证。一般发网前低球结合平快球、平高球，争取第三拍的主动进攻。此战术对付应变能力较差的对手，或实施于比赛的关键时刻，往往效果显著。

2. 攻后场战术

通过击高球、重复压对方底线两角，使其被动，继而寻找机会进攻。以此对付后场还击能力较差、后退步伐慢、急于上网的对手，十分有效。

3. 攻前场战术

对网前技术较差的对手，可运用此战术先将其吸引到网前，然后再攻击其后场。采用此战术，自己首先要有较好的网前击球技术。

4. 打四方球战术

若对手步子较慢、体力较差、技术不全面，可以快速准确地攻击对方场区的四个角落，寻找机会向空当进攻。此战术的主要目的是通过打不同落点，逼迫对方前后奔跑、被动应付，并在其回球质量下降或露出破绽时乘虚而攻之。

5. 杀、吊上网战术

应对后场高球，先以杀球配合吊球把球下压，落点选在场区的两条边线附近，致使对手被动回球。若对手回网前球，则我方迅速上网搓球、勾对角球或平推球，创造在中场大力扣杀的机会。这种战术的使用要求能控制杀、吊球的落点，只有造成对方被动回球，才有主动上网的机会。

6. 打对角线战术

对付身体灵活性差、转体较慢的对手，不论是进攻还是防守，均应以打对角线球为主。这可使对方移动困难而造成被动，为我方创造进攻机会。

7. 防守反击战术

在对方主动进攻、我方被动防守时，我方可高质量地接杀挡网，或抓住对方攻杀力量减弱、落点不好之机会，以平抽底线球还击对方后场，扭转被动局面，并进行反击。

（二）双打战术

除个人技术外，羽毛球双打主要靠同伴间的战术配合。一般情况下有两种站位方法：一前一后站位和两人左右站位。前者以前后划分场区，利于进攻而不利防守；后者以左右划分场区，利于防守而不利进攻。因此，站位并非固定不变，而是随着进攻与防守间转换而不断变化。

1. 攻人战术

集中力量攻击对方相对较弱者，迫使其心理压力加大，伺机攻击另一人因疏忽而露出的空当，或对此人偷袭。

2. 攻中路战术

当对方分边站位防守时，将球攻击对方两人的中间；当对方前后站位时，可将球下压或平推两边半场。这样可使对方防守时互相争让而出现失误。

3. 攻后场战术

如果对方扣杀能力差，我方可采用平高球、推平球、接杀挑底线等战术，把对方一人控制在底线两角移动。当对方被动还击时，则抓住机会大力扣杀。若另一对手后退支援时，则可攻网前空当。

4. 后攻前封战术

当我方处于主动进攻前后站位时，站在后场的队员见高球就杀或吊网前球，迫使对方接球挡网前，这为我方前场队员创造了封网扑杀机会。前场队员要积极封锁网前，迫使对方被动挑高球。一旦对手挑高球达不到后场，又为我方后场同伴创造二次进攻机会。

5. 防守反攻战术

在防守中寻找反攻的机会，以便摆脱困境，转被动为主动。比如，挑底线高球，即不论对方从哪里进攻，我方都应设法把球挑到进攻者的另一边底线。如果对方正手后场攻直线，就挑对角线，如果对方攻对角就挑直线。这便是一种较容易争得主动的防守战术，在女子双打中运用更为有效。

四、羽毛球比赛的基本规则

（一）场地器材要求

1. 场地要求

羽毛球场地要求地面平坦，周围无障碍物。

2. 器材要求

球是由 16 根 64～70 毫米长的羽毛围成圆形固定在球托上，质量为 4.74～5.50 克。球拍总长不超过 680 毫米、宽不超过 230 毫米，拍弦面长不超过 280 毫米、宽不超过 220 毫米，不允许改变球拍规格。球网为方孔，深色，宽 760 毫米，球网中间距地高度 1.524 米，网柱高为 1.55 米。

（二）比赛方法及主要规则

1. 比赛方法

羽毛球比赛共设有男子单打、女子单打、男子双打、女子双打、混合双打、男子团体、女子团体、混合团体等项目。比赛采用 3 局 2 胜制（团体赛多采用 5 盘 3 胜制），只有得分方才能发球。双打和男子单打先得 15 分、女子单打先得 11 分的一方胜 1 局。

2. 发球与接发球

（1）规则要求。单打时，发球员分数为 0 或双数，双方在各自右发球区接发球；若为单数，则在左发球区接发球。球一旦发出则不再受限制。双打时，除首次发球只有一次机会外，以后均为两次发球权。获得球权方，无论得分单双，都从右区发球，若得分，此发球员换至左区继续发球，接发方位置不变。一发失败换二发，均失败，则换由对方于其右区一发。

（2）违例。

① 球的任何部分在发球击球的瞬间高于发球者腰部。

② 发球击球瞬间拍框未明显低于发球者整个握拍手部。

③ 发和接发球均须在斜对角球区内，双脚不能离地或触及界线，亦不得移动，直至将球发出。

3. 其他判罚

（1）连击。单、双打中任何违反"一拍过网"原则。

（2）短球。发球落在网与前发球线之间，而未落入规定区域。

（3）过网击球。对方来球尚未过网便触及球。

（4）触网。比赛进行中，球拍及身体任何部位不得触及球网和其支撑物。

（5）重发。遇特殊情况比赛中断后，由裁判员宣判"重发球"恢复比赛。

（6）间歇。每场比赛，第一、二局间歇不得超过 90 秒；第二、三局间歇不得超过 5 分钟。

第三节　网　　球

一、网球运动概述

（一）网球运动的起源与发展

13 世纪，法国传教士中流行一种在教堂回廊里用手掌击球的游戏。14 世纪中叶，这种游戏传入英国，从此，这种游戏开始在英国流行，成为英国上层社会的一种娱乐活动，所以有"贵族运动"之雅称。英国人将这种表面用斜纹法兰绒制作的球称为

"tennis"，并且沿用至今。16 世纪后，该项运动逐渐规范化并有了专门的球场，规定了场地的大小，制定了相应的比赛规则。

1885 年前后，网球运动传入中国。中国网球协会成立于 1953 年，是代表中国参加国际网球组织的唯一合法组织，1956 年举办全国网球锦标赛，1981 年 7 月加入国际网联。1986 年中国女子网球队在第 10 届亚运会的团体赛中夺冠。2004 年雅典奥运会上，李婷和孙甜甜取得中国第一个网球双打奥运冠军。2006 年，郑洁和晏紫在澳网女双决赛中，历史性地获得冠军。2011 年，李娜勇夺法国网球公开赛冠军，成为中国乃至亚洲获得四大满贯公开赛冠军的第一人。2018 年，王曦雨获得美网女单青少年组的冠军。2024 年郑钦文获得奥运会网球女单冠军。

（二）网球运动的特点和锻炼价值

1. 良好的运动环境和文明氛围

网球场地宽敞而又有一定的封闭性，让人得以从容活动并少受干扰。清新的空气和明媚的阳光，使人一踏入这种环境就会有一种心情舒畅、贴近自然的感觉。同伴们在一起打球，既锻炼身体愉悦身心，又能随时休息叙谈交流。人们在网球场上约定俗成地遵循着文明的行为规范。礼貌的言行，整洁的服饰，友好的态度，使投身其中的人们得到一种情操上的陶冶。

2. 独具一格的健身价值

网球运动的健身价值高，适应性强，是一项男女老少皆宜的运动。它的运动量可大可小，节奏可缓可剧，不同的运动对象都能各取所需，得到理想的健身效果。对青少年来说，网球能极好地发展其灵活性、协调性和快速反应的能力，在瞬息万变的情况下果断应对，把握时机，无须过分强调体能。对于想保持和改善形体的女性来讲，打 1~1.5 小时的网球，相当于进行 3 000~5 000 米的健身跑，能有效地消耗体内脂肪，瘦身效果非常明显。

3. 充满挑战性的体育竞技运动

一场势均力敌的网球比赛，要求选手具有角斗士那样的斗志和体能，其竞争激烈程度可与任何剧烈运动项目媲美。在数小时中全力地奔跑、扑救、进攻、封杀，这种力量和耐力的考验，毅力和意志的对抗，机敏和智慧的较量，扣人心弦，令人神往。网球最迷人的特点就在于它既是文明高尚、讲究礼仪的高雅运动，同时又充满挑战性，能充分展示人的体能、意志，最符合"文明其精神，野蛮其体魄"的体育宗旨。

二、网球运动基本技术

（一）握拍法

1. 东方式正手握拍法

用右手掌根与拍柄右上斜面紧贴，拇指垫握住拍柄的左垂直面，五指紧握拍柄，食指下关节压住拍柄垂直面（图 5-3-1 ①）。东方式正手握拍也被称为"握手"式握拍或"万能"握拍法。这种握型易于转换成其他握法，可通过拍面摩擦球体后部击出上旋球，也可以打出力量和穿透力很强的平击球。但它不适用于打高球，稳定性稍差，不利于多回合的打法。

2. 东方式反手握拍法

东方式反手握拍法是在东方式正手握拍法的基础上，把右手向左转动四分之一，手掌根贴在拍柄左上斜面，拇指贴在拍柄左垂直面上，食指关节压住拍柄右上斜面（图5-3-1②）。这种握拍法稳定性好，可打出略带旋转、穿透力很强的球。

3. 大陆式握拍法

大陆式握拍法是将虎口放在拍柄上平面与左上斜面交界线上，使拇指底部贴住并整个包卷拍柄，食指第一指节贴在拍柄的右斜面上（图5-3-1③）。此握法也称"榔头"式握拍法，仿佛在用拍框的侧面钉钉子一样。适于击打任何类型的球，在发球、打截击球、过顶球、削球以及防守球时采用这种握拍效果更好。但不宜处理高速的落地球。

4. 西方式握拍法

握拍时，大拇指直伸压住拍上平面，食指下关节握住右上平面，与拍底平面对齐，大拇指与食指几乎成直角（图5-3-1④）。这种握拍法适于打出强烈的上旋球，宜于对高球的控制，但不宜对低球进行处理。

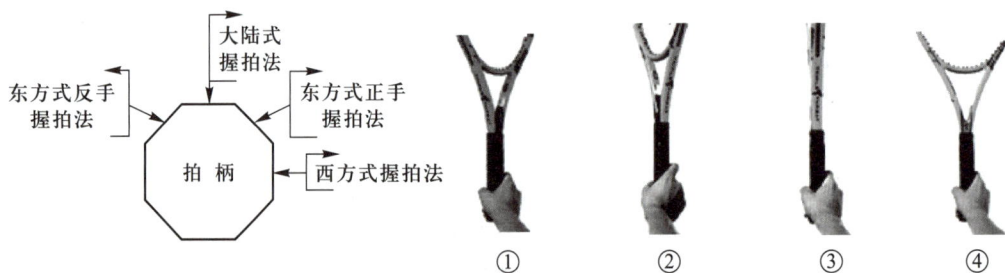

图 5-3-1　握拍法

（二）发球技术

1. 常见的发球技术步骤

（1）站位。身体自然放松，两脚开立与肩同宽，前脚与端线成45°角，左肩侧对发球方向。拿起球和球拍、放在与胸同高的位置上，眼睛看对方是否做好接发球准备。

（2）抛球与引臂。抛球手沿垂直于地面的直线上举抛球，同时，持拍臂大弧度地环绕向后引拍，抬肘外展、双膝微屈、腰呈弓形、重心移到右脚，两臂动作协调而有节奏。

（3）挥拍击球。挥拍时，使球拍充分后引，当球拍在背后时肘关节收缩。发球时，屈膝屈体，转动球拍，加速挥拍。击球点在最高点刚开始下落瞬间，握拍臂充分伸直击球。

（4）随球跟进。击球后，球拍继续做弧形运动，交叉经过身体的左侧，并且脚步随惯性自然跟进，完成发球的随挥动作。

2. 常用的练习方法

（1）在发球线后蹲下，左手抛球，右手持拍由下而上挥动，将球击打到对方发球区内；待基本掌握动作要领后，向后移动2~3米，继续练习蹲下发球，最后移至底线。

（2）找一方凳，分别放置在发球线后、中场和底线后，练习坐着发球。

（3）发球线、中场和底线后站立练习将球发至对方发球区。

（4）对着网球墙由近至远，最后在距墙10米左右练习发球。

发球基本技术

（三）击球

1. 常见的击球方式

（1）正手接落地球。判定来球于正手方向时，转肩侧身向球网，两脚前后开立，重心落于右脚，随转体快速平稳向后摆动球拍。挥拍击球时让球反弹至齐腰高度，手腕绷紧，击球后，持拍惯性做随球运动（图5-3-2）。

图 5-3-2　正手接落地球

（2）反手接落地球。判定来球于反手方向来时，反手握拍向后转肩，并平稳摆动球拍。右脚向网前迈出一步挥拍，借助转体力量击球，随球动作结束于侧前方高处，此时重心落在前脚，后脚跟踮起（图5-3-3）。

图 5-3-3　反手接落地球

（3）截击空中球。截击空中球是指在来球落地前便将球击回至对方场区。截击空中球时要求手臂摆动幅度小，在体前完成击球。

（4）高压球。高压球同截击球一样，属于上网击球技术，即在头部上空以迅猛的动作扣球。

（5）挑高球。挑高球是指把落在前场区的球，以下手由下向上把球打高回击至对方后场底线上。防守时，挑球的弧线很高，常从一端挑放到另一边端；进攻时，挑球需有突然性，且挑球的落点使对方难以回位。

（6）放短球。放短球是在网球拍触球的瞬间放松手腕，用拍面轻轻削击球的侧下部，拍面以大约45°开角从球的侧下方滑动，使球产生侧下旋。击球后没有随挥动作，球落地后反弹很低。

（7）落地反弹球。击落地反弹球时后摆稍短，身体重心要压低，注意力集中在击球时机上，将刚落地弹起的球回击过去。

正手截击球

高压球

正手挑高球

2. 常用的练习方法

（1）原地进行徒手或持拍挥拍练习，体会向后拉拍、转肩、扭转腰部和交换重心等动作要领。

（2）在原地练习挥拍的基础上，结合步伐作挥拍练习，体会步伐与手法的协同配合。

（3）距墙7~8米远，正、反拍击球练习，步子要不停地移动进行调整，此练习方法对初学者来说效率高、效果好，能很好地体会动作和球感。

（4）进行单个动作的多球击球练习。底线正、反拍对打斜、直线练习。

（5）底线正、反拍一点打两点练习，可先固定线路，逐渐加大难度到不定点线路。

三、网球运动常用战术

（一）发球战术

发球战术是一种不受对方支配，可通过力量、速度和准确性达到得分目的战术手段。例如，运用相似的手法，发不同性能的球，使对方不易捉摸；利用外界自然条件风向、阳光、硬地、草地等，给对方接发球制造困难；寻找弱点，攻其薄弱环节，降低其回球质量等。

另外，双打时因另一边场地由同伴防守，所以发球站位可稍靠边线。

（二）接发球战术

接发球队员应站于对方发球角度的角分线上。当对方发内、外旋球时，需略靠近球的旋转方向。一般采用平击抽球将球打回到对方底线两角，也可将球旋向两边，或以切削球将球打到近网两角。双打时，同伴应站在发球线附近。

（三）上网战术

接发或发球后，快速上网，对来球进行空中截击或高压。发球或回击球要为随后的上网截击创造条件，尽可能上到距网约2米处，以获得最大的封网角度和防守面积，扩大进攻威胁。上网截击是双打比赛的重要战术，需两人默契配合。

（四）底线战术

底线战术多应用于进攻型打法，利用快速、大力、准确、凶狠的底线回球，变被动为主动，进而取胜对方。常用的有逼右攻左、逼左攻右、专攻对方弱点或与对方拼险球。双打时应争取机会上网，一旦被压在底线，就只能考虑防守反攻。可运用挑高球、回击短而低的球、打平直线球快速穿过对方中央场区、运用侧旋直线球打对方两侧等。

四、网球比赛基本规则

（一）胜负判定

网球比赛分单打和双打。比赛设有男、女团体，男、女单打，男、女双打及混合双打7项。比赛时双方隔网对抗，发球方先于右区端线将抛起的球击入对方右发球区。双方可在球反弹一次后击球，也可直接将球击回（接发球除外）。

1. 胜一局

赢得第1球计15分，第2球计30分，第3球计40分，赢得第4球为胜1局。如双方各赢 3 球，则为平分。平分后，一方需连赢两球方可取胜该局。

2. 胜一盘

一方先胜 6 局为胜 1 盘。如双方各得 5 局时，一方必须净胜 2 局才算胜 1 盘。为了控制比赛时间，近 10 年普遍采用"抢 7"决胜制，即当局数 6：6 时，再接下来的 1 局里每胜 1 球得 1 分，先得 7 分者获胜该盘。

3. 胜一场

男子比赛一般采用 5 盘 3 胜制，即先赢 3 盘者为该场比赛获胜者。女子采用 3 盘 2 胜制，即先赢 2 盘者为该场比赛获胜者。

（二）发球规则

1. 发球前

发球前发球员应站在端线后、中点和边线的假定延长线之间的区域里。每局开始先从右边发球区发球，比分之和为单数时在左边发球，双数时在右边发球。

2. 发球时

队员不得通过行走或跑动改变站位，必须用手将球向上抛起，在球落地前挥拍击出，发出球须从网上越过，落在对方发球区的对角或周围线上。

3. 发球失误

违反上述发球规则 1 和 2 的规定，或未击中球、发出的球落地前触及固定物（球网、中心带、网边白布除外）。一发失误后，进行二发。

4. 发球无效

下列情况为发球无效：发球触网后仍落在对方发球区内；接发球队员未做好接发准备。发球无效，应重新发球。

5. 发球次序

第 1 局比赛结束，接球员成为发球员，发球员成为接球员。以后每局终了，均依次交换，直至比赛结束。双打比赛中，每盘第 1 局开始时，由发球方决定由何人先发球，对方则同样在第二局开始决定何人先发球。第 3、4 局由第 1、2 局未发球的队员发球，该盘比赛以下各局均按此次序发球。在完成接、发球后的比赛中，可由任何一名队员进行回击。

（三）其他规则

1. 交换场地

双方应在每盘第 1、3、5 等单数局结束后，以及每盘结束双方局数之和为单数时交换场地。

2. 失分

下列情况判罚失分：在球第二次着地前未能还击过网；还击的球触及对方场区界线外的地面、固定物或其他物件；还击空中球失败；在比赛进行中，运动员故意用球拍拖带或接住球，或故意用球拍触球超过一次；"活球"期间队员的身体、球拍或穿戴的其他物件触及球网、网柱等，或对方场区以内地面；过网击球；抛拍击球；比赛中，队员故意改变其球拍形状。

3. 有效击球

球触及网、柱、带等，且从其上方越过落入对方球场；落到有效区的来球反弹或被风吹回过网时，该轮击球员可越过网在对方场区击球；回球从网外绕过，只要落入有效场区内；击球后球拍随球过网。

4. 压线球

比赛中，落在线上的球都算界内球。

第四节　匹　克　球

一、匹克球运动概述

（一）匹克球运动的起源与发展

匹克球（Pickleball）起源于 20 世纪 60 年代美国西雅图的班布里奇岛，是一种使用球拍击打塑料制成的穿孔球的隔网运动，是一项融合了羽毛球、网球和乒乓球特点的具有发展潜力的新兴有氧运动。21 世纪初，匹克球开始走向国际舞台，尤其在美国等地非常流行。随着冠军杯、超级杯和锦标赛等系列赛事的举办，它已成为发展最快的体育项目之一。2017 年，深圳匹克球协会的成立标志着这一运动在中国的普及和推广正式开启，2023 年中国颁布了《匹克球竞赛规则（2023 版）》，并举办了首届全国匹克球大赛，2024 年中国网球协会发布《中国匹克球巡回赛积分管理办法》标志着这项运动迈入了制度化、专业化的新阶段，逐步完善了中国匹克球赛事体系，同时将匹克球运动纳入了学校体育课程。截至 2023 年，全国已有 257 所大中小学开设了匹克球课程或成立了匹克球社团，显示了匹克球运动在中国的发展势头。2025 年 1 月，匹克球运动正式成为澳大利亚网球公开赛比赛项目。

（二）匹克球运动的锻炼价值

（1）提升身体协调性和灵活性。匹克球运动要求参与者根据球场上的情况手眼协调地快速移动、接球和击球，迅速做出反应，改变方向、速度和击球力度。增强认知能力，促进思维敏捷性，提高身体的协调性和灵活性。

（2）增强肌肉力量和耐力。挥拍击球是匹克球运动中的主要动作之一，运动中的击球、奔跑和跳跃等动作可以强化下肢、锻炼肌肉力量和耐力。

（3）促进心理和心血管健康。参与匹克球运动可以释放压力和焦虑，促进身心健康，提升自信心。同时匹克球又是一项有氧运动，可以改善心肺功能，提高氧气摄取与运输能力，增强心血管健康。

（4）增进社交互动和团队合作精神。通过参与匹克球运动，可以与他人交流和互动，打破社交隔阂，拓宽人际关系网络，提高人际交往能力。通过团队合作的过程，能够增强参与者的团队意识、沟通能力和协作能力。

二、匹克球运动基本技术

（一）握拍与预备姿势

1. 握拍

（1）大陆式握拍。持拍手自然握拍，持拍手的虎口对准球拍棱面，呈握菜刀的手势，大拇指压于中指或食指，放于胸前（图 5-4-1）。

（2）V 式握拍法。持拍手自然握拍，虎口对准拍棱面，食指自然放于拍面，大拇指压于中指，放于胸前（图 5-4-2）。

图 5-4-1　大陆式握拍

图 5-4-2　V 式握拍

2. 预备姿势

正确的预备姿势可以让队员快速有效地向球场的任意方向移动，从而打出最有效率的回击球。

动作技术要领：将球拍握于胸前，拍头上扬，微向前倾。辅助手（非持拍手）手指指尖轻触球拍下方的拍棱面，拇指托住拍面。双脚平行站立，与肩同宽，两膝和腰略弯，身体微向前倾并保持平衡，重心置于脚前方，眼睛专注于球和对手球拍的拍面（图 5-4-3）。

（二）发球（以正手发球为例）

发球者必须以下投手势（低手）发球。球拍的移动轨迹必须是由低到高的弧形，球与球拍的接触面位于腰部以下，球拍头的最高点不可高于腕关节。发球时，双脚必须站在底线外，发出的球必须在落地前用球拍将其击出。将球击向斜对面球场的接球区，球的落点不可压到场地对面的非截击区以及非截击线。

图 5-4-3　预备姿势

1. 动作技术要领

准备姿势站好，眼睛目视前方，做好击球准备，击球时应左脚前踏，左肩对球网，保持侧身迎击球，转动身体，用力蹬腿，以肩关节为轴，手腕固定，大臂带动小臂，全身协调发力，击球点在左脚右侧前方，击球点不可高于腰部，球触拍后，挥拍沿着球飞行的方向前送，身体转向球网，拍头随着惯性挥到左肩前上方，肘关节向前，随挥跟进结束后，立刻恢复到准备姿势。（图 5-4-4）

2. 练习方法

（1）徒手模仿下手发球动作练习。

（2）击固定目标。练习者将一个标志物固定在持拍手所能够到的击球点，在练习整套技术动作的时候，还要对固定目标进行练习，使动作尽量自然连贯。

（3）对墙发球练习。练习者找一面练习墙，对墙进行下手发球动作练习。

（4）完整发球动作练习。练习者站在发球区对网进行多球完整发球动作练习。

图 5-4-4   发球

（三）接发球

1. 动作技术要领

接发球前需要提前做好准备姿势，接发球的过程中眼睛始终注视对方的来球，直到完成回击动作。对方发球后双脚需要迅速判断球路移动的方向和速度，之后以正手击球或反手击球回击，回击后迅速还原至准备姿势。

（1）正拍接发球。预备姿势站立，前脚向前跨出，持拍手的手腕向后弯曲，拉拍至腰部高度，手臂与肩膀朝来球方向摆动击球（图 5-4-5）。

（2）反拍接发球。预备姿势站立，前脚跨出，拍头向后拉，手臂与肩膀朝来球方向推出，击球时手腕维持稳定（图 5-4-6）。

图 5-4-5   正拍接发球　　　　　　　图 5-4-6   反拍接发球

2. 练习方法

（1）徒手做接发球跑动、挥拍练习。

（2）与发球员配合的接发球练习。在练习发球的时候，一到两名练习者可以与实战相结合，练习接发球。

（3）提高接发球准备性的练习。接发球者要按照要求将球回击到指定位置。

（4）提高接发球实战能力的练习。两人一组，配合进行接发球练习。同伴喂球，练习者进行不同形式的接发球练习。有目的地进行各种战术练习甚至是互相对抗，有利于练习者心理素质的提高。

（四）平推截击

1. 动作技术要领

截击球的后摆动作不应过大，击球点应保持在身体前方约 30 ~ 60 厘米，要向前迎击来球，注意拍头不要下垂，要保持拍头高于手腕，击球时手腕固定，拍子应紧握，击球时拍子不能移动。

（1）正拍截击。预备姿势站立，击球点位于胸口高度，球拍拉至肩膀位置前方偏外侧，拍头微向后倾斜，拍面微转向正前方，击球时以推压方式将球拍向前推出（图 5-4-7）。

（2）反拍截击。预备姿势站立，击球点位于胸口高度，球来时，从预备动作以手腕为轴将拍头横向转拍置于正前方胸口高度，球拍与身体之间约一个球拍拍面的空间，拍面微调朝正前方，击球时手臂向前伸展，注意手腕自始至终尽量维持 90 度角（图 5-4-8）。

图 5-4-7　正拍截击　　　　　　　　　图 5-4-8　反拍截击

注意：高于网的球，截击时平击的成分可多一些，打出具有进攻性的力量较大的深球或斜线球。低于网的球，必须充分下蹲，保持拍头仍然要高于或平行于手腕，以利身体重心的稳定。

2. 练习方法

（1）持拍做模仿挥拍练习，并逐渐结合步法做挥拍练习。

（2）练习者在距墙体 2 米左右，直接对墙进行正手和反手截击练习。

（3）直线的连续正反手截击练习（两人在网前相距 3 米左右）。

（4）在网前中场或近网对底线进行截击球练习。

（五）短吊球

短吊球是匹克球运动中特有的击球技巧，是无法攻击的一项技术，也是匹克球运动核心的策略。整个比赛的节奏是由比较耐心的一方掌控，选择适当的时机，用短吊球来制造攻击的机会。

1. 动作技术要领

以肩关节为轴，持拍手臂做钟摆式的挥动，不屈肘不屈腕，击球位置在身体前侧，击完球后迅速回到准备姿势。

（1）正拍短小球。预备姿势站立，击球时正手拍面朝上，以轻推方式提推向上，膝关节微向上伸展，手腕保持稳定不动，注意击球力道的控制，动作幅度、力量不可过大（图5-4-9）。

（2）反拍短小球。预备姿势站立，击球时反手拍面朝上，以轻推方式提推向上，膝盖微向上伸展，手腕保持稳定不动，注意力道的控制，动作幅度、力量不可过大（图5-4-10）。

图5-4-9　正拍短小球　　　　　　　　　图5-4-10　反拍短小球

2. 练习方法

（1）听口令，原地徒手模仿做分解的慢动作，然后做完整动作。

（2）做无球挥拍练习，先原地挥拍，再进行移动后挥拍练习。

（3）原地击固定球，先做分解动作，然后再过渡到完整的击球动作。

（4）对墙站立，正手击打落地球上墙，反弹落地两次后再连续正手击打。

（六）丁克球

丁克球是指在非截击区击球使其回弹，球回弹后越过网落在对手的非截击区内的球。丁克球是匹克球运动中非常重要的一项技术。

1. 动作技术要领

站在非截击线后，面对球网双脚开立与肩同宽。双膝微屈，身体略向前倾，重心落在双脚的前脚掌上，双肘微屈，球拍置于胸前位置，双眼平视前方。当判断对方来球是软而轻的丁克球时，首先应采用短而快的步伐移至球边，然后将球拍放在身前，膝关节屈曲，身体重心向下，用球拍的开放面去击球，当球从地面弹起时以向上、向前的动作击球，使球拍面的接触时间尽可能地长。

2. 练习方法

（1）对墙打标志线练习。在距离练习墙3～7米处自行抛球，对准墙上标志（高度与球网相同）进行丁克球练习，球要尽量打到不超过标志线5 cm的高度。

（2）两人网前正反手对打斜直线丁克球练习。

（3）两人网前正反手一点打两点的丁克球练习。先固定线路，逐渐加大难度到不定点线路。

（4）两条斜线对两条直线的网前丁克球练习。先固定线路，然后过渡到不固定线路练习。

三、匹克球运动的战术

1. 发球战术

（1）控制落点。将球发到对手的弱侧，使对手难以发动强有力的进攻；为防止下网，每一球都应打过球网；发球要长，尽量将球发到对方后场 1/3 处。

（2）改变发球的角度和力度。交替使用快速或慢速发球，打乱对手接发球的节奏。

（3）发球抢攻。高质量发球是发球抢攻技术的保证，争取第三拍主动进攻。

2. 回球战术

（1）回球深度。接发球要长，将球回到对方后场 1/3 处；接发球要高，以便有时间抢攻前进到非截击线处，掌握赛点；如果球的高度低于球网，可以将球回击到对方的非截击区内；第三拍短球打到非截击区是首选的战术之一。

（2）回球角度。尽量将球回击到场地的边缘区域，或者将球击向对手两人中间；或尝试打攻击性的高吊球，拉大对手的跑动范围。在回球时改变球的方向，使对手难以预测。

3. 网前战术

（1）网前截击。网前把握击球时机，通过调整站位和球拍的挥动方向封锁角度。击球时应打长、深的截击，将对方逼在底线。

（2）网前假动作。虚晃击球，做出要击球的动作，但在最后一刻突然停止或改变击球方向。

（3）观察对手击球动作和球的落点。及时移动到位进行防守，可以采用挡球、挑高球、放小球等方式应对对手的进攻并寻找反击的机会。培养在非截击线上的持续性和耐性。

4. 团队配合战术

在双打比赛中，团队配合至关重要。与队友密切配合，制定合理的进攻和防守策略，互相补位，态度正面积极，与同伴同进同出，共同应对对手的攻击。

（1）攻人战术。集中力量攻击对方相对较弱者，迫使其心理压力加大，伺机攻击另一人因疏忽而露出的空当，或对此人偷袭。

（2）攻中路战术。对方分边站位防守时，将球攻击对方两人之间的空当，当对方前后站位时，可将球下压或平推两边半场。

四、匹克球运动比赛规则

（一）发球规则

匹克球发球，必须以下投手势发球（也可以在场地外自由落体的弹地发球），球与球拍的接触面（发球点）位于腰部以下。

下投手势：击球手臂必须由下向上沿圆弧方向移动，而且球拍接触球的点必须低于手腕（球拍不包含手柄的部分，球拍的最高点不可高于手腕）。

（二）双反弹规则

双反弹规则：发球后的第一个回合，接球方必须先让球在本方场地落地反弹一次后，才能击球；同样的，发球方在接对方回球之前，也必须先让球在本方场地落地反弹一次后，才能击球。（图5-4-11）

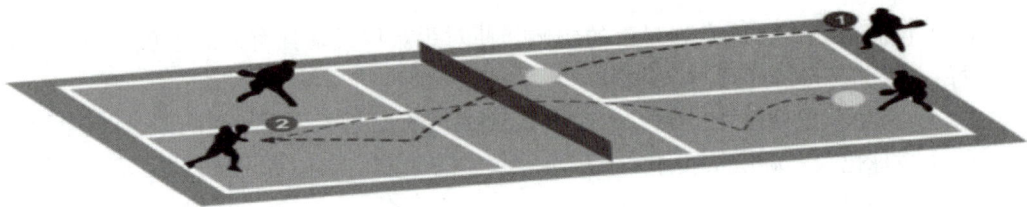

图5-4-11 双反弹规则

（三）发球站位

站位：发球时，双脚必须站在底线外；不可接触底线或底线内的场地；发球员的双脚不能触碰边线或中心线假想延长线以外的地面。

发球：球必须在落地前用球拍击出。必须落在斜对面球场的打球区，且不可压到非截击线。

（四）发球顺序、选边、站位和换位

以抛硬币等方式决定胜负，获胜一方，具有优先选边或选择接发球的权利。如果胜方选边，那么由负方选接发球。如果胜方选接发球，那么由负方选边。每局比赛结束后，双方发球顺序、球场位置互换。

（五）单打

在每局比赛开始时，首先由右侧球员开始发球。如果该球员一直保持发球权，则在得分后轮流在本方左右侧发球。球员在右边发球时，发球队的得分总会是偶数；球员在左边发球时，发球队的得分总会是奇数。

（六）双打

（1）发球永远是从由右手边的球员开始，如果该球员能保持发球权，则一直在左右发球区轮流发球。

（2）发球必须落在斜对面的打球区内，且不能压非截击线。

（3）发球员在右侧发球时，发球队的得分总会是偶数；发球员在左手边发球时，发球队的得分总会是奇数。

（4）每场比赛首先发球的一方，只能允许一次失误，如果再次出现失误，发球权将交给对方，发球员的队友是没有发球机会的。由第二球开始，每队两位球员将各自拥有一次发球机会，直到该球队两位球员都因失误而失去发球的资格，之后发球资格会回到对方球队。

（5）发球员每得一分，应换到本方另外一侧进行发球。第一个发球员失误后，由其队友从他失误时所在的一侧继续发球。（图5-4-12）

（6）如果球是由错误球员或从错误的发球区域发出，算一次发球失误。

（7）接球员要站在发球员的斜对面，且站在底线后面。

图 5-4-12　双打

（8）接发球时，只有接球员才可以把球击回。如果由其队友把球击回，那么发球队将得分。接球员的队友，可以站在球场内外的任何地方。

（9）接球方在接发球时，队员不可以交换位置。在对打过程（发球后和失误之前的连续对打）中，接球方队员可以互换位置。对打结束后，球员必须返回原位。

（七）得分、比赛与赛制

1. 发球得分制

（1）只有发球队可以得分。在符合规则情况下，发球后对手没有接到球，或在对打时出现失误，发球队就得分。

（2）当发球方的对手未能合法地回球，或者回球出了界，发球方得分。

（3）发球方在得分后，继续保持发球权，并根据得分的奇偶更换发球区（偶数分在右侧，奇数分在左侧）。

（4）接发球即使让对方出界或违反规则也不得分，而是导致发球权的转换。

2. 直接得分制

直接得分制的比赛中，任何一方在对手失误时都可以得分，无论哪一方发球。

3. 比分呼叫

比分呼叫包含 3 个数字。正确的比分呼叫顺序为：发球队的分数 – 接球队的分数 –1 号发球员或 2 号发球员（只限于双打）。例如，一场比赛开始前，比分呼叫是：0-0-2（0 比 0，2 号发球员发球）。

4. 赛制（标准比赛的形式）

（1）11 分制比赛时，如果比分 10 平，首先获得 12 分的一队获胜。

（2）15 分制比赛时，如果比分 14 平，首先获得 16 分的一队获胜。

（3）21 分制比赛时，如果比分 20 平，首先获得 22 分的一队获胜。

（八）犯规与失误

以下情况会被判犯规或失误：发球触网（如果触网后落在对方的打球区内是有效的）；击球出界；违反"双反弹"规则；违反发球规则；对打中的球在球场上反弹之前，击中任何永久物体（灯、天花板、墙体等）；过网击球。

思　考　题

1. 乒乓球挡球和推挡球技术有哪些?
2. 羽毛球发球技术及练习方法有哪些?
3. 网球发球技术及练习方法有哪些?
4. 匹克球常用的战术有哪些?

第六章　操舞健体类运动

【章前导言】

　　操舞健体类运动内容丰富、实用性强，不受性别、年龄、场地等因素制约，对学生身体素质的全面提升具有积极意义。操舞健体类项目以其特有的运动性、时尚性、美观性等特征，赢得了众多学生的关注和喜爱。本章重点介绍健美操、体育舞蹈、街舞、瑜伽的基本特征、基本技术和比赛欣赏知识，引导学生塑造形体美，养成行为美，培养审美情趣，外修自身体魄，内修美好心灵。

【学习目标】

1. 了解健美操、体育舞蹈、街舞、瑜伽的起源与发展、锻炼价值、竞赛规则与裁判方法。
2. 掌握健美操、体育舞蹈、街舞、瑜伽的基本动作和变化规律。
3. 掌握健美操、体育舞蹈、街舞、瑜伽的相关健身和竞技套路动作。
4. 能够参与和观赏比赛。

将项目与生活融合的世界啦啦操冠军

鲁晓雪，女，中国著名啦啦操、健美操运动员，啦啦操世界冠军，2020 年毕业于河海大学，现任职于中国蹦床与技巧协会啦啦操分会。鲁晓雪 8 岁接触竞技健美操项目，2013 年至 2019 年间代表中国队多次参加大型国际赛事，均获得优异成绩；她还多次参与全国啦啦操套路创编与推广工作，并作为啦啦操导师在全国各地进行授课与示范。

鲁晓雪在南京读初中时，因为一次偶然的机会，接触到了健美操这项运动，并产生了浓厚的兴趣。健美操不同于一般的舞蹈，因为其对力量有着较高的要求。柔韧性好但力量偏弱的鲁晓雪，为了让自己变得更加优秀，每次随队训练都最后一个下训。大量的训练给她的身体带来了严重的负担，韧带和肌肉拉伤更是家常便饭，但是执着的她没有懈怠，在受伤期间依然坚持恢复性训练。正是因为这份执着和努力，在接下来的一次遴选赛上，鲁晓雪凭着优异的表现成功入选了中国啦啦操队，代表中国参加 2013 年的中国南京啦啦操公开赛。在比赛时，她顶住巨大的压力，与队友默契配合，完成了一次又一次的精彩表演，在 2 000 余名世界各国参赛高手中脱颖而出，以压倒性的优势夺得了大赛的冠军。自此之后，她更是坚定了自己的信念，用持续的高水平发挥，在接下来的比赛中与队友屡创佳绩，斩获多个全国冠军和世界大赛冠军。同时，在训练与比赛之余，她还受邀参加央视春晚演出，不仅在个人的职业生涯中留下了浓墨重彩的一笔，也向全国观众展示了啦啦操独有的魅力。

啦啦操已经成为鲁晓雪生活的一部分，在未来的日子里，她希望自己能为中国的啦啦操事业贡献更大的力量。

第一节　健　美　操

健美操是一项深受广大群众喜爱，普及性极强的大众健身体育项目，在音乐伴奏下，以有氧运动为基础，以健、力、美为特征，通过徒手、手持轻器械和在专门器械上融合体操和舞蹈进行健美操练习，具有竞技性、娱乐性和观赏性的特点。

一、健美操概述

（一）健美操起源演变与锻炼价值

1. 健美操起源演变

健美操是一项新兴的体育运动项目，最早是美国太空总署为太空人所设计的体能训练内容，医学博士库伯尔（Cooper）设计了一些动作并逐渐加上音乐伴奏和服装，形成了具有独特体系的运动，并很快风靡世界。

健美操作为一项独立的体育运动项目，其兴起的时间是 20 世纪 70 年代末，明显的标志就是简·方达健美操的出现。作为现代健美操运动的发起人之一，简·方达根据自己的体会和实践编写了《简·方达健美操》一书并制成录像带，自 1981 年首次在美国出版以来，一直畅销不衰，并被译成 20 多种文字，在世界 30 多个国家出售，对健美操运动在世界范围内的流行与发展起了巨大的推动作用，也使简·方达成为 20 世纪 80 年代风靡世界的健美操杰出代表人物。

健美操运动自 20 世纪 70 年代末、80 年代初兴起以来，以它强大的生命力迅速在全世界流行起来。许许多多的人选择健美操作为自己主要的健身方式，形成了世界范围的健美操热。

1983 年，美国举行了首届健美操比赛。1984 年，首届远东区健美操大赛在日本举行。自此，健美操运动在世界各地全面兴起。每年国际上举办的活动有健美操世界锦标赛、世界杯赛、世界冠军赛、世界巡回赛。

2. 健美操锻炼价值

（1）提高身体素质，提升艺术修养。

（2）调节心理活动，缓解精神压力。

（3）促进社会交往，丰富生活。

（二）健美操的分类与特点

1. 健美操的分类

健美操一般分为健身健美操和竞技健美操。

（1）健身健美操。健身健美操也称为大众健美操，是集健身、娱乐、防病于一体的群众性健身运动。健身操主要目的在于健身，因此，其运动强度和动作难度相对较低，可为社会不同年龄、层次、性别、职业人所选。健身健美操又可分为传统有氧健美操、搏击健美操、拉丁健美操、街舞健身操、踏板健美操、健身球健美操、皮筋健美操、哑铃健美操、动感自行车。

（2）竞技健美操。竞技健美操是根据竞赛规则与规程的要求组编的一套具有较高艺术性、以取得优异成绩为主要目的的健美操。竞技健美操只进行自编动作的比赛，动作必须符合规则且有特定的比赛规则和评分方法，需完成一定的难度动作，对人体的心肺功能、身体素质、技术技能和艺术表现能力有较高要求，一般较适合于青年人，而且要有专业的训练和指导。竞技健美操比赛共设五个项目：男子单人、女子单人、混合双人、混合三人、混合六人健美操。

2. 健美操的特点

（1）高度艺术性。健身健美操同属健美体育的范畴，其艺术性主要体现在其"健、力、美"的项目特征。健美操的动作多变、协调、流畅、具有节奏感和弹性，能满足人们追求"健康、力量、美丽"的心理需求。在动作的内容和组合中，处处表现出青春和活力，包含着高度的艺术性因素，使其不同于其他运动项目，这也正是人们热爱健美操运动的原因之一。

（2）强烈节奏感。健美操动作具有强烈的节奏性特点，并通过音乐充分地表现出来，音乐是健美操运动不可缺少的组成部分。健美操音乐的特点是节奏强劲有力、旋律优美，具有烘托气氛、激发人们情绪的作用。健美操动作与音乐相协调，营造强烈的节奏效果使健美操动作更具有感染力。

（3）广泛适应性。健美操练习形式多样，运动量可大可小、容易控制，对场地器材的要求不高，不同年龄、不同性别、不同身体素质、不同技术水平的人都能从健美操练习中得到乐趣，因而健美操具有广泛适应性的特点。

二、健美操基本技术

（一）健美操基本手型

健美操中的手型有很多种，是从芭蕾舞、现代舞、迪斯科、武术中吸收和发展的。手型是收臂动作的延伸和表现，运用得好，会使健美操动作更加丰富多彩、生动活泼，更具有感染力。健美操基本手型如下。

（1）并掌。五指伸直并拢，大拇指微屈贴于食指旁（图6-1-1）。

（2）开掌。五指用力伸直，充分张开（图6-1-2）。

（3）立掌。手腕直立上屈，五指并拢自然伸直（图6-1-3）。

（4）花掌。五指用力，小指内收，无名指、中指开掌，拇指和食指向外张开（图6-1-4）。

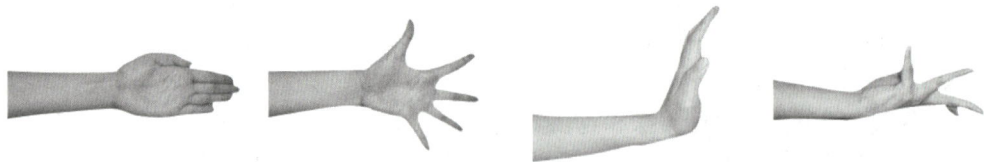

图6-1-1 并掌	图6-1-2 开掌	图6-1-3 立掌	图6-1-4 花掌

（5）拳。握空心拳，指关节弯曲，拇指贴于食指和中指上（图6-1-5）。

（6）响指。无名指与小指屈握，拇指与中指摩擦产生响声（图6-1-6）。

（7）女舞蹈手型。中指下压，拇指略微内扣，其余三指自然分开，成兰花手型（图6-1-7）。

（8）男舞蹈手型。拇指张开略微内收，其余四指自然伸直（图6-1-8）。

　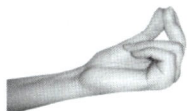　　

图 6-1-5　拳　　　　　图 6-1-6　响指　　　　图 6-1-7　女舞蹈手型　　图 6-1-8　男舞蹈手型

（二）健美操基本步伐

基本步伐是健美操练习的一个重要部分，通过基本步伐的练习，能培养练习者的协调性、韵律感，健美操基本步伐根据人体运动时对地面的冲击力大小分为低冲击步伐、高冲击步伐和无冲击步伐三大类。

1. 低冲击步伐

低冲击步伐动作是指在做动作时一脚着地、另一脚离地的动作。低冲击步伐动作是目前健美操编排中运用最多的动作类型，它包括踏步类、点地类、迈步类、抬腿类等一系列动作。

（1）踏步类。练习此类动作时两脚依次抬起，在下落时膝、踝关节有弹性地缓冲。踏步类动作又包括踏步、走步、一字步、V字步、漫步等动作。

（2）点地类。练习此类动作时两腿有弹性地屈伸，点地时主力腿稍屈，另一腿伸直（脚尖或脚跟点地）。

点地类动作包括脚尖前点地、脚跟前点地、脚尖侧点地、脚尖后点地。

（3）迈步类。练习时一脚先迈出一步，同时移动身体重心，另一腿用脚跟、脚尖点地或屈腿、吸腿、踢腿等，然后向另一方向迈步。

迈步类动作还包含并步、迈步点地、迈步屈腿、迈步吸腿、迈步踢腿、侧交叉步。

（4）单脚抬起类。练习时支撑腿有控制地稍屈膝弹动，另一腿以各种形式抬起，同时收腹、立腰。

2. 高冲击步伐

高冲击步伐一般包括迈步起跳类、双脚起跳类、单脚起跳类、后踢腿跳类。

（1）迈步起跳类。练习迈步起跳类动作时一脚迈出，重心移动，跳起，单脚或双脚落地。迈步起跳类动作包括并步跳、迈步吸腿跳、迈步后屈腿跳。

（2）双脚起跳类。双脚起跳类是指双脚起跳、双脚落地的动作。它包含了并腿纵跳、分腿半蹲跳、开合跳、并腿滑雪跳、弓步跳。

（3）单腿起跳类。单腿起跳类是指先抬起一腿、另一腿跳起的动作。包含了吸腿跳、后屈腿跳、弹踢腿跳、摆腿跳。

（4）后踢腿跳类。后踢腿跳类动作是指两腿依次蹬地离开地面，轻快跑跳。包含了后踢腿跑、侧并小跳（小马跳）。

3. 无冲击步伐

无冲击步伐类动作是指两腿始终接触地面的动作。包含了弹动、半蹲、弓步、提踵。

根据动作完成形式的不同，健美操基本步伐还可以分为5类。

（1）交替类。两脚始终做依次交替落地的动作，如踏步、一字步等。

（2）迈步类。迈步类指一条腿先迈出一步，重心移到这条腿上，另一腿用脚跟点地

基本步伐训练

低冲击步伐——踏步类

低冲击步伐——点地类

低冲击步伐——迈步类

基本步伐——双脚起跳类

基本步伐——单脚起跳类

无冲击步伐

或吸腿、屈腿、踢腿等，然后向另一个方向迈步的动作。如并步、交叉步等。

（3）点地类。点地类指一腿屈膝站立，另一腿伸出，用脚尖或脚跟点地后还原到并腿位置的动作。如脚尖点地、脚跟点地。

（4）抬腿类。抬腿类指一腿站立，另一腿抬起的动作。如吸腿、摆腿等。

（5）双腿类。双腿类指双腿站立、身体重心在两腿之间的动作。如开合跳、并步跳等。

竞技健美操保持了传统有氧操的特点，规则规定成套动作必须包括 7 种健美操步伐，分别是吸腿跳、后踢腿跳、开合跳、弓步跳、弹踢腿跳、踏步和高踢腿跳。

三、健美操规定套路

（一）有氧健美操

有氧健美操动作内容见表 6-1-1。

表 6-1-1　有氧健美操动作内容

节	拍	动作内容
准备		两脚并拢自然站立，双手自然下垂
	1~8	原地踏步
一	1~2	右腿向前一字步，冲拳，然后收左腿，手臂收至两侧
	3~4	左腿向后一字步，冲拳，右腿收回，手臂收至两侧
	5~8	迈右腿并步两次，结束双手收回体侧
二	1~4	迈右腿向前 V 字步，双手五指张开依次向斜上方伸出，后交叉于胸前
	5~8	迈右腿向后 A 字步，双手五指张开依次向斜下方伸出，后交叉于胸前
三	1	右腿向侧迈出，双手右侧弯曲，五指张开
	2	左腿跟至右腿后，双腿微屈，双手左侧弯曲，五指张开
	3	右腿向右侧迈出，双手右侧弯曲，五指张开
	4	左腿收回成准备动作
	5	左腿侧伸成弓步，双手五指张开斜拉一次
	6	收回左腿，双手下垂
	7~8	头部经由下、右往上绕动半周
四	1	身体经跳成右腿在前左腿在后的弓步，双手握拳向右弯肘
	2	身体经跳成左腿在前右腿在后的弓步，双手握拳向左弯肘
	3~4	动作同 1~2
	5	双腿弯曲，右手高左手低，双手五指张开向向前推
	6	下肢保持不变，左手高右手低，双手五指张开向向前推

有氧健美操成套动作

续表

节	拍	动作内容
	7	动作同 5
	8	右腿并向左腿，回到准备姿势
五	1~2	开合跳，双臂侧向打开，结束手臂交叉于胸前
	3	开合跳成半蹲，双手撑膝
	4	跳回，右腿向后屈腿准备弹踢
	5~6	右腿向前弹踢，左腿后屈，左手前平举，右手侧平举然后两臂下垂
	7~8	左腿向前弹踢，右手前平举左手侧平举，收回至准备姿势
六	1~4	先迈右腿向前跑三步，然后右腿后屈，双手置于胸前
	5~6	右腿向前大踢，双手向前冲拳，然后收回
	7~8	左腿向侧大踢，双手五指张开两侧打开，然后回到准备姿势
七至十二节		动作同第一至第六节，方向相反

有氧健美操如图 6-1-9 所示。

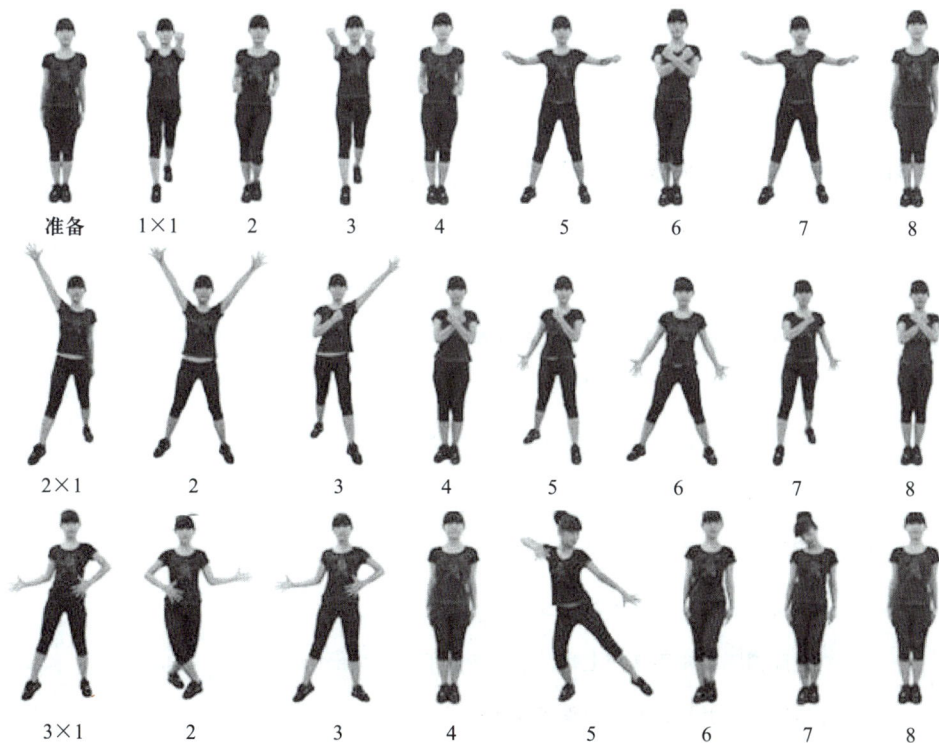

图 6-1-9　有氧健美操动作

（二）舞蹈拉拉操

舞蹈拉拉操动作内容见表 6-1-2。

表 6-1-2　舞蹈拉拉操动作内容

节	拍	动作内容
准备		两脚并拢，右腿向前微屈，双手自然下垂
一	1	双脚跳跃打开，双臂斜上举
	2	双脚收回并拢，身体弯至腹前，双手收至胸前
	3~4	保持不动
	5	双脚跳开，双手侧平举
	6	双脚并拢，双臂前平举并拢
	7	左腿前踢，左手胸前上举，右手胸前下伸，头部向右侧点
	8	双脚收回并拢，双臂前平举并拢
二	1	双脚跳跃打开，双手斜上举
	2	双脚收回并拢屈腿，双手收至头前

续表

节	拍	动作内容
	3	迈右腿右顶髋，右手摆动至右侧后方，左臂屈肘，手摆至头侧
	4	迈左腿左顶髋，左手摆动至左侧后方，右手摆至体侧右后方，头向左看
	&	向左前方向迈右腿，双臂右侧弯曲
	5	继续向前迈左腿，双臂左侧弯曲
	6	收左腿，上体基本保持不动
	7~8	右腿后伸成左弓步，右手从前往后绕环一周至胸前
三	1~4	背朝左后方，并腿向后跳步 4 次，左臂平举，右臂胸前平屈后振
	5~6	背朝右后方，并腿向后跳步 2 次，手臂与 1~4 拍，方向相反
	7~8	向右后方伸左腿，并顺势左转体 360°
四	1~2	背朝左后方，右腿后伸成左弓步，双臂身后下伸，身体向后倾斜
	3~4	右腿向前迈步，左腿屈膝，右臂伸向前斜下方，左臂体后斜上举
	5	左腿向前迈步，身体转向正前方，顶右髋右手摆向体后
	6	顶左髋，左手摆向体后
	7~8	下肢保持不动，双肩向前振肩两次
五	1	双脚跳开，双臂斜上举
	2	双脚收回并拢，上体前屈，双手收至胸前
	3~4	双手由下至上，侧面打开至斜上举
	5	双脚跳开，右手收至体前，左手收至体后
	6	身体向右跳转 90°，右臂侧上举
	7~8	头向左转，左手在体侧由内向外转动两圈
六	1	身体向左跳转 90°，右手收至胸前，左手侧下伸直
	2	左手收至胸前
	3	右手由上绕至体后
	4	左手由上绕至体后
	5	身体向右跳转 90°，双手侧平举
	6	双腿不动，上体直体前倾，双手触地
	7	身体立起，双手头顶合拢，头向左转
	8	左腿并向右腿，然后双腿弯曲向下，向后翘臀

节	拍	动作内容
七	1~4	双腿保持微屈，连续向左侧顶髋 4 次
	5	身体向左跳转 90°，成右腿在前弓步，双臂右侧弯曲
	6	跳跃成左腿在前弓步，双臂左侧弯曲
	7~8	右、左弓步跳跃重复一次，手臂动作相同
八	1	向右迈步顶右髋，同时左臂摆向左侧平举，头向右转
	2	右手经前方摆动至左侧与左手合拢
	3~4	摆动双手经左、前、右三个方向收至胸前
	5	身体转动 180°，右腿向左前方迈步，右臂伸向斜下方，左臂体侧斜上举
	6	左臂由后经上往前绕动至右臂，上体前倾，双手合拢于右脚脚背
	7	身体慢慢立起，双臂随身体移动
	8	身体立直后，重心下降，双腿弯曲，翘臀，双手叉腰

舞蹈拉拉操如图 6-1-10 所示。

准备　　1×1　　2~4　　5　　6　　7　　8

2×1　　2　　3　　4　　&　　5　　6　　7　　8

3×1~4　　5~6　　7　　8

4×1~2　　3~4　　5　　6　　7~8

图 6-1-10　舞蹈拉拉操动作

舞蹈拉拉
操相关链
接

四、健美操比赛规则

（一）竞技健美操比赛规则

1. 比赛项目

竞技健美操比赛项目有单人（女子单人和男子单人）、混合双人、3 人（性别任选）、集体 6 人（性别任选）等。

2. 比赛时间

单人成套动作的时间为 1 分钟 30 秒 ±5 秒，混双、3 人和集体 6 人的成套动作时间为 1 分钟 45 秒 ±5 秒。

3. 比赛场地

比赛赛台：高 80~140 厘米，后面有背景遮挡，背景不得小于 14 米 ×14 米。

竞赛地板和竞赛区：竞赛区应铺设地板，大小为 12 米 ×12 米，并清楚地标出 7 米 ×7 米的单人比赛场地，以及 10 米 ×10 米的混双、3 人和集体 6 人场地。标记带是 5 厘米宽的黑色带，标记带是场地的一部分。

4. 服装要求

外表：运动员外表应当整洁适宜。头发必须固定在头上。参赛运动员必须穿白色的健美操鞋和运动袜，鞋带必须系好。禁止佩戴饰物。

着装：女运动员着一件紧身衣和肉色连裤袜及运动袜，不允许穿上部与躯干分离的

（两件套）服装或上部与躯干仅用绳带连接的服装。男运动员必须穿一件连体衣裤或背心、短裤及合体的内衣。

5. 评分

裁判组由裁判长 1 人、裁判员 13 人（包括艺术裁判 4 人、完成裁判 4 人、难度裁判 2 人、视线裁判 2 人、记时员 1 人）组成。艺术分、完成分和难度分相加为总分，总分减去难度裁判、视线裁判与裁判长减分为最后得分。裁判员评分采取公开亮分的方法，由裁判长发出示分信号，裁判员同时公开亮分，裁判长出示最后得分。

（二）大众健美操比赛规则

1. 比赛项目

风采赛包括男子单人操、女子单人操；组合赛包括混双（1 男 1 女）或 3 人操（性别不限）；集体赛包括徒手操、轻器械操（5~8 人性别不限）。比赛组别由具体赛事的竞赛规程决定。

2. 比赛内容

徒手自编套路：各种符合规则及规程要求的成套动作。

轻器械自编套路：运动员利用个人能力手持移动的器械所创编的符合规则及规程要求的成套动作。

3. 比赛时间

规定动作：成套动作时间按照《全国健美操大众锻炼标准》规定时间执行。

自选动作：成套动作时间为 2 分钟 ~2 分钟 15 秒，计时从动作开始到动作结束。

4. 比赛场地

组合赛和集体赛的健美操比赛地板或地毯大小为 12 米 ×12 米，风采赛为 7 米 ×7 米，赛台高 80~100 厘米，有背景遮挡。标记带为 5 厘米宽的红色或黑色带，标记带为场地的一部分。

5. 评分

设高级裁判组 3 人、裁判长 1 人、艺术裁判 3~5 人、完成裁判 3~5 人，难度裁判 3~5 人、视线裁判 2 人、计时裁判 1 人、辅助裁判若干人。运动员的最后得分为：艺术分、完成分相加为总分，总分减去视线裁判与裁判长减分为最后得分。裁判员评分方法采取公开亮分的方法，由裁判长发出示分信号，裁判员同时公开亮分，裁判长出示最后得分。

第二节 体 育 舞 蹈

一、体育舞蹈概述

体育舞蹈也称"国际标准交谊舞"（简称国标舞），它是融音乐、舞蹈、体态于一体，以男女双人或集体配合为主要运动形式的一项体育休闲运动项目和竞技项目。

（一）体育舞蹈的起源与发展

体育舞蹈的发展经历了原始舞、公众舞、民间舞、宫廷舞、交际舞、新旧国际标准交谊舞等演变过程。1924 年，英国皇家舞蹈教师协会对舞种、舞步、舞姿等进行了规范整理，制定了比赛方法，形成了国际标准交谊舞，在 1925 年正式确定了华尔兹、探戈、狐步、快步 4 种舞蹈步伐，并在欧洲展开了比赛，继而推广到世界各国。1947 年在德国柏林举行了第一届世界标准交谊舞锦标赛。

20 世纪 30 年代国际标准舞传入中国。1987 年，我国举办了第一届全国国际标准舞锦标赛，1991 年，中国体育舞蹈运动协会成立，并依照国际规则，制定了我国第一个《体育舞蹈竞赛规则（草案）》，同年，中国体育舞蹈锦标赛开始举办。体育舞蹈以其丰富的艺术内涵和观赏价值以及特有的锻炼效果，成为我国全民健身休闲运动项目之一。体育舞蹈主要赛事有 UK 公开赛、黑池舞蹈节、中国体育舞蹈公开赛等。

（二）体育舞蹈运动的特点和锻炼价值

1. 体育舞蹈的特点

体育舞蹈是在特定节奏的舞曲引导下，运用舞技展现风格和魅力的一种舞蹈。它具有律动性、规范性、艺术性、娱乐性、健身性等特点。

2. 体育舞蹈的价值

体育舞蹈具有健身价值、观赏价值、教育价值。体育舞蹈对人体运动系统、心血管系统、呼吸系统等都有十分重要的锻炼意义，能提高肌肉力量、韧带柔韧性和关节灵活性；体育舞蹈者挺拔的体态、气度不凡的行为举止，无一不体现出高雅的气质和优雅的风度；在体育舞蹈练习中可以提升人的人文素养和自身仪态，使练习者在以后的社交活动和职业生涯中蓄积发力。

（三）体育舞蹈的分类

体育舞蹈按照风格和技术结构，分为摩登舞和拉丁舞两大类，10 个舞种。

1. 摩登舞

摩登舞又称现代舞，具有端庄、含蓄、稳重、典雅的风格特点。舞步流畅、轻柔洒脱，舞姿优美，音乐节奏清晰，舞蹈富有技巧性，是老少皆宜的舞种。

（1）华尔兹（Waltz）也称圆舞，起源于德国乡间土风舞，是体育舞蹈中历史最悠久，最受人们喜爱的舞蹈，有"舞中之后"的美誉。其动作风格庄重典雅、舒展大方、华丽多姿、飘逸优美。音乐节奏为 3/4 拍，每分钟 30~32 小节，舞步为一拍一步，每小节音乐跳 3 步。

（2）探戈（Tango）起源于非洲中西部的民间舞探戈诺舞，有"舞中之王"的美誉。其动作风格刚劲挺拔、热烈狂放变化无穷，沉稳中见激越，奔放中显顿挫。音乐节奏为 4/4 拍，每分钟 28~34 小节。

（3）狐步（Slow Foxtrot）起源于美国，其动作风格流动感强、舒展流畅、平稳大方、悠闲从容。音乐节奏为 4/4 拍，每分钟 28~36 小节。

（4）快步（Quick Step）由美国民间舞演变而来。其动作风格轻快活泼，富有激情、洒脱自由、奔放灵活、快速多变。音乐节奏为 4/4 拍，每分钟 50~52 小节，基本节是慢慢快快（SSQQ），慢快快慢（SQQS）。

（5）维也纳华尔兹（Viennese Waltz）起源于奥地利地区的农民舞蹈。其动作风格流畅华丽、轻松明快、活泼奔放，其音乐称为圆舞曲，音乐节奏为 3/4 拍，每分钟

56~60 小节。

2. 拉丁舞

拉丁舞起源于非洲和拉丁美洲地区，具有热情、奔放、浪漫的风格特点。舞蹈动作充满激情，手势和脚步内容丰富，节奏鲜明强烈，尤受中青年人所喜爱。

（1）伦巴（Ruba）起源于古巴。其动作风格浪漫奔放、性感热情、曼妙婀娜，音乐节奏为 4/4 拍，每分钟 27~29 小节，舞步从第 4 拍起跳，由一个慢步和两个快步组成。

（2）恰恰恰（Cha-Cha-Cha）起源于古巴。其动作风格风趣诙谐、热烈俏美，步伐利落紧凑、充满活力，音乐节奏为 4/4 拍，4 拍跳 5 步（2、3、4&1），每分钟 32~34 小节。

（3）桑巴（Samba）被称为巴西的国舞。其动作风格狂放不羁、节奏强烈，给人以轻松欢快的感觉。桑巴舞沿舞程线方向绕场移动，是一种行进性舞蹈，音乐节奏为 2/4 拍或 4/4 拍，每分钟 48~56 小节。

（4）斗牛舞（Psao Doble）起源于西班牙。其动作风格澎湃激昂、雄壮强悍、动静鲜明、敏捷顿挫，音乐节奏为 2/4 拍，每分钟 60~62 小节。

（5）牛仔舞（Jive）又称为捷舞，起源于美国西部。其动作风格快速粗犷，自由奔放、热情欢快，音乐节奏为 4/4 拍，每分钟 40~46 小节。

二、体育舞蹈基本技术

（一）体育舞蹈基本知识

1. 舞程线

为避免发生互相碰撞，规定舞者必须绕舞池中心以逆时针方向行进，这个行程线路被称为舞程线。如图，长的两条为 A 线，短的两条为 B 线（图 6-2-1）。

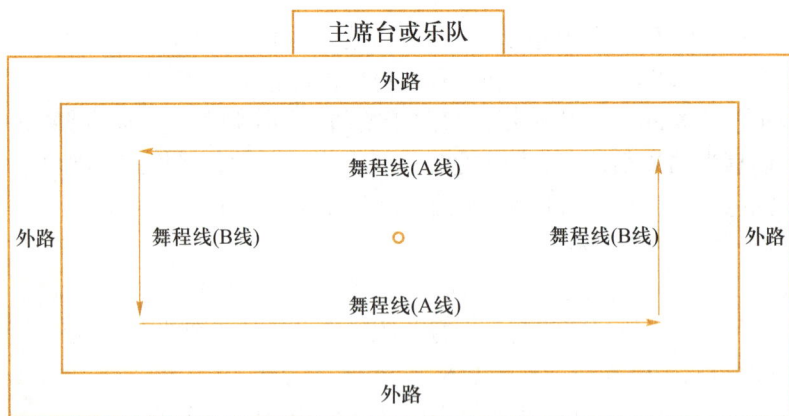

图 6-2-1　舞程线

2. 方位

以舞场正前方为基点，定为"1 点"方向，每顺时针移动 45° 则变动一个方位，依次类推，分别为 2~8 点方向（图 6-2-2）。

图 6-2-2　方位

3. 角度

在舞蹈过程中，舞者旋转的方向有左转和右转，旋转的角度一般分为 45°、90°、135°、180°、225°、270°、315°、360°（图 6-2-3）。

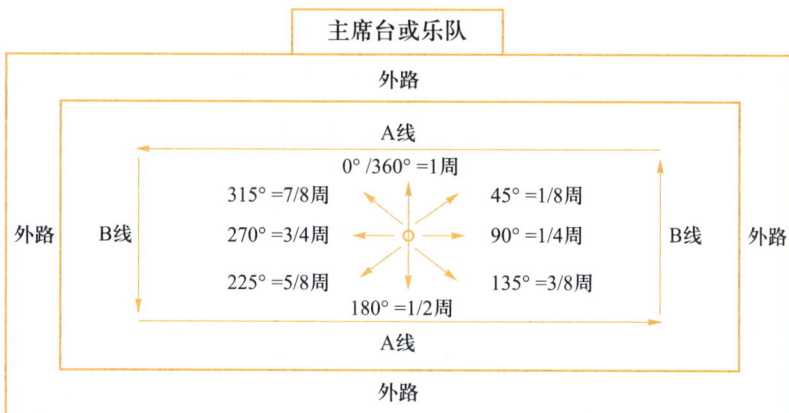

图 6-2-3　角度

（二）体育舞蹈基本姿势

1. 站立姿态

男女舞者双足并拢，脚尖正对前方，相对平衡而立，双方将自己的右脚尖对准对方的双脚中线，间距 15 厘米，女士偏向男士左侧 1/3 处，做到肩平、背直、腰挺、膝松弛，女士上体略后倾。

2. 握持姿势

（1）闭式姿势。两人身距 15 厘米左右，女士稍稍偏向男士右侧，重心可在任意一只脚上。男士右手五指并拢置于女士背后左肩胛骨下缘，手臂呈柔和曲线，肘部置于胸的水平位置；左手上半部手臂抬起，手腕伸直，大约在鼻部高度。女士左手虎口打开，搭在男士右上臂三角肌中束；右臂上举，屈肘，小臂与大臂呈 90° 角，手心朝前，虎口打开，四指并拢，置于男士左手大拇指和食指中间，扣手握持（图 6-2-4）。

图 6-2-4   闭式姿势

（2）开式姿势。开式姿势是舞伴双方采取的单手握持姿势：男女舞者面对站立，两人间距约为两人小臂的长度之和，双方大臂自然下垂，小臂在腰前伸出，屈肘；相握手可以是男士左手握女士右手、男士右手握女士左手、男士左手握女士左手、男士右手握女士右手；重心可在任意一脚上，握的那只手向前握住，微微缩回，在胸骨以下的水平位置男士一只手向内侧微微缩回，从肩部起呈一条柔和的曲线。

（三）基本舞种

1. 华尔兹舞

华尔兹舞是交谊舞中历史最悠久、流传最广泛的舞种，由奥地利的土风舞改良、演变而成。现在的华尔兹舞与土风舞已大不相同，只保留了原有的节拍。华尔兹舞以其舞曲旋律优美、抒情，舞步自由流畅、起伏性强，舞姿华丽高雅等特点，享有"舞中之后"的美称。华尔兹属于旋转型舞，其音乐是 3/4 拍，每分钟 28～30 小节，没有快慢步之分，一般每小节 3 步，第一拍重，第二拍弱，第三拍最弱。华尔兹舞的基本舞步有左脚并换步、右转步、右脚并换步、左转步、扫步、侧行追步、退锁步、电纹步、犹豫换步等。

准备姿势：闭式舞姿。

（1）方形步（表 6-2-1、图 6-2-5）

表 6-2-1   方 形 步

步序	男士	女士
1	左脚向前迈一步	右脚向后退一步
2	右脚向右旁迈一步	左脚向左旁迈一步
3	左脚向右脚并拢	右脚向左脚并拢
4	右脚向后退一步	左脚向前迈一步
5	左脚向左旁迈一步	右脚向右旁迈一步
6	右脚向左脚并拢	左脚向右脚并拢

华尔兹舞
初级套路

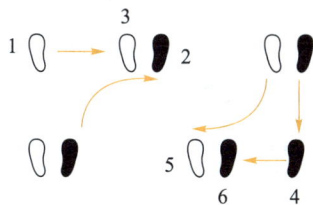

图 6-2-5 男士方形步

（2）左右边步（表 6-2-2、图 6-2-6）

表 6-2-2 左右边步

步序	男士	女士
1	右脚向左前 45° 前进	左脚向右后 45° 后退
2	左脚前进，向右转 90°	右脚后退，向右转 90°
3	右脚并于左脚	左脚并于右脚
4	左脚向右前 45° 前进	右脚向左后 45° 后退
5	右脚前进，向左转 90°	左脚后退，向左转 90°
6	左脚并于右脚	右脚并于左脚

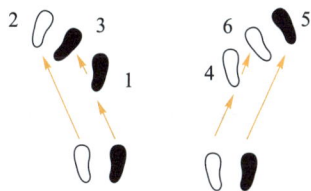

图 6-2-6 男士左右边步

（3）右交叉位 180° 转体（表 6-2-3、图 6-2-7）

表 6-2-3 右交叉位 180° 转体

步序	男士	女士
1	右脚向左前 90° 进一步	左脚向右后 90° 退一步
2	左脚绕右脚转 180°	右脚向后绕过左脚转 180°
3	右脚转 90° 与左脚并步	左脚转 90° 与右脚并步

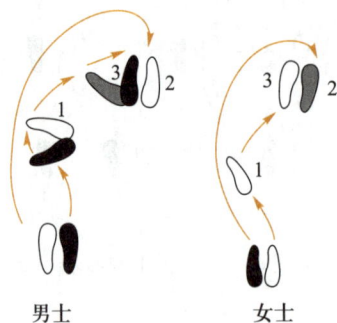

图 6-2-7　右交叉位转体

2. 恰恰恰舞

恰恰恰舞是拉丁舞项目之一，节奏为 4/4 拍，每分钟 30~32 小节。每小节 4 拍，强拍落在第一拍。4 拍走 5 步，包括 2 个慢步和 3 个快步。第一步踏在第二拍，时间值占一拍；第二步占一拍；第三、四两步各占半拍；第五步占一拍，踏在舞曲的第一拍上。胯部每小节向两侧摆动 6 次。舞曲热情奔放，舞步花哨利落，步频较快，诙谐风趣。此舞源于非洲，后传入拉丁美洲，在古巴得到发展。

准备姿势：开式无相握姿态。

（1）左、右并合步（表 6-2-4、图 6-2-8）

并合步分为向左并合步（左右左）和向右并合步（右左右）两种，它是最能表现恰恰恰舞的节奏及舞步特点的舞步（3~5步），这 3 步节拍为 QQS，又称恰恰恰。男女舞伴可做同一方向的动作练习。

表 6-2-4　左、右并合步

步序	节拍	男士	女士
1	1/2	左脚打横，左膝弯曲，臀部开始向左运动	右脚打横，右膝弯曲，臀部开始向右运动
2	1/2	右脚并向左脚，双膝弯曲，臀部在中线	左脚并向右脚，双膝弯曲，臀部在中线
3	1	左脚打横，双膝伸直，臀部向左	右脚打横，双膝伸直，臀部向右

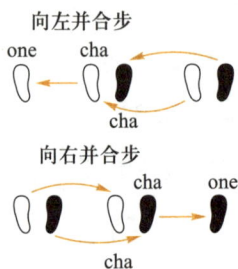

图 6-2-8　左、右并合步

（2）左右追步（表6-2-5、图6-2-9）

在恰恰恰舞中向前进方向产生的切克步叫作前进切克步，做切克步时，脚要走到身体的前面，固定腿的膝盖可以弯曲并靠近运动腿的膝窝。左右追步主要由切克步和左右并合步组成。

表6-2-5 左右追步

步序	节拍	男士	女士
1	1	左脚向前做切克步	右脚向后退一步
2	1	右脚原地并转移重心	左脚原地并转移重心
3	1/2	左脚打横膝部弯曲，向左侧运动	右脚打横膝部弯曲，向右侧运动
4	1/2	右脚并向左脚，双膝弯曲，臀部在中线	左脚并向右脚，双膝弯曲，臀部在中线
5	1	左脚打横，双膝伸直，臀部向左	右脚打横，双膝伸直，臀部向右
6	1	右脚向后退一步	左脚向前做切克步
7	1	左脚原地并转移重心	右脚原地并转移重心
8	1/2	右脚打横膝部弯曲，向右侧运动	左脚打横膝部弯曲，向左侧运动
9	1/2	左脚并向左脚，双膝弯曲，臀部在中线	右脚并向左脚，双膝弯曲，臀部在中线
10	1	右脚打横，双膝伸直，臀部向右	左脚打横，双膝伸直，臀部向左

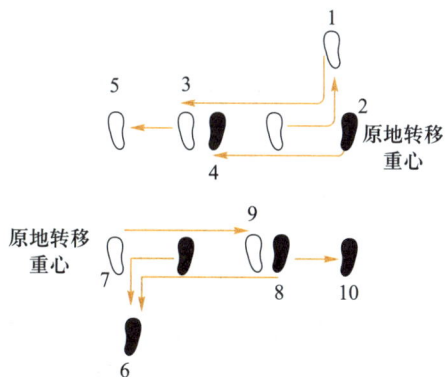

图6-2-9 男士左右追步

（3）前进（后退）锁步（表6-2-6、图6-2-10）

在拉丁舞中，一条腿交叉在另一条腿前或后所形成的姿态，叫拉丁交叉步。前进（后退）锁步主要由切克步和拉丁交叉步组成。上述三个练习可组合起来练习。

表 6-2-6　前进（后退）锁步

步序	节拍	男士	女士
1	1	左脚向前做切克步	右脚向后退一步
2	1	右脚原地并转移重心	左脚原地并转移重心
3	1/2	右脚向后	左脚向前
4	1/2	右脚交叉在左脚前面	左脚交叉在右脚后面
5	1	左脚向后	右脚向前
6	1	右脚向后退一步	左脚向前做切克步
7	1	左脚原地并转移重心	右脚原地并转移重心
8	1/2	右脚向前	左脚向后
9	1/2	左脚交叉在右脚后面	右脚交叉在左脚前面
10	1	右脚向前	左脚向后

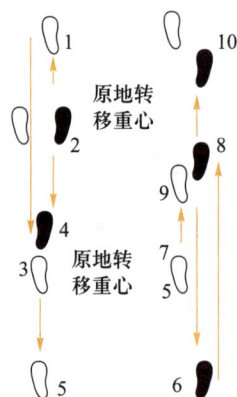

图 6-2-10　男士前进（后退）锁步

三、体育舞蹈竞赛规则、裁判法

（一）体育舞蹈竞赛规则

1. 比赛项目

比赛一般设项单人、双人、六人、团体舞等组。主要分设有职业组、业余组、专业院校组三大组别。

2. 比赛场地

赛场的地面应平整、光滑。比赛场地长 23 米，宽 15 米。桑巴舞、斗牛舞按逆时针方向运行，交换舞程线时应过中心线。

3. 比赛服装和仪容

16 岁以上组不受服装、规定动作限制。除 16 岁以上组别以外，按中国体育舞蹈联合会少儿比赛规定准备服装、动作。

4. 比赛音乐

除团体舞外，其余比赛音乐由大会统一安排。

5. 评分标准

根据选手的基本技术（脚步动作、姿态、手臂稳定和移动）、对音乐的表现、对舞蹈风格的表现、编排、临场表现、现场效果等方面来评分。

（二）体育舞蹈裁判法

体育舞蹈比赛设裁判长 1 人，副裁判长 2~4 人，裁判员若干，上场裁判 7~11 人（必须是单数）。裁判工作自选手进入比赛位置时开始，当音乐停止时方告结束。在整个舞蹈表演过程中，裁判必须不断地给选手打分，并在必要时修正分数，但不得在舞蹈结束后修改分数。

1. 评判内容

比赛中评判内容为：时值和基本节奏、身体线条、整体动作、节奏表现力、步法技巧。

2. 裁判方法

国际体育舞蹈联合会比赛的初赛、复赛、半决赛均采用淘汰法，决赛采用顺位法。具体的裁判方法为：从下往上看，先看脚下基本节奏、再看身体整体效果、最后看面部表情。

第三节　街　舞

一、街舞概述

街舞是一种街头表演舞蹈，它是以身体动作为基本内容，配合街舞风格的音乐，单人或集体配合完成表演的一种运动，是既有娱乐健身作用，又带有表演性的体育活动。

（一）街舞的起源及发展

街舞起源于美国，是基于不同的街头文化或音乐风格而产生的多个不同种类的舞蹈的统称，街舞类型包含 Poping、Locking、Electeic、Turbo、House 等多种风格的街舞。

中国青少年最开始接触的街舞，源于 20 世纪 80 年代的美国电影《霹雳舞》，街舞进入中国后，随着中国青少年独特的理解，他们追寻街舞的本源是街头自由的表达，中国青少年用自己独特的表达和表演方式来实践街舞，全国各地青少年开始大量模仿，掀起了一股学习街舞的浪潮。随着全民健身活动的开展，街舞作为健身运动也进入了各大城市的健身中心。并在各个艺术院校中广为传播。

当今较为流行的 hip-hop 舞蹈包含着锁舞、机械舞、地板舞、电流等，中国舞者结合中国功夫等，将街舞发展成为一种强调身体律动的舞步，既满足了人们的健身需求，也受到了广大群众的喜爱。街舞重要赛事有 World of Dance（简称"WOD"）世界舞蹈大赛、Keep On Dancing（简称"KOD"）、RED BULL BC ONE 红牛街舞大赛（简称"BC ONE"）等。

（二）街舞的价值

1. 街舞的观赏价值

随着街舞学习者越来越多，各项街舞赛事进入大众视野，它带给大众的视觉、听觉冲击较强，奔放的舞姿和豪放的表达，使人们更能直接表达情感，沉浸在街舞的浪潮中，愉悦身心。

2. 街舞的锻炼价值

街舞运动随着音乐节奏的展开，身体各部位能够全面参与，满足视觉和听觉感官系统的需求；在运动过程中多关节参与，能够很好地活动小肌肉群，也能够很好地发展练习者的协调性和灵敏性；街舞运动能很好地宣泄舞者的情绪，升华自我的表达。

3. 街舞的社会价值

随着社会进步和经济的发展，街舞作为一项新潮的体育运动对社会的影响力不断加大，成为社会关注的热点。各式各样的街舞比赛，综艺节目和培训机构应运而生，促进社会经济发展。街舞的社会价值越来越被人们所认识，不仅丰富了人们的生活，还强调了练习者内心的自我感悟，激发了参与的自觉性和主动性，提高了练习者精神上的满足感和幸福感。

二、街舞的基本技术

街舞的技术练习包括基本动作和基本律动两个部分，即头、颈、躯干、上肢、下肢等技术动作，同时也包含上半身、下半身、上下肢结合的律动，都属于街舞的技术练习范围。

（一）基本动作

1. 地板

地板指单手支撑地板的技术动作，以一只手支撑在地板上承受身体全部重量，同时保持身体平衡。或以其他支撑点着地支撑，同时保持身体平衡。

2. 点地

前脚尖或脚后跟做点地动作，练习前点地、后点地、侧点地等，在练习点地的同时注意动作的结合要有弹性。

3. 拧动

拧动是指前脚掌与脚跟的转动动作（图 6-3-1）。

4. 滑步

图 6-3-1　拧动

左脚提踵，身体重心落在前脚掌上，在左脚压脚跟后右脚伸直向后滑行一足之距，接着脚尖离地后，屈腿向前移行至原位，右脚提踵，同时右脚压脚跟，接着完成右脚为支撑脚、左脚向后滑行。

5. 顶髋

顶髋动作，使髋向前或向后进行顶髋。同时也可向左侧或右侧完成髋关节的动作（图 6-3-2）。

街舞初级组合

图 6-3-2 顶髋

6. 甩手

以肩为轴进行甩手练习，同时肘关节、手腕协调一致配合练习。这一技术动作多用于锁舞，动作要求干净利落。

7. 弹腿

腿部前弹动作，以右脚为例，大腿带动小腿，提膝绷脚，快放快收，富有弹性。

8. 膝旋

所有的重量都转移到在碰到地板的那一只膝盖上。另一只脚则伸起在高处。旋转的要诀就是利用双手去推。速度的增加是通过一连串动作做完后在后面的脚拉向自己的身体时产生的速度。

9. 背旋

身体所有的重量平衡在背的上半部，脚缩起来尽量靠近身体。旋转的要诀就是双脚在空中做圆形的运动。

10. 头转

头部着地，身体重心在头部，要用手和脚去使身体开始旋转，同时保持身体平衡。

11. 手转

身体全部重量从一只手上移转到另一只手，两只手依次撑地完成旋转。

12. 托马斯

固定双腿后，用臀部一边画圆一边转动。迅速地交替双手的同时把身体和腿旋在空中，把右腿向后上方踢出的同时，用左腿维持身体的重心。

13. 团身

双腿并拢，双手环抱住膝盖，身体重心降低。

14. 回旋

双脚在身前形成 V 字形。然后手撑在双脚间，接下来用手撑起身体，然后转圈。

15. 定格

根据舞蹈技术动作来完成短时间的定格动作保持不动，多出现在舞蹈结束后的最后一个技术动作。

（二）基本律动

街舞律动的产生源于音乐的节奏，同时，街舞律动可以说是规范化、形体化、艺术化的音乐节奏，律动让自由、散乱的动作变得有节奏和规律。因此，律动练习在街舞学习中尤为重要。

1. 控制力

街舞律动主要随着音乐节奏来进行肢体的展示，表现在肌肉的控制力方面，为了更好地体现街舞奔放地表达。应根据音乐节奏来收、放肢体。

2. 关节

街舞运动随着音乐节奏来展现关节的屈、伸、旋转。

3. 重心的移动

街舞动作的重心移动通常通过动作方向来控制。根据动作前、后、左、右的变换来保持重心，使得动作表现流畅和连贯。

4. 弹性

街舞动作的弹性主要体现在膝关节、踝关节上。

5. 速度切换

在街舞动作练习中，根据音乐节奏来体现动作速度的快和慢。

（三）街舞基本移动步法

（1）滑步：两脚在地面上好像滑冰一样滑动的动作。

（2）走步：脚步向前、后、左、右移动的动作。

（3）移动柔软步：在移动过程中，由脚尖过渡到全脚掌着地，身体重心随之移动，接着换另一只脚做，两脚交替进行。

三、街舞的创编与竞赛规则

（一）街舞的创编

（1）街舞创编需选择适合的音乐，音乐的选择与剪辑需要符合主题。街舞成套动作和音乐节奏的一致性，动作完成度和音乐节奏的匹配度都是街舞编排中的重要环节。

（2）动作的设计合理，动作具有连贯性、协调性，在编排的过程中可以借鉴生活中一些劳动方式、生活习惯、任务特征等进行舞蹈的融合，街舞编排中需思考动作表达的含义。

（3）街舞创编过程中需注重创编者的水平，从实际出发，了解街舞运动者的基本素质，同时也需要了解比赛性质，在创编完成后可多次实践、调整，确定套路。

（二）街舞比赛规则

1. 团体赛事规则

团体赛以舞蹈的编排与创意，舞蹈的整齐度，动作的表现力和完成动作质量的情况，以及参赛服装与形象的搭配，音乐的选择和质量等作为评分标准。具体评分细则根据比赛性质而定。

2. 个人赛事规则

个人赛以舞蹈的难度与创新，完成动作质量的情况，动作的完整与连贯性，音乐的选择和搭配，现场表现力，服饰搭配等作为评分标准。具体评分细则根据比赛性质而定。

第四节　瑜　伽

瑜伽是一项有着悠久历史的关于身体和精神的练习，集哲学、科学和艺术于一身。

一、瑜伽运动概述

（一）瑜伽运动的起源与发展

瑜伽是梵语"yoga"的音译，本意是"结合"，中文译作"相应"，表达的是能修之心与所修之法相应。其表示的五种相应关系为：身与身、身与心、心与境、自我与真我、人与天。瑜伽起源于古印度的修身养性体系，它通过道德修养、呼吸控制、体位练习、静坐冥想等一系列的方法，改善身心状态，开发智慧潜能，解悟人生真理，直至获得超然的人格和能力。

健身瑜伽以促进身心健康为目的，通过身体体位训练、气息和心理调节等手段，改善体质、增强身体活力、延缓机体衰老，是体育养生的重要组成部分。健身瑜伽基本涵盖了瑜伽的全部内容，包括调息、调身、调心在内，是瑜伽中国化、本土化的产物。

（二）瑜伽运动的特点与价值

1. 瑜伽的特点

瑜伽作为一种集修身与养心于一体的修炼方法，它既不同于体操、舞蹈和杂技，也不同于一般的有氧运动。它是一项动作舒缓、强度可自行调控、动静结合的运动，有动作与呼吸紧密结合、身心合一、精神专注、注重感受、顺应自然的技术特性。

瑜伽练习倡导科学、安全、可控。要求动作步骤分明，体位动作配上正确的呼吸和冥想进行，任何姿势都能控制在自己身体所能承受的范围内，不超出自身的极限，没有强迫性，避免对身体造成伤害。

瑜伽除了呼吸、体位和冥想之外，还很注重饮食，它将食物分为悦性，惰性和变性食物。瑜伽提倡悦性饮食，尽量吃清淡、有营养和天然的食物，避免吃一些有刺激性、味道重的食物，倡导自然健康的生活方式。

2. 瑜伽的价值

瑜伽是一种健身减压的运动形式，促进人们身体健康和心理健康，是一个帮助人们充分发挥和挖掘身体潜能的体系。

（1）瑜伽的健身价值。瑜伽的健身价值体现在身和心两方面的收获。其生理健康价值表现在有效调节神经系统、内分泌系统等各大系统，进而改善身体健康状况。心理健康价值体现在使个体处在心理维度的最佳功能状态或完善状态。实践证明，长期坚持瑜伽习练对于人的身体、心理健康具有明显的促进作用，尤其是困惑、疲劳、焦虑、抑郁和气愤等不良情绪状态能得到显著改善。

（2）瑜伽的文化教育价值。现代瑜伽健身文化强调以人为本、注重健康、规范道德、提升品格。尤其对人们的思维方式、价值观念、行为规范、情感欲求、知识能力结构、人格结构培养等方面产生了积极影响。瑜伽的教育价值主要体现在以下几个方面：有益于提高人的专注力，有益于树立正确的人生观价值观，有益于培养顽强的意志品质，有益于增强自信心和奋发向上的精神。

（3）瑜伽的美学价值。瑜伽作为一种独特的社会文化现象，其自身所蕴含的美学价值是毋庸置疑的。无论是瑜伽表演者还是欣赏者，均可认识到人体之美，意境之美。这项运动具有生动的艺术感染力，使人们顿生喜悦、愉快之情，它将人们的审美情趣带入更崇高的境界。

二、瑜伽呼吸

练习者在进行瑜伽呼吸时，应以最放松的方式用鼻呼吸。保持呼吸平稳而缓慢，向内集中注意力，聆听呼吸时发出的声音。常用的瑜伽呼吸方法有胸式呼吸法、腹式呼吸法、完全呼吸法和喉呼吸法四种。

（1）胸式呼吸法。胸式呼吸法是通过肋间肌的收缩或舒张，使肋骨提升或下移，胸部亦随之扩张或复原的一种调养呼吸的方法（图 6-4-1）。

正面   侧面

图 6-4-1   胸式呼吸法

在情绪不稳定的时候，多做几组深而长的胸式呼吸，可以使心态逐渐平和稳定下来。

（2）腹式呼吸法。腹式呼吸法是通过膈肌的收缩或舒张，使腹腔器官随之下移或提升，腹部亦随之鼓起或复原的呼吸方法（图 6-4-2）。

（3）完全呼吸法。完全呼吸法是将胸式呼吸和腹式呼吸结合在一起完成的一种呼吸方法（图 6-4-3）。

图 6-4-2   腹式呼吸法   图 6-4-3   完全呼吸法

（4）喉呼吸法。喉呼吸法有胜利、成功、征服的意思，可引申为从束缚中获得自由。在练习这种呼吸法时，呼吸动作得到控制，肺部充分扩张，胸部高高挺起，练习者看上去雄赳赳气昂昂，像是一名胜利者或征服者。喉式呼吸，其实是通过两个鼻孔来呼

吸，只不过做起来感觉是在用喉呼吸。

三、瑜伽体位

瑜伽体位法又称体式、调身法、姿势功法，下面这些动作，都是现代哈他瑜伽里最常教授的实用性姿势。

1. 祈祷式

（1）祈祷式的做法。

① 山式站立：（图6-4-4①）。

② 吸气：双手由体侧抬起至胸前合十。拇指对准胸口，目视前方或闭上双眼，深呼吸调整（图6-4-4②）。

③ 呼气：双手打开经体侧放下，回复至山式站立。

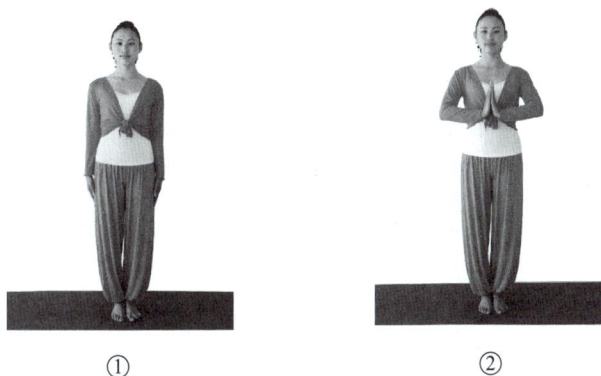

①　　　　　　②

图6-4-4　祈祷式

（2）祈祷式的健身效果及注意事项。

健身效果：帮助集中注意力，汇聚身体能量，以更好地进入瑜伽锻炼状态。

注意事项：平衡能力稍差的练习者，可选择两脚与肩同宽进行练习以降低练习难度；闭上眼睛练习，有助于精神内敛。

2. 站立后弯式

（1）站立后弯式的做法。

① 山式站立：（图6-4-5①）。

② 吸气：双臂经前向上举过头顶，大臂尽量贴耳，掌心相对（图6-4-5②）。

③ 呼气：向前推动髋关节，臀部肌肉收紧，脊柱缓慢向后弯曲，颈部适度舒展（图6-4-5③）。

④ 吸气：腰部发力，上体逐渐回复到正中。

⑤ 呼气：双手经体前收回，身体回复到山式站立，全身放松。

祈祷式

站立后弯式

①   ②   ③

图 6-4-5 站立后弯式

（2）站立后弯式的健身效果及注意事项。

健身效果：矫正驼背；伸展脊背和手臂，达到舒筋活络的放松效果。

注意事项：尽量调整好呼吸与体式配合的过程，动作舒缓，臀部肌肉用力；收紧大腿和臀部肌肉。

3. 上体前屈式

（1）上体前屈式的做法。

① 山式站立：（图 6-4-6 ①）。

② 吸气：双臂经前向上举过头顶，大臂贴耳，全身伸展，目视前方（图 6-4-6 ②）。

③ 呼气：尾骨向后运动，上体前屈，直至双手抱住双脚脚踝，并用前额触两膝以下部位，保持此姿势并做 2 次以上深呼吸（图 6-4-6 ③）。

④ 吸气：双臂向前伸直，大臂夹耳、抬头引领脊柱回复到步骤②。

⑤ 呼气：双手慢慢由前回落到体侧，回复到山式站立。

上体前屈式

①   ②   ③

图 6-4-6 上体前屈式

（2）上体前屈式的健身效果及注意事项。

健身效果：有助于消除腰背部疲劳，预防胃部或腹部疾病，减少腹部多余的脂肪；促进血液循环，缓解头痛及头部缺氧；促进消化，消除便秘。

注意事项：尽量蹬直双腿，柔韧性差的人可屈膝进行；调整好呼吸与体式过程的配合，动作舒缓；患有血压异常、心脏病的人，不要尝试此练习。

4. 骑马式

（1）骑马式的做法。

① 山式站立：位于垫子前端（图6-4-7①）。

② 吸气：向上展臂（图6-4-7②）。

③ 呼气：上体前屈，双手置于双脚两侧；屈膝，左腿后撤，膝盖、脚背着垫（图6-4-7③④）。

④ 吸气：梳理脊背向上，挺胸，延展颈部，头顶向上顶，双手指尖触垫，目视前方（图6-4-7⑤⑥）。保持此姿势并做2次以上深呼吸。

⑤ 呼气：俯身向下；向前收回左腿。

⑥ 换异侧腿进行练习。

骑马式

①　　　　　　　　②　　　　　　　　③

④　　　　　　　　⑤　　　　　　　　⑥

图6-4-7　骑马式

（2）骑马式的健身效果及注意事项。

健身效果：加强膝关节、髋关节灵活性；增加手腕关节、肩关节的支撑力量。

注意事项：前支撑腿膝盖不应超过脚尖，后支撑腿尽量伸展，重心在双腿之间。

5. 舞王式

（1）舞王式的做法。

① 山式站立：双腿并拢（图6-4-8①）。

② 重心逐渐转移到左腿：向后弯曲右腿，右手从后抓住右脚脚踝（图6-4-8②）。

③ 吸气：左手臂由前向上抬起，大臂贴耳，掌心朝内，向上舒展身体（图6-4-8③）。

④ 呼气：打开折叠腿，右腿向后向上充分抬起至最高点，左手臂放低与地面平行，尽量保持身体水平（图6-4-8④）。保持此姿势并做2次以上深呼吸。

⑤ 吸气：身体回复至正中。

⑥ 呼气：手臂放回体侧，身体回复至山式站立。

⑦ 换异侧腿进行练习。

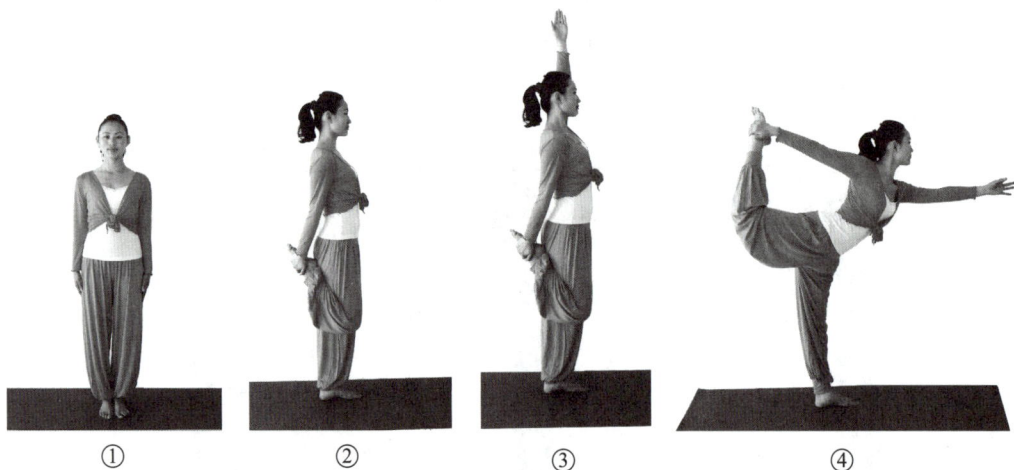

① ② ③ ④

图6-4-8　舞王式

（2）舞王式的健身效果及注意事项。

健身效果：可以提升平衡能力；有效舒展内脏器官，促进肠蠕动，有助于消化。

注意事项：保持平衡的时间要尽量长，两侧练习时间要大致相当；保持呼吸节奏，动作缓慢，初学者应逐渐降低伸展手臂的高度。

6. 猫弓背式

（1）猫弓背式的做法。

① 以霹雳坐姿势坐于垫子后端（图6-4-9①）。

② 抬起臀部，俯身向前，双手平放在身体前的垫子上，两手臂和两大腿与地面垂直呈四肢着地状（图6-4-9②）。

③ 吸气：尾骨上翘、塌腰、抬头、扬下巴，腹部放松（图6-4-9③）。

④ 呼气：收尾骨，弓腰弓背，低头放松颈椎，尽量目视耻骨的方向，将体内废气呼出（图6-4-9④）。

⑤ 身体逐步向后推，回复至霹雳坐。

舞王式

猫弓背式

图 6-4-9　猫弓背式

（2）猫弓背式的健身效果及注意事项。

健身效果：美化颈部及脊背部线条；有效放松脊神经，疏通气血；愉悦身心，有效缓解压力。

注意事项：配合深缓呼吸重复练习步骤③和④，动作不要太快，也不要用猛力将颈部前后晃动或把臀部移动向后；整个动作过程中保持双腿和双臂与地面垂直。

7. 顶峰式

（1）顶峰式的做法。

① 俯卧垫上：双腿分开与肩同宽，两肘弯曲，双手平放于双肩下，指尖朝前（图 6-4-10 ①）。

② 吸气：身体从地面上撑起，臀部继续向上抬，手臂推直与脊柱成一直线，头颈部适度放松、舒展，目视脚趾的方向。背部伸展，腿部绷直，膝盖不要弯曲，脚后跟尽量下压，身体成三角形（图 6-4-10 ②③）。

③ 保持这个体式并做 5 次深长呼吸。

④ 呼气时，身体回复到①。

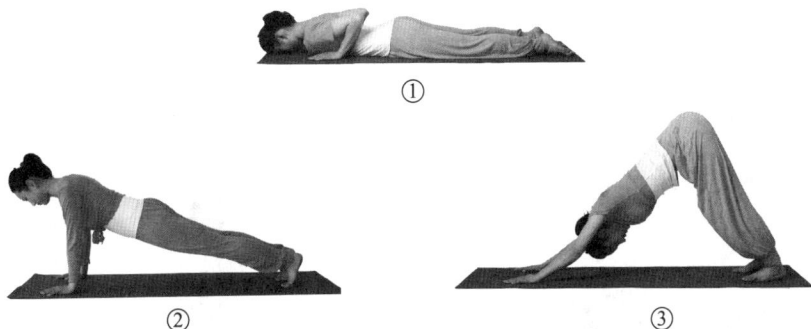

图 6-4-10　顶峰式

（2）顶峰式的健身效果及注意事项。

健身效果：缓解压力和轻度的情绪低落；缓解脚后跟的僵硬和疼痛；迅速缓解疲劳，缓解因压力过大或头部缺血引起的头疼头晕症。

注意事项：初学者可以将双手放在椅子上或者扶住桌子边沿进行练习，也可借助其他辅助器材进行练习。高血压或头痛患者慎做此式。

四、瑜伽体位经典组合：朝日礼拜

朝日礼拜

① 祈祷式—② 站立后弯式—③ 上体前屈式—④ 骑马式—⑤ 顶峰式—⑥ 八体投地式—⑦ 眼镜蛇攻击式—⑧ 顶峰式—⑨ 骑马式—⑩ 上体前屈式—⑪ 站立后弯式—⑫ 祈祷式

① 祈祷式（图 6-4-11）　　　　　② 站立后弯式（图 6-4-12）

③ 上体前屈式（图 6-4-13）

图 6-4-11　祈祷式　　　　　图 6-4-12　站立后弯式　　　　　图 6-4-13　上体前屈式

④ 骑马式（图 6-4-14）　　　　　⑤ 顶峰式（图 6-4-15）

图 6-4-14　骑马式　　　　　　　　图 6-4-15　顶峰式

⑥ 八体投地式（图 6-4-16）　　　　⑦ 眼镜蛇攻击式（图 6-4-17）

图 6-4-16　八体投地式　　　　　　图 6-4-17　眼镜蛇攻击式

⑧ 顶峰式（图 6-4-18）　　　⑨ 骑马式（图 6-4-19）

图 6-4-18　顶峰式　　　　　　　图 6-4-19　骑马式

⑩ 上体前屈式（图 6-4-20）　　⑪ 站立后弯式（图 6-4-21）
⑫ 祈祷式（图 6-4-22）

图 6-4-20　上体前屈式　　　图 6-4-21　站立后弯式　　　图 6-4-22　祈祷式

朝日礼拜组合对身体的内分泌、循环、呼吸、消化系统等都有很大影响，并有助于它们相互平衡。在做朝日礼拜组合动作时，身体主要的肌肉可以得到锻炼，它尤其适合久坐的人和平时不常锻炼的人练习。

思 考 题

1. 健美操运动的概念是什么？它有哪些特点？
2. 体育舞蹈有哪些基本舞种？
3. 简述街舞的特点与价值。
4. 简述瑜伽经典组合"朝日礼拜"的具体做法。

第七章　格斗类运动

【章前导言】

　　格斗类运动是指以格斗为主要形式的搏击对抗体育运动，主要有拳击、散打、泰拳、巴西柔术、跆拳道等项目。不同的项目在动作技法、比赛规则上都有区别。例如，拳击、散打、泰拳，这些项目都有不同的特点，但又都有相似性。格斗作为大众健身项目，最典型的特点是这个项目对身体素质发展的促进是非常全面的，它要求速度、力量、敏捷、协调、爆发力等诸多素质，同时因为项目的对抗性，它还要求具有相当强的心理素质。学生通过本项目的学习与实践，初步掌握参加格斗类运动的技术，并在面对突发事件时具备一定的自我保护能力。

【学习目标】

1. 了解跆拳道、散打的起源与发展、锻炼价值和竞赛规则等知识。
2. 掌握跆拳道、散打的基本技术动作。
3. 学会欣赏跆拳道、散打比赛。

中国跆拳道队，期待续写不止一段佳话

从跆拳道在 2000 年成为奥运会正式比赛项目开始，中国队在每届奥运会上都有奖牌入账。在悉尼奥运会上，陈中在 67 kg 以上级比赛中获得金牌，雅典奥运会她又实现了卫冕。在北京奥运会上，吴静钰一举拿下 49 kg 级桂冠。在 4 年后的伦敦奥运会上，技战术更加全面的吴静钰以出神入化的下劈腿连战连捷，成功卫冕。在里约热内卢奥运会上，郑姝音获得了女子 67 kg 以上级金牌，赵帅则连胜四轮，夺得男子 58 kg 以下级冠军。

在 2019 年世锦赛女子 73 kg 以上级决赛中，郑姝音在大比分领先的情况下，被裁判连续判定犯规罚分，导致直接负于东道主选手沃克顿（Walkerton）。这个极具争议的判罚让郑姝音感到极度委屈。在赛后颁奖典礼上，郑姝音泣不成声。虽然中国代表团赛后第一时间提出了申诉，但是比赛结果最终也没有被改判。泪洒世界锦标赛后，郑姝音更加刻苦训练，只为等待着一个机会，再与沃克顿来一场公平的较量。在当年大奖赛总决赛的金牌战中，郑姝音最终通过加赛击败沃克顿。经过这次磨砺，郑姝音的内心变得更加强大。

第一节 跆 拳 道

一、跆拳道运动概述

跆拳道是一项利用拳脚进行搏击对抗的奥运会正式比赛项目，以实践比赛、品势表演和功力检验为主要表现形式，更是一门强健体魄、磨炼意志品质的武道文化，受到全世界尚武青少年的推崇和喜爱，被誉为世界第一搏击运动。

（一）跆拳道运动的起源与发展

1. 跆拳道运动的起源

"跆拳道"一词是 1955 年由韩国崔泓熙提出的。其中"跆"指踢击（脚法），"拳"指拳击，"道"为练习的方法，也代表道行，即自己对礼仪的修炼。

跆拳道古称跆跟、花郎道，是起源于古代朝鲜半岛的民间武艺，早期是民间较普遍流行的一项技击术。随着社会的发展，不断变化的生活环境和不同种族之间的斗争，要求人们有强健的体魄并掌握一定的搏斗技能，这样才能保障生活的安定，这就促成了跆拳道雏形的形成。经过漫长的岁月，原本为强健体魄和自卫而产生的搏击逐渐演化为有意识的技击活动，从而产生了朝鲜民族特有的运动形式——跆拳道。跆拳道吸收了许多国家的武术精华，如中国的武术、日本的空手道等，这也进一步丰富和发展了跆拳道。

2. 跆拳道运动的发展

1992 年 10 月 7 日，中国跆拳道筹备小组成立，这标志着我国跆拳道运动的正式开展。1995 年举行了第 1 届全国跆拳道锦标赛，从此，跆拳道运动在中国迅速发展起来。1995 年 8 月正式成立了中国跆拳道协会。同年，中国跆拳道协会被世界跆拳道联盟接纳为正式会员。1999 年 6 月 7 日，我国女运动员王朔获得世界跆拳道锦标赛女子 55 kg 级冠军，这是我国运动员获得的第一个跆拳道世界冠军。

（二）跆拳道运动的特点与价值

1. 健身防卫

跆拳道是十分激烈的有氧运动，能使人们塑造良好的身体形态。练习课通常由 20 min 的热身和柔韧练习、40~60 min 的腿法（拳法）学习、20 min 的素质练习组成。每小时的跆拳道训练大概要消耗 500~800 kcal（2 092~3 347 kJ）的热量。跆拳道基本技术动作、套路动作中的各种踢腿、手臂的上格、下截、拉伸等动作，可使练习者的肌肉和力量得到增强，肌腱、韧带、肌肉的弹性得以提高。同时，学会移动身体的方法和技术，能增强保护意识，掌握防身技能，达到健身防卫的目的。

2. 娱乐观赏

跆拳道技术具有较高的艺术性。双方斗智斗勇，不同的身体姿势和不同的演练节奏，形成惊险的实战竞技美。刚劲有力的动作结合吐气发声，表现出跆拳道技法惊人的杀伤力，给人以威武的阳刚之美，体现出人体的无穷潜力和技击的美感。

3. 陶冶性情

礼始礼终，内外兼修。在任何场合下，跆拳道练习者应始终以礼相待。跆拳道精神包括礼义、廉耻、忍耐、克己、百折不挠。练习活动都要以礼开始，以礼结束，以养成谦虚、友好、忍让的作风。

二、跆拳道基本技术

（一）基本步型

基本步型如图 7-1-1 所示。

图 7-1-1　基本步型

1. 并立步

体直立，脚并拢，手握拳（或自然伸直）置于身体两侧。

2. 开立步

体直立，脚分开外展 22° 左右，与肩同宽。臂下垂，手握拳置于体前。

3. 马步

脚平行分开，略大于肩，挺胸收臀，膝微屈，身体重心落在两腿中央。

4. 弓步

脚前后开立，前后大于两个肩的距离，左右有一拳到两拳的距离，前脚与身体正对前方。前腿弓，膝关节投影不过踝关节，后腿站直，外展 45°，前后脚不能在同一条线上。挺胸抬头，重心在两腿之间。

5. 三七步

在马步站立方法的基础上，身体向外侧旋转 45°，前脚正对前方，后脚和前脚垂直，大部分身体重心落在后脚，挺胸抬头。

6. 屈立步

身体正对前方，两脚以约半个肩的距离前后站立，前脚正对前方，后脚外展 45°，大部分身体重心落在后脚。

7. 交叉步

两腿稍微弯曲交叉站立，后脚脚跟提起。

（二）基本动作

1. 前踢

前踢（图 7-1-2）以实战的基本姿势开始，右脚蹬地，髋关节向左旋转，双手握拳置于体侧；同时，右腿以髋关节为轴屈膝上提。当大腿抬至水平或稍高时，关节向前送，向前顶，小腿以膝关节为轴快速向前上方踢出，力达腿尖，整条腿端直。踢击后迅速放松，右腿沿原路线弹回，将右脚放置在左脚前面，仍成实战姿势。

并立步

开立步

马步

弓步

三七步

交叉步

前踢

2. 侧踢

侧踢（图7-1-3）以实战的基本姿势开始，右脚蹬地，右腿以髋关节为轴屈膝提起，两手握拳置于体侧；随即左脚以前脚掌为轴外旋180°，髋关节向左旋转，右腿以膝关节为轴向前蹬伸，右脚快速向右前上方直线踢出，力点在脚跟。发力后沿起腿路线收腿，放松，重心落下（原处或向前均可），再次回到实战姿势。

3. 后踢

后踢（图7-1-4）以实战姿势开始，转身，后撤背对对方。重心后移至左脚，右脚蹬地后屈膝提起，右脚贴近左大腿，两手握拳置于胸前；随即左脚蹬地伸直，右脚自左大腿内侧向后方直线踢出，力达脚跟。踢击后右脚沿原路线快速收回，成实战姿势。

4. 下劈

下劈（图7-1-5）以实战姿势开始，右脚蹬地，重心前移至左脚；同时，右腿以髋关节为轴屈膝上提，两手握拳置于胸前；随即充分送髋，上提膝关节至胸部，右小腿以膝关节为轴向上伸直，将右腿伸直举于体前，右脚抬过头；然后放松向下以右脚后跟（或脚掌）为力点劈击，直到落地，成实战姿势。

图7-1-2 前踢　　　图7-1-3 侧踢　　　图7-1-4 后踢　　　图7-1-5 下劈

5. 勾踢

勾踢（图7-1-6）以实战姿势开始，右脚蹬地，重心前移，右腿以髋关节为轴屈膝上提，两手握拳置于体侧；左脚以前脚掌为轴外旋180°；右腿以膝关节为轴继续向前上方伸成直线，右脚的脚掌顺势用力向右侧屈膝鞭打，顺鞭打之势上体右转，右腿屈膝回收；右脚落回原处，成实战姿势。

图7-1-6 勾踢

动作要领：提膝，伸直，右侧屈膝鞭打动作要连贯快速，没有停顿；击打点在体前偏右侧，以脚掌为击打点；左脚旋转支撑以保持平衡，踹击后迅速将腿收回。勾踢攻击的主要部位是头面部和腹胸部。

6. 后旋踢

后旋踢（图 7-1-7）以实战姿势开始，两脚以脚掌为轴均内旋约 180°，身体随之右转约 90°，两拳置于胸前；上体右转，与双腿拧成一定角度；右脚蹬地，将蹬地的力量与上体拧转的力量合在一起，右腿继续向右后旋摆鞭打，同时上体向右转，带动右腿弧形摆至身体右侧，右腿屈膝回收；右脚落到右后方成实战姿势。

后旋踢

图 7-1-7　后旋踢

7. 横踢

横踢（图 7-1-8）以实战姿势开始，右脚蹬地，重心前移至左脚，右脚屈膝上提，两拳置于胸前；左脚前脚掌碾地内旋，髋关节左转，左膝内扣；随即左脚掌继续内旋 180°，右腿膝关节向前抬至水平状态，小腿快速向左前横向踢出；击打目标后迅速放松收回小腿；右腿落回原地成实战姿势。

横踢

图 7-1-8　横踢

8. 跳踢

跳踢是指先跳起使身体腾空，然后在空中完成各种踢法的攻击技术。跳踢包括旋风踢、双飞踢、腾空后踢、腾空劈腿、腾空后旋踢、跳步横踢等多种方法，是跆拳道的高难度技术动作。

（三）跆拳道基本防御手型

基本防御手型如图 7-1-9 所示。

图 7-1-9   跆拳道基本防御手型

1. 上段（上格挡）

上段防御的方法大多数以一手握拳自腰间旋转举向额部前方，使拳背向自己脸部，置于额部中央前方，手腕距额部约一拳距离，肘关节角度约成 100°，用手腕外侧防守自上而下的攻击。

2. 中段（中格挡）

（1）手臂（或手腕）防。一手握拳从外侧向内侧或从内侧向外侧格挡至胸前，肘关节约成 90°，拳心正对自己或背向自己，用手腕和前臂的内侧或外侧防守对中段部位的攻击。

（2）手刀防。手握成手刀，于胸前自内侧向外侧截击来自对方的进攻。

3. 防下段（下格挡）

（1）手臂（或手腕）防。一手握拳，自腰间先举至对侧肩部，然后下挡至腹部前方或侧方，拳心向内，手腕正对腹部中央或腹部侧方，用手腕外侧防守对下段的攻击。

（2）十字防。两手握拳，自腰间十字交叉，截击至自己的腹部下方，防守对下段的攻击。

4. 练习要诀

（1）跆拳道以腿为主，以手为辅，主要在于腿法的运用。跆拳道技术方法中起主导作用的是腿法，腿法技术在整体运用中约占 3/4，因为腿的长度和力量是人体最长最大的，其次才是手。腿的技法有很多种形式，可高可低、可近可远、可左可右、可直可屈、可转可旋，威力极大，是制敌的有效方法。拳法的招式则一般偏重防守和格挡。

（2）动作追求速度、力量和效果，以击破为测试功力的手段。跆拳道不讲究花架子，所有动作都以技击格斗为核心，要求速度快、力量大、击打效果好。在功力的检测方面，则以击破力为测试的手段，即分别以拳脚击碎木板等，以被击碎物体的厚度来判定功力。

（3）强调呼吸，发声扬威。在跆拳道的练习中，要求在气势上给人以威严的感觉，练习者常以洪亮并带有威慑力的声音来显示自己的威力。据日本有关研究资料证明，人在无负荷工作时，10% 的肌肉会由于发声使其收缩速度提高 9%，在有负荷工作时更是可以提高 14%。这就是在比赛中运动员会发出响亮喊叫声的原因。在发声的同时停止呼吸，可以使人体内部的阻力减少，提高动作速度，集中精力，使动作发挥出更大的

上格挡

中格挡

下格挡

威力。

（4）以刚制刚，方法简练。受跆拳道精神影响，运动员在比赛中多是直击直打、接触防守，躲闪技术运用得比较少。进攻多采用直线连续进攻，以连贯快速的脚法组合击打对手。防守多采用格挡技术，或者采取以攻对攻、以攻为守的技术。

三、跆拳道比赛规则

1. 比赛场地

比赛场地（图 7-1-10）为 12 m×12 m 水平、无障碍物、正方形的场地，其中 8 m×8 m 的区域称为比赛区域。比赛场地应铺设有弹性的、平整的经中国跆拳道协会监制或指定的专用软垫。

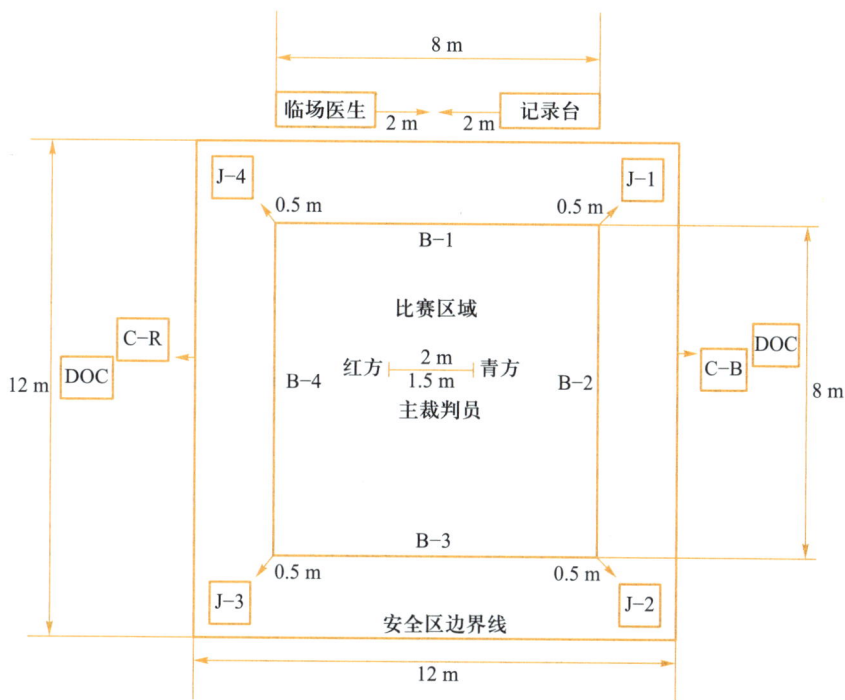

图 7-1-10　比赛场地

2. 比赛服装

运动员比赛时须佩戴护具，包括护胸、头盔、护裆、护臂、护腿、护齿、手套等。其中护裆、护臂、护腿应戴在道服内。

3. 比赛时间

每场比赛为 3 局，每局比赛 2 min，局间休息 1 min。青少年比赛时间可根据情况适当调整。

4. 比赛开始前及结束后的程序

每场比赛开始前，主裁判员发出"青""红"的口令，示意双方运动员左臂夹紧头盔进入比赛区。

双方运动员相向站立，听到主裁判员发出"立正""敬礼"的口令时互相敬礼，敬礼时自然站立，腰部前屈不小于 30°，头部前屈不小于 45°，鞠躬完毕后，运动员戴上头盔。

主裁判员发出"准备""开始"口令，开始比赛。

每局比赛由主裁判员发出"开始"口令即开始，主裁判员发出"停"口令即结束，即使主裁判员没有发出"停"的口令，比赛仍将按照规定的时间结束。

最后 1 局比赛结束后，运动员相向站在各自指定位置脱下头盔并用左臂夹紧，主裁判员发出"立正""敬礼"口令时相互敬礼，在主裁判员宣判比赛结果后退场。

5. 允许的攻击部位

（1）躯干。允许使用拳和脚的技术攻击躯干被护具包裹的部分，但禁止攻击对方运动员后背脊柱。

（2）头部。从两耳向前的头颈的前部，只允许使用脚的技术攻击。

6. 有效得分部位

（1）躯干。允许使用拳和脚的技术攻击躯干部位被护胸包裹的部分，但禁止攻击对方运动员后背脊柱。

（2）头部。对于锁骨以上的部位，只允许使用脚的技术攻击。

7. 犯规行为

以下行为将被判罚警告：双脚越出边界线；转身背向对方运动员逃避进攻；倒地；故意回避比赛，或者处于消极比赛状态；抓、搂抱或推对方运动员；攻击对方运动员腰以下部位；伪装受伤；用膝部顶撞或攻击对方运动员；提膝阻碍或逃避对方运动员的攻击；用拳攻击对方运动员头部；教练员或运动员有任何不良言行。

以下行为将被判罚扣分：主裁判员发出"分开"口令后攻击对方运动员；攻击已倒地的对方运动员；抓住对方运动员进攻的脚将其摔倒，或者用手推倒对方运动员；故意用拳攻击对方运动员头部；教练员或运动员打断比赛进程；教练员或运动员使用过激言语、出现严重违反体育道德的行为。

8. 获胜方式

获胜方式包括击倒胜（KO 胜）、主裁判员终止比赛胜（RSC 胜）、比分或优势胜、弃权胜、失去资格胜、判罚犯规胜。

第二节　散　打

一、散打运动概述

散打是一种结合了拳击、踢腿和摔法的中国武术实战运动，注重攻防转换和对抗性。它是一个既讲究技巧又注重力量的竞技项目。

（一）散打运动的起源与发展

1979 年，为全面发展和传承国粹武术这一我国优秀传统文化，国家体育委员会（现改组为国家体育总局）决定按照现代竞技体育模式，首先在浙江省体委、北京体育学院（现为北京体育大学）和武汉体育学院进行武术对抗性项目的试点训练，并于同年 5 月在广西南宁举行的全国武术观摩交流大会上做了首次汇报表演，同年 9 月第 4 届全运会期间，试点单位的散打代表队在石家庄赛区与河北散打队进行了公开比赛，但是没有明确竞赛规则与比赛注意事项。所以随后几年只能通过不断地组织比赛，在实践中总结经验，1982—1987 年连续组织了 6 年的全国散手对抗赛，才正式确定散打的比赛规则，并于 1989 出台《武术散手竞赛规则》《关于加强武术散手比赛管理的通知》，使武术散手运动得到规范，也为武术散手的未来发展做好了制度上的准备，不断推动武术散手运动向前发展。经过数十年的发展，武术散手日趋完善，已经成长为一项较为成熟的体育项目。在这种情况下，再用具有传统意味的"散手"来称之已不合时宜。为此1999 年"散手"更名为"散打"。此后，全国散手锦标赛被更名为全国散打锦标赛，同时运动员所穿戴的护具由原来散手的"全护式"改为散打的"点护式"。2000 年 3 月 25日，随着中国武术散打职业联赛暨首届中国武术散打王争霸赛的开赛，散打运动日益深入人心，得到人们的普遍认同。

（二）散打运动的特点与锻炼价值

1. 散打运动的特点

（1）民族性。散打作为中国武术的一部分，是中华优秀传统文化的一部分，属于优秀的民族文化遗产，通过继承与发展，体现了中国武术的民族性特点。例如，散打的擂台是 8 m×8 m 的擂台，赛制为三局两胜，这就沿袭了我国早期民间打擂比武的传统习惯。又如，在散打技术的运用上，"远踢近打贴身摔"技击方法的多样化和打击部位的多层次化，充分体现了中国武术的技术整体性特点，与国外众多的搏击项目相比，存在较大的区别。

（2）对抗性。对于散打来说，不讲求过多的招式变化，也并不局限于对中国武术中传统的徒手格斗术进行单纯的继承和表现，而是在继承的基础上有了发展和提高。散打最终的目的在于取胜，具有很大的灵活性，这也就赋予散打对抗性强的特点。散打要求重、长、稳，对拳脚发力及舒展性都有要求，需要重心稳定。但是，这种对抗不仅体现在力量、技术等方面，还体现在身体柔韧及智慧上。除了重、长、稳，还追求速度和灵活。除了动作舒展、拳脚有力，还要求身体敏捷、动作灵巧、拳腿迅捷，能够随机应变，因此，散打是智慧的体现，是一项综合性的对抗项目。

（3）体育性。相对于传统的防身自卫技能，散打作为竞技体育项目，必须体现体育的本质属性，即把人体安全和健康作为自身生存和发展的前提，比赛中不允许使用使人致伤、致残的技术方法。作为一项体育竞技项目，散打具有丰富的体育教育功用。通过比赛对抗，散打有着很好的交流作用，对民族文化的传播也能起到积极的作用。

2. 散打运动的锻炼价值

练习散打可以健体防身，改善练习者的身体形态和身体机能，提高整体的身体素质，包括速度、力量、耐力、协调、灵敏等；可以增强武德教育、完善人格，使练习者不断提升自己的自律、独立、果断、坚忍等品质；可以娱乐消遣，缓解快节奏给人们带来的紧张情绪，释放压力，融洽人际关系。

二、散打基本技术

（一）实战姿势

实战姿势通常也叫作预备式姿势或格斗式姿势，是格斗前所采用的临战运动姿势。它不仅能使身体处于强有力的状态，还能拥有最佳的快速反应能力，利于快速移动发起进攻和防守，并且暴露面小，能有效地保护自己的要害部位。

①正面   ②侧面

图 7-2-1 散打实战姿势之
左实战式姿势

实战姿势分为左实战式姿势和右实战式姿势，依个人偏好而定。下面以左实战式姿势为例：两脚前后开立，前脚跟与后脚尖距离约同肩宽。左脚全脚掌着地，右脚跟稍抬起，前脚掌着地，两膝稍弯曲，自然里扣，身体重心右移，上体含胸收腹扭臀，左臂内屈约 90°，拳眼与鼻尖平行。右臂内屈约 45°，拳置于右脸颊前，两肘自然下垂并稍向里合，下颌内收，目视对方面部（图 7-2-1）。

（二）步法

步法是散打格斗中身体向前后左右移动的方法。灵活而敏捷的步法，不仅是调节重心、维持身体平衡的关键，还是进攻和防守占据有利位置、发挥最优攻势的基础，认真学习和演练是提高实战能力的重要环节。以下步法均以左实战式姿势为例。

（1）进步。左脚提起，向前进步，右脚迅速蹬地，跟进同样距离（图 7-2-2）。

（2）退步。右脚向后退一步，左脚用力蹬地，迅速后退同样距离（图 7-2-3）。

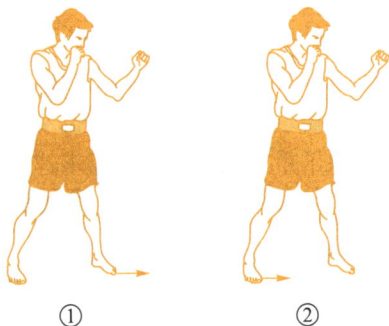

①   ②

图 7-2-2 进步

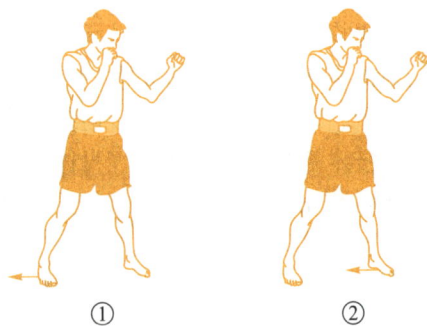

①   ②

图 7-2-3 退步

（3）侧跨步。左脚向左侧横跨一步，右脚内侧蹬地，迅速向左侧横跨跟进同样距离（图 7-2-4）。

（4）内步。左脚前脚掌原地拧动或向左跨步，随即身体左偏，右脚向右前方迅速跟上一步，身体右转约 90°（图 7-2-5）。

（5）换步。前脚与后脚同时蹬地并前后交换，同时两拳也前后交换成右实战式姿势（图 7-2-6）。

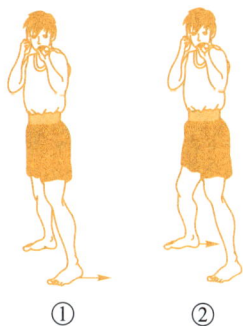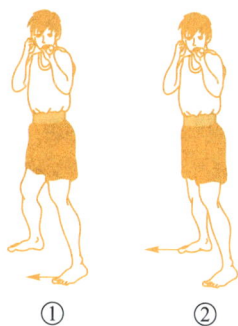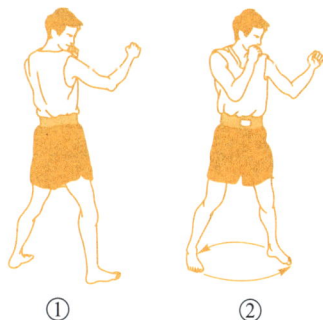

图 7-2-4　侧跨步　　　　　图 7-2-5　内步　　　　　图 7-2-6　换步

（三）拳法

拳法有直拳、摆拳、勾拳、鞭拳四种。在实战中，拳法具有速度快和灵活多变的特点，它能在最短的距离以最快的速度击中对手。拳法主要用于短距离攻击，掌握好拳法，巧妙利用拳法组合能给对手造成很大的威胁。

1. 直拳

（1）左直拳。左势站立，左脚微蹬地，身体重心稍向左脚移动，同时转腰送肩，左拳直线向前击出，力达拳面，右拳自然收回颌前（图 7-2-7）。

（2）右直拳。左势站立，右脚微蹬地，身体重心稍向左脚移动，同时转腰送肩，右拳直线向前击出，力达拳面，左拳自然收回颌前（图 7-2-8）。

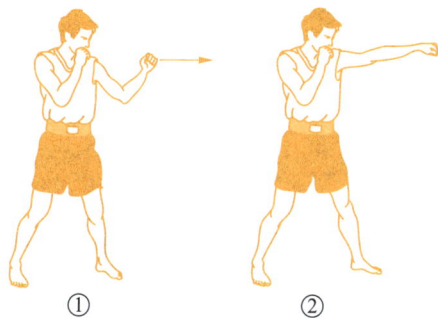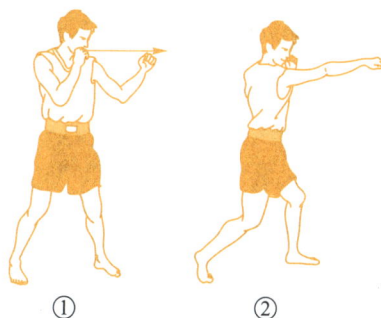

图 7-2-7　左直拳　　　　　　　图 7-2-8　右直拳

实战范例：右直拳抢攻对方头部。当对方防守注意力在正面时，迅速左侧跨步，同时左直拳攻击对方头部。

2. 摆拳

（1）左摆拳。左势站立，上体微向右扭转，同时左臂稍抬起时，前臂内旋向前里弧形出击，力达拳面，大小臂夹角约为 130°，右拳自然收回颌前（图 7-2-9）。

（2）右摆拳。左势站立，上体向左扭转，同时右臂稍抬起时，前臂内旋向前里弧形出击，力达拳面，大小臂夹角约为 130°，左拳自然收回颌前（图 7-2-10）。

实战范例：左直拳虚晃，吸引防守注意力，迅速进步靠近对方，利用左、右摆拳组合攻击对方头部。

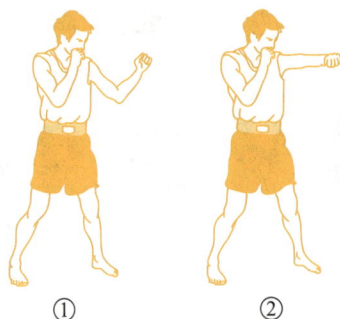

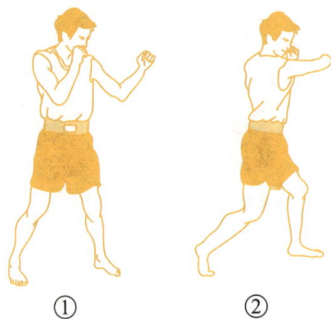

图 7-2-9   左摆拳   图 7-2-10   右摆拳

3. 勾拳

（1）左上勾拳。左势站立，上体稍向左侧倾，重心略下沉，左拳微下落，随即左脚蹬地，上体右转，挺腹前送左髋，左拳由下向上屈臂勾击，力达拳面，大小臂夹角约为90°，右拳自然回收于颌前（图 7-2-11）。

实战范例：假动作虚晃，忽然上步靠近对方用上勾拳击其下颌。

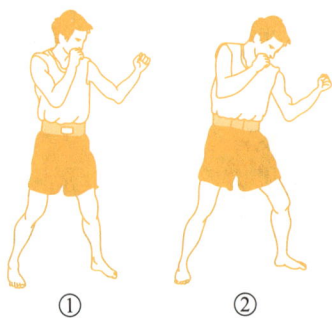

（2）右上勾拳。左势站立，上体稍向右侧倾，重心略下沉，右拳微下落，随即右脚蹬地，上体左转，挺腹前送右髋，右拳由下向上屈臂勾击，力达拳面，大小臂夹角约为90°，左拳自然回收于颌前（图 7-2-12）。

实战范例：假动作虚晃，忽然上步靠近对方用上勾拳击其下颌。

图 7-2-11   左上勾拳   图 7-2-12   右上勾拳

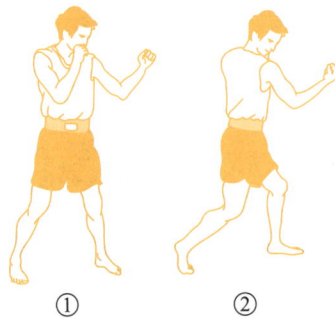

4. 鞭拳

（1）左鞭拳。左势站立，以左脚前脚掌为轴，身体向前转180°，右脚经左腿前插步，身体继续左后转，同时以腰带动左臂向左侧横向鞭击，力达拳抡，右拳自然收于颌前（图 7-2-13）。

（2）右鞭拳。左势站立，以左脚前脚掌为轴，身体向后转180°，右脚经左腿后插步，身体继续右后转，同时以腰带动右臂向右侧横向鞭击，力达拳抡，左拳自然收于颌前（图 7-2-14）。

实战范例：左直拳假装进攻，随即突然用右鞭拳抢攻其头部。对方用左侧弹腿攻己中盘时，右手里挂防守同时以左鞭拳反攻其头部。

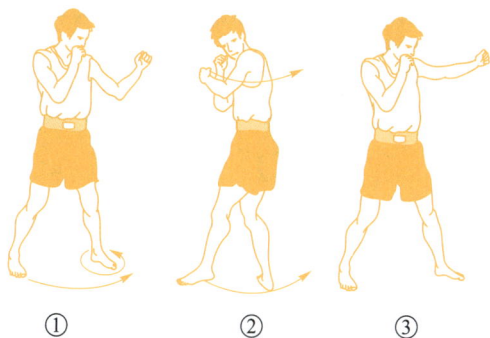

图 7-2-13 左鞭拳

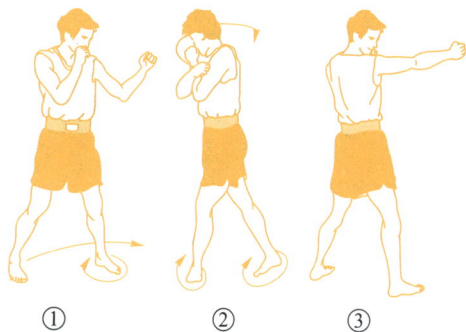

图 7-2-14 右鞭拳

（四）腿法

腿法内容丰富，分为屈伸、直摆、扫转三大部分。格斗中腿法不仅灵活机动、变化多端、攻击距离远、力度大，还具有隐蔽性、突出攻击特定部位的特点。在运用腿法攻击时，要求做到快速有力、击点准确。

1. 鞭腿

（1）左侧鞭腿。左势站立，上体稍向右侧倾，重心后移，同时左腿屈膝外摆展髋，大小腿自然折叠，脚背绷直，随即由屈到伸，大腿带动小腿向右前横弹，力达脚背（图7-2-15）。

（2）右侧鞭腿。左势站立，上体稍向左侧倾，重心后移，同时右腿屈膝外摆展髋，大小腿自然折叠，脚背绷直，随即由屈到伸，大腿带动小腿向左前横弹，力达脚背（图7-2-16）。

实战范例：左侧鞭腿佯攻对方下盘，随即右侧弹腿实击对方上盘。

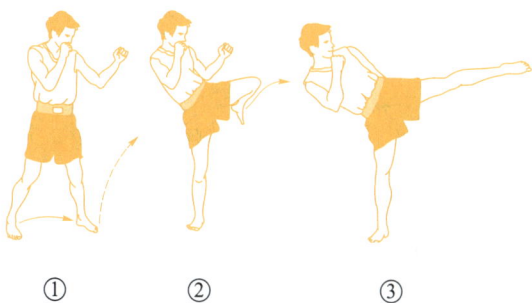

图 7-2-15 左侧鞭腿

图 7-2-16 右侧鞭腿

2. 正蹬腿

（1）左正蹬腿。左势站立，身体重心稍后移，同时左腿屈膝提起，屈肩向前，脚尖上勾，随即脚跟向前蹬出，力达脚跟（图7-2-17）。

（2）右正蹬腿。左势站立，身体重心稍后移，同时右腿屈膝提起，屈肩向前，脚尖上勾，随即脚跟向前蹬出，力达脚跟（图7-2-18）。

实战范例：用左右弹腿佯攻对方下盘，突然用左正蹬腿抢先攻击对方上盘。

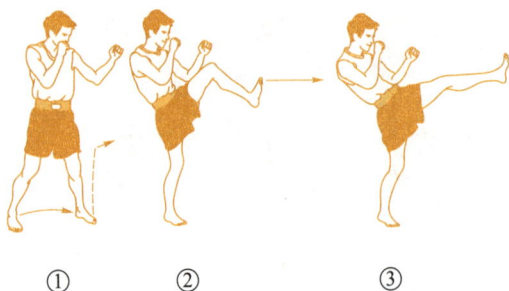 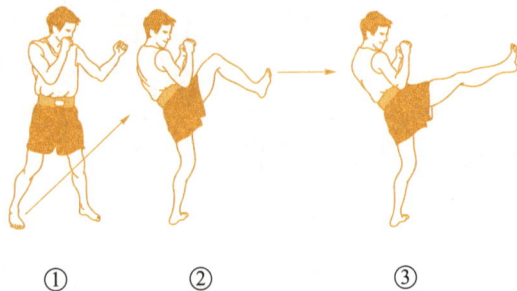

　　①　　　　　　②　　　　　　　③　　　　　　　①　　　　　　②　　　　　　　③

　　　　图 7-2-17　左正蹬腿　　　　　　　　　　　图 7-2-18　右正蹬腿

　　3. 侧踹腿

　　（1）左侧踹腿。左势站立，身体重心后移，上体稍右转，同时左腿屈膝提起，脚尖勾起，随即展髋，使脚掌正对攻击方向，使之迅速由屈到伸，向前踹出，力达脚跟（图7-2-19）。

　　（2）右侧踹腿。左势站立，身体重心后移，上体稍左转，同时右腿屈膝提起，脚尖勾起，随即展髋，使脚掌正对攻击方向，使之迅速由屈到伸，向前踹出，力达脚跟（图7-2-20）。

　　实战范例：弹腿假装攻对方下盘，然后转身踹腿攻击对方上盘。

 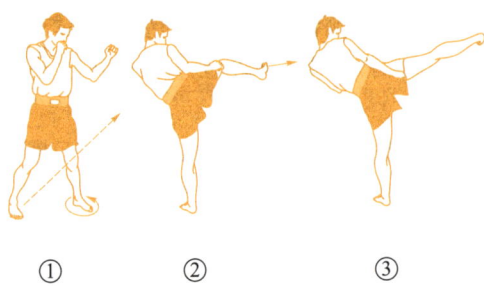

　　①　　　　　　②　　　　　　　③　　　　　　　①　　　　　　②　　　　　　　③

　　　　图 7-2-19　左侧踹腿　　　　　　　　　　　图 7-2-20　右侧踹腿

　　4. 扶地扫腿

　　（1）扶地前扫腿。上体前俯，左腿屈膝前蹲，以前脚掌为轴，向左后方转体带动右腿向左后方弧线擦地后扫，力达脚跟（图7-2-21）。

　　（2）扶地后扫腿。上体前俯，左腿屈膝前蹲，以前脚掌为轴，向右后方转体带动右腿向右后方弧线擦地后扫，力达脚跟（图7-2-22）。

　　实战范例：当对方以左弹腿攻击自己上盘时，拍挡防守后，随即用后扫腿攻击对方支撑腿。

　　（五）防守技术

　　防守是一种可以节制和削弱对方的攻击，保护自己并能处于反击位置的方法，最终目的是防守后的反击。准确巧妙地防守，不但能保护自己，而且能为攻击创造更好的条件。

① 　　　　　② 　　　　　① 　　　　　②

图 7-2-21　扶地前扫腿　　　　　　图 7-2-22　扶地后扫腿

（1）拍挡防守。以左拍挡为例，左手掌心向里贴，向里横拍并稍向右转体。

实战范例如图 7-2-23 所示。

（2）挂挡防守。左（右）臂内旋，左拳由上向下，向右（左）斜下方挂臂防守，拳眼朝里，拳心向左（右）；或者左（右）臂由上向下，向左（右）后斜挂臂防守，拳心向左（右）外，拳眼朝里，臂微屈。

实战范例如图 7-2-24 所示。

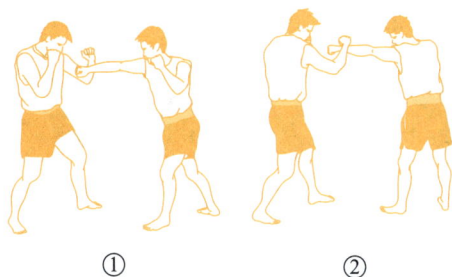

① 　　　　　② 　　　　　① 　　　　　②

图 7-2-23　拍挡防守　　　　　　　图 7-2-24　挂挡防守

（3）里抄防守。左右手臂微屈并外放，紧贴腹前，手心向上，同时左右手屈臂，紧贴胸前立掌，掌心向外。

实战范例如图 7-2-25 所示。

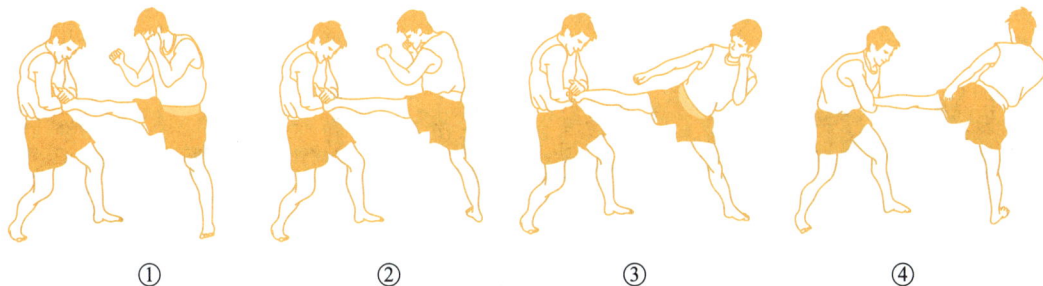

① 　　　　　② 　　　　　③ 　　　　　④

图 7-2-25　里抄防守

（4）外抄防守。左右手臂外旋弯曲，上臂紧贴肋部。

实战范例如图 7-2-26 所示。

（5）提膝防守。重心右移，前腿屈膝起，后腿支撑，上体姿势不变。

实战范例如图 7-2-27 所示。

①   ②   ①   ②

图 7-2-26 外抄防守   图 7-2-27 提膝防守

（6）截击防守。当对方准备进攻时，使打截腿阻截对方攻势，不接触防守。

实战范例如图 7-2-28 所示。

（7）后闪防守。重心后移，上体略后仰闪躲。

实战范例如图 7-2-29 所示。

①   ②   ①   ②

图 7-2-28 截击防守   图 7-2-29 后闪防守

（8）侧闪防守。上体向左侧或右侧闪躲或用左右闪步防守。

实战范例如图 7-2-30 所示。

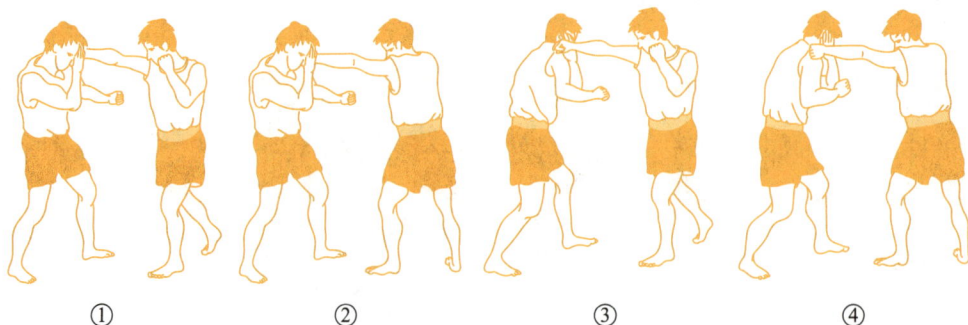

①   ②   ③   ④

图 7-2-30 侧闪防守

（9）下潜防守。屈膝降低重心，同时低头缩颈向下闪躲，两手护头。

实战范例如图 7-2-31 所示。

（10）跳步防守。两脚蹬地，身体向左或向右跳闪。

实战范例如图 7-2-32 所示。

①　　　　　　　　　　②　　　　　　　　　①　　　　　　　②

图 7-2-31　下潜防守　　　　　　图 7-2-32　跳步防守

（六）组合连击技术

组合连击是指运用两个或两个以上的动作，连续攻击对方。连击法共分为拳法连击、腿法连击、拳腿连击、拳摔连击、腿摔连击、拳腿摔连击六种，既可以单招连续进攻，又可多招连环击打。

因为技术动作繁多，所以连击方法多样、千变万化，但组合不是盲目的，只有根据动作转换的合理性和实战中运用的可行性、时效性来组合搭配，才能达到连击重创对手的目的。在运用时要注意真假结合、虚实相接，使对手处于上下左右多点受击之中，防不胜防。另外，要注意动作之间的衔接。

三、散打运动的综合练习

（一）关节活动

关节活动分为颈部关节活动、肩部关节活动、腰部关节活动、膝关节活动、踝关节活动及腕关节活动。

（二）柔韧性练习

（1）正压腿。三直一勾，支撑腿、胸与被压腿在同一方向。

（2）侧压腿。三直一勾，支撑腿、胸与被压腿成 90°。

（3）正踢腿。三直一勾，腿踢高度适度，两手平行两侧，立掌。

（4）外摆腿。身形同正踢腿，腿摆动幅度为扇形，摆动高度按个人能力灵活控制。

（三）一般身体素质训练

1. 力量练习

力量练习包括：① 卧推练习；② 俯卧撑练习；③ 深蹲练习；④ 负重转体练习；⑤ 仰卧起坐练习；⑥ 两头起练习。

2. 速度素质练习

速度素质练习包括：① 听信号变速跑；② 听信号变动作；③ 原地高抬腿或后蹬腿；

④ 30 m、50 m、80 m、100 m 全速跑。

3. 耐力素质训练

耐力素质训练包括：① 3 000 m、5 000 m、10 000 m 跑步练习；② 长距离游泳。

4. 灵敏素质训练

灵敏素质训练包括：① 后退跑；② 障碍跑。

（四）专项身体素质训练

1. 击打力训练

击打力训练包括：① 打靶练习；② 打沙包练习。

2. 抗击打力训练

抗击打力训练包括：① 拍打练习；② 前倒练习；③ 后倒练习；④ 侧摔练习。

3. 技术动作训练

（1）原地练习。重点在于体会动作要领，不断揣摩动作的线路顺序、发力顺序和身体姿势。练习时要自然放松，不过分要求速度和力度。对于复杂动作可分解练习，由慢到快，逐渐掌握动作的正确方法，不断提高动作质量。

（2）综合步法练习。基本掌握了动作规范后要根据实战的需要结合相应的步法练习，提高攻击距离以及防守机动性，使技术与实战紧密联系，并使技术动作逐步协调准确，为在攻守对抗的情况下充分利用技术打好基础。

（3）假设性练习。通过假设想象对手的攻防动作或所处状态而进行相应的进攻或防守反击的打法。进行假设性练习有一种身临其境面对敌人的实战状态。通过这样的练习能提高练习者的反应能力，培养战斗意志，掌握各种技术的实战运用。

（4）打固定靶练习。一种利用胸靶、脚靶、沙包等辅助性器材作为击打目标的练习，是改进技术动作和提高动作速度力量的重要手段，要求动作准确、快速用力朝目标打击。

（5）打活动靶练习。是由教练或同伴手持小靶不断变换角度位置和方向，要求练习者迅速作出反应，运用多种技术进行击打的一种练习方法。通过该练习可以有效地提高练习者进攻和防守反击的动作质量，提高攻击性速度、准确性及应变能力，建立稳定的条件反射动作体系。

（6）攻防练习。条件攻防是规定一方用拳法攻击或腿法攻击，另一方防守或使用接腿摔等。有条件的攻防练习的针对性强，能有效地训练和提高练习者运用某些方法的能力，如规定力度、速度或与大级别运动员进行比赛，用于提高技法的实战能力，培养在困难条件下的技术运用能力及勇敢拼搏的良好品质，能有效地提高练习者的技术及体能水平，还能磨炼斗志，同时也是总结积累实战经验的有效方法。

四、散打比赛规则

（一）比赛规则简介

1. 竞赛性质与办法

散打运动比赛采用分级循环制、单败淘汰制、双败淘汰制。

2. 服装护具

散打运动比赛时，服装护具分为全护型和点护型。全护型运动员应戴拳套、护头、护齿、护胸、护裆、护腿，赤脚穿护脚背。运动员必须穿与比赛护具颜色相同的背心和短裤，护裆必须穿在短裤内。比赛护具的颜色为红色、黑色两种。点护型运动员只戴拳套、护齿和护裆。护裆也必须穿在短裤内。

3. 比赛局数与时间

每场比赛采用三局两胜制。每局净打 2 min，局间休息 1 min。

4. 场地、器材

比赛场地为高 60 cm、长 800 cm、宽 800 cm 的木结构平台，台面上铺有软垫，软垫上有帆布盖单。台中心画有直径 100 cm 的阴阳鱼图。台面边缘有 5 cm 宽的红色边线，台面四边内向 90 cm 处画有 10 cm 宽的黄色警戒线。台下四周有高 20～40 cm、宽 200 cm 的保护软垫。

（二）评分方法简介

1. 攻击方法

不准使用头、肘、膝和反关节的动作进攻对方。不准生拉硬拽对方下台，不许使用迫使对方头部先着地的摔法或有意砸压对方。不许用腿法攻击倒地者的头部。

2. 禁击部位与得分部位

禁击部位有后脑、颈部、裆部。得分部位有头部、躯干、大腿和小腿。

3. 得分标准

（1）得 4 分。在一局比赛中，一方第一次下台，对方得 4 分。用转身摆腿击中对方躯干部位而自己站立者得 4 分。用主动倒地的动作致使对方倒地，而自己即刻站立者得 4 分。使用勾腿将对方勾倒而自己站立者得 4 分。

（2）得 2 分。一方倒地，站立者得 2 分。用腿法击中对方躯干部位者得 2 分。被强制读秒一次，对方得 2 分。受警告一次，对方得 2 分。

（3）得 1 分。用手击中对方得分部位者得 1 分。用腿击中对方头部和大腿或小腿（脚除外）者得 1 分。运动员消极 8 s，被指定进攻后 8 s 内仍不进攻，对方得 1 分。主动倒地 3 s 不起立，对方得 1 分。受劝告一次，对方得 1 分。双方先后倒地，后倒地者得 1 分。

（4）不得分。方法不清楚，效果不明显；双方下台或同时倒地；双方互打互踢；使用方法主动倒地，对方不得分；抱缠时击中对方。

4. 犯规与罚则

（1）技术犯规。消极搂抱对方；处于不利状况时举手要求暂停；比赛中场外进行指导；比赛中对裁判员有不礼貌的行为或不服从裁判；比赛中大声喊叫；有意拖延比赛时间；上场不戴或吐落护齿；有意松脱护具；不遵守礼节。

（2）侵人犯规。在发出"开始"的口令前或发出"停"的口令后进攻对方；击中对方禁击部位；用不允许的方法击中对方。

（3）罚则。每出现一次技术犯规，劝告一次；每出现一次侵人犯规，警告一次；受罚失分达 6 分者，判对方为胜方；运动员故意伤人，取消比赛资格，判对方为胜方。运动员使用违禁药物，局间休息时输氧，取消比赛资格。

5. 胜负的评定

（1）每局胜利。每局比赛结束时，依据裁判员的评判结果，按胜方色牌多者为胜方的原则判定每局胜负。若出现平局，则按受警告少者为胜方、劝告少者为胜方、体重轻者为胜方的顺序判定每局的胜利。如果三种情况仍相同，则为平局。在一局比赛中，一方受重击被强制读秒 2 次，另一方为该局胜方；一方两次下台，另一方为该局胜方；两次有效使用 4 分动作者，为该局胜方。

（2）每场胜利。在一场比赛中，先胜两局为该场胜方。若比赛中一方犯规，另一方诈伤，经医务监督确诊后，则判犯规一方为该场胜方；若因对方犯规而轻伤，不能再比赛者，则受伤者为该场胜方，但不能参加以后的比赛。进行淘汰赛时，在一场比赛中，如果获胜局数相同，则按下列顺序决胜负：受警告少者为胜方；受劝告少者为胜方；体重轻者为胜方；若三种情况仍相同，则加赛一局，以此类推。进行循环赛时，在一场比赛中，若获胜局数相当，则为平局。

（3）优势胜利。在一场比赛中，三次有效使用 4 分动作者判为优势胜利；在比赛中，双方实力悬殊，台上裁判员征得裁判长同意，判技术强者为该场胜方；被重击倒地不起达 10 s，或者虽能站立但知觉失常，判对方为该场胜方；在一场比赛中，被重击强制读秒 3 次，判对方为该场胜方；在比赛中，运动员出现伤病，经医生诊断不能继续比赛者，判对方为该场胜方。

思 考 题

1. 简述跆拳道和散打的锻炼价值。
2. 简述跆拳道和散打的区别。
3. 简述跆拳道横踢和散打鞭腿的动作要领。

2

第八章　武术与民间传统类运动

【章前导言】

　　本章从武术的起源、发展、特点及拳法等方面进行深入探讨，同时介绍一些具有代表性的民间传统类运动，如健身气功八段锦等。通过本章的学习，能够激发学生对武术与民间传统类运动的兴趣，使学生更加深入地了解中华文化的博大精深，传承和弘扬中华优秀传统文化，让中华文化的瑰宝在新时代焕发出更加璀璨的光芒。

【学习目标】

1. 了解民间传统体育项目的特点、起源、演变、锻炼价值、竞赛规划等知识。
2. 了解并掌握武术基本功与基本技术。
3. 掌握长拳、太极拳、八段锦基本知识。
4. 养成体育锻炼习惯。

武术——中华传统文化瑰宝

在中国这片历史悠久的土地上，武术与民间传统类运动如同一股不息的溪流，穿越千年的时光，流淌至今。它们不仅是中华文化的瑰宝，更是中华民族精神的集中体现。

武术，这一融合了哲学、中医学、伦理学、兵学、美学、气功等多种传统文化思想和文化观念的独特运动形式，起源于远古祖先的生产劳动。在狩猎和部落战争中，人们逐渐积累了劈、砍、刺的技能，这些原始形态的攻防技能成为武术技术形成的基础。随着历史的演进，武术逐渐发展成为一项注重内外兼修、形神兼备的体育运动，它不仅是一种搏击技巧，更是一种修身养性、强健体魄的生活方式。

与此同时，民间传统类运动也以其独特的魅力，在中华大地上生根发芽。无论是长拳、南拳，还是太极拳、气功等，这些运动形式都蕴含着深厚的文化底蕴和民族精神。它们不仅丰富了人们的业余生活，更在潜移默化中传承着中华民族的优秀传统文化基因。

第一节　武术基本功与基本技术

一、武术运动概述

（一）武术运动的起源与发展

武术运动的起源可追溯至原始社会时期，当时的人们由于生存发展的需要，使用棍棒等原始工具作为武器与野兽进行搏斗，目的是进行自我保护与获取生存资源，后演变为制作简易武器用于捍卫部落领土、抢夺资源的生存手段。夏商西周时期，受战争和冶铸技术的影响，军事武艺不仅作为士兵征战的主要技能，还进入了教育领域。春秋战国时期铁器的出现标志着武术兵器开始迅猛发展。

中华人民共和国成立以后，武术的发展呈现以下特征：国家将武术纳入体育管理范畴，成立专门管理部门及协会组织统一管理相关事宜；武术成为全国及国际正式竞技比赛项目；武术进入学校的体育教育体系，不仅在中小学进行推广，还建立了从学士到博士的高等专业教育体系；武术以非物质文化形式得以被挖掘、传承、保护与创新；武术作为中华优秀传统文化不断走向世界，成为中国形象的重要组成部分。

（二）武术运动的特点与锻炼价值

1. 武术运动的特点

武术在其漫长的发展岁月中不断传承、改革、创新，至今已在国内外广为流传，形成独特的运动规律、运动特点、运动风格。

（1）武术与古代军事战争紧密相连，其攻防技击性最为显著，如今在军队、公安中仍被广泛应用。搏击运动在受到竞赛规则的制约下，以不伤害对方为原则，严格限定了击打部位和护具。在套路动作中为增加艺术性与观赏性对技术规格和运动幅度有所改动，但整体动作仍以踢、打、摔、拿、击、刺为主，技击性仍是套路的核心。

（2）武术既要求手、眼、身、步的协调配合，还要求躯体与精神、意识与呼吸的协调配合，即身心合一的有机连接。另外，武术各派风格不一，有以地域命名的南拳、北拳等，也有以姓氏命名的岳家拳、陈氏太极拳等。套路有长有短，动作亦柔亦刚、有快有慢，既富有韵律又千变万化，具有一定的艺术表现性。

（3）武术内容丰富。不同拳种、不同器械可以满足不同年龄阶段的群众需求，不受性别、场地、时间、季节和器材限制，参与者可以选择适合自身的项目进行锻炼，有广泛的适应性和群众性的特点。

2. 武术运动的锻炼价值

（1）强身健体。在武术的练习过程中要求做到身心合一、神形兼备。因此，武术训练对外可以利关节、强筋骨、壮体魄，对内可以理脏腑、通经络、增精神，使身心得到全面的发展。

（2）防卫自身。武术最早被用于军事和战争中，具有较强的攻防技击性，通过练习武术中的踢、打、摔、拿与武术器械，可以增强自身的应变能力，面对突发的攻击性事件时可以保护自身不受伤害。

（3）陶冶情操。武术中崇尚武德，可以培养练习者的规则意识，以及忠心报国、尊师重道、不怕困难、持之以恒的良好意志品质和高尚的道德情操。

（三）武术运动的内容与分类

1. 功法运动

功法运动以单个动作为主进行练习，以达到改善或增强体质的目的。传统功法运动按其形式与功用可分为内壮功、外壮功、轻功和柔功。

2. 套路运动

套路运动是以技击动作为内容，以攻守进退、刚柔虚实的变化规律为依据编成的组合动作练习。依据练习人数的多少，套路运动又可分为单练、对练和集体演练。

（1）单练。单练是个体独自进行套路演练的方式，根据练习时是否手持器械可分为拳术和器械两类。

（2）对练。对练是在单练的基础上，两人及两人以上按预定的动作程序进行攻防演练的套路。

（3）集体演练。集体演练是指多人（竞赛中通常要求 6 人以上）徒手、器械或徒手与器械同时进行演练的套路形式。

3. 搏斗运动

搏斗运动是指两人在一定条件下按照一定的规则进行斗智、较力、较技的攻防实战项目，目前普遍开展的项目有散打和推手两大类。

（1）散打。散打又称散手，古代称手搏、白打等，是指两人按照一定的规则，使用踢、打、摔、拿等方法制胜的项目。

（2）推手。推手是指两人遵照一定的规则，使用掤、捋、挤、按、采等技法，双方粘黏连随，寻机借劲发力将对方推出，以此决定胜负的竞技项目，是太极拳实战练习的一种表现形式。

二、武术运动的基本功与基本技术

（一）手型

1. 拳
五指卷紧，拳面要平，拇指压于食指、中指第二指节上（图 8-1-1）。

2. 掌
拇指弯曲，其余四指伸直并拢（图 8-1-2）。

3. 勾
屈腕，五指撮拢（图 8-1-3）。

（二）手法

1. 冲拳
拳从腰间旋臂向前快速击出，力达拳面（图 8-1-4）。

2. 推掌
掌由腰间旋臂向前立掌推击，速度要快，臂要直，力达掌外沿（图 8-1-5）。

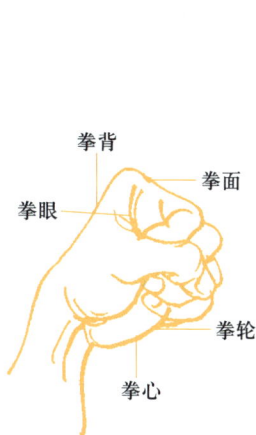

图 8-1-1　拳

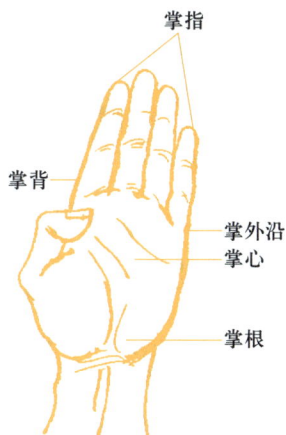

图 8-1-2　掌

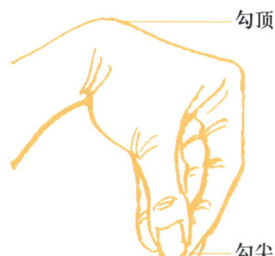

图 8-1-3　勾

图 8-1-4　冲拳

图 8-1-5　推掌

（三）步型

1. 弓步

前脚微内扣，全脚着地，屈膝半蹲，大腿成水平，膝部与脚尖垂直；另一条腿挺膝伸直，脚尖里扣，斜向前方，全脚着地（图 8-1-6）。

2. 马步

两脚左右开立约为脚长的 3 倍，脚尖正对前方，屈膝半蹲，大腿呈水平状（图 8-1-7）。

3. 虚步

后脚尖斜向前，屈膝半蹲，大腿接近水平，全脚着地；前腿微屈，脚面绷紧，脚尖虚点地面（图 8-1-8）。

4. 仆步

一条腿全蹲，大腿和小腿靠紧，臀部接近小腿，全脚掌着地，膝与脚尖稍外展；另一条腿平铺接近地面，全脚掌着地，脚尖内扣（图 8-1-9）。

5. 歇步

两腿交叉，屈膝全蹲，前脚全脚掌着地，脚尖外展；后脚脚跟离地，臀部外侧紧贴小腿（图 8-1-10）。

图 8-1-6　弓步　　　　　　　图 8-1-7　马步　　　　　　　图 8-1-8　虚步

图 8-1-9　仆步　　　　　　　图 8-1-10　歇步

（四）腿法

1. 正踢腿

支撑腿伸直，全脚掌着地，另一条腿膝部挺直，脚尖勾起前踢，接近前额，动作要轻快有力，上体保持正直（图 8-1-11）。

2. 侧踢腿

脚尖勾起，经体侧踢向脑后，其他同正踢腿（图 8-1-12）。

图 8-1-11　正踢腿　　　　　　　　图 8-1-12　侧踢腿

3. 里合腿

支撑腿自然伸直，全脚掌着地；另一条腿从体侧踢起经面前向里做扇面摆动落下。其他同正踢腿（图 8-1-13）。

4. 外摆腿

外摆腿同里合腿，摆动方向则相反（图 8-1-14）。

5. 单拍脚

支撑腿伸直，另一条腿脚面绷平向上踢摆；同侧手在额前迎拍脚面，击拍要准确、响亮（图 8-1-15）。

6. 弹腿

支撑腿直立或微屈，另一条腿由屈到伸向前弹出，高不过腰，膝部挺直，脚面绷平。小腿弹出轻快有力，力达脚尖（图 8-1-16）。

图 8-1-13　里合腿　　　　　　　　　图 8-1-14　外摆腿

图 8-1-15　单拍脚　　　　　　　　　图 8-1-16　弹腿

7. 蹬腿

支撑腿直立或稍屈，另一条腿由屈到伸，脚尖勾起，用脚跟猛力蹬出，高不过胸，低不过腰（图 8-1-17）。

8. 踹腿

支撑腿直立或稍屈，另一条腿由屈到伸，脚尖勾起内扣或外摆用脚底猛力踹出，高踹与腰平，低踹与膝平，侧踹时上体斜倾，脚高过腰部（图 8-1-18）。

9. 伏地后扫

上体前俯，两手扶地；支撑腿全蹲做轴，扫转腿伸直，脚尖内扣，脚掌擦地，迅速后扫一周（图 8-1-19）。

图 8-1-17　蹬腿

（五）平衡

1. 提膝平衡

支撑腿直立站稳，上体正直；另一条腿在体前屈膝上提，小腿斜垂里扣，脚面绷平内收（图 8-1-20）。

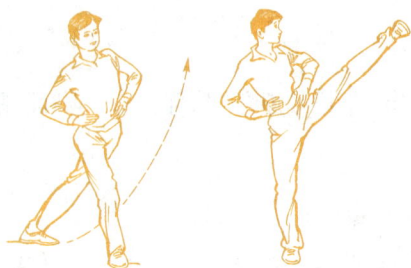

图 8-1-18　踹腿　　　　　　　　　　图 8-1-19　伏地后扫

2. 望月平衡

支撑腿直立站稳；上体侧倾拧腰，右手向支撑腿同侧方上翻，挺胸、立腰。另一条腿在身后向支撑腿的同侧方上举，小腿屈收，脚面绷平（图 8-1-21）。

（六）跳跃翻腾

1. 腾空飞脚

摆动腿高提，起跳腿上摆伸直，脚面绷平，脚高过肩，击拍脚面快速、准确、响亮（图 8-1-22）。

图 8-1-20　提膝平衡　　　　图 8-1-21　望月平衡　　　　　　图 8-1-22　腾空飞脚

2. 旋风脚

摆动腿直摆或屈膝，起跳腿伸直，向内腾空转体 270°，左侧手击拍脚掌，脚高过肩，击拍响亮，转体 360° 落地（图 8-1-23）。

图 8-1-23　旋风脚

3. 腾空摆莲

摆动腿要高，起跳腿伸直，向外腾空转体 180°，脚面绷平，脚高过肩；两手依次击拍脚面，不能一手拍空（图 8-1-24）。

图 8-1-24　腾空摆莲

三、武术运动竞赛规则

（一）竞赛性质

竞赛按类型可分为个人赛、团体赛、个人及团体赛；按年龄可分为成年赛（18 周岁及以上）、青少年赛（12 周岁至 18 周岁以下）、儿童赛（12 周岁以下）。

（二）竞赛组织机构

竞赛可根据需要设置竞赛委员会、竞赛监督委员会、仲裁委员会、裁判人员、辅助工作人员等。其中裁判人员设总裁判长 1 人、副总裁判长 1~2 人，裁判组设裁判长 1 人、副裁判长 2 人、裁判员 2~3 人；辅助工作人员设有编排记录员、检录员、宣告员、放音员、摄像员等。

（三）比赛顺序的确定

在竞赛监督委员会和总裁判长的监督下，由编排记录组抽签决定比赛顺序，如果有预赛、决赛的比赛，则其决赛的出场顺序应按预赛成绩的高低，由低到高确定比赛顺序，若预赛排名相同，则抽签决定。

（四）套路完成时间

长拳、南拳、剑术、刀术等套路的完成时间：成年组不短于 1 分钟 20 秒；青少年组、儿童组不短于 1 分钟 10 秒；集体项目为 3~4 分钟；传统项目单练不短于 1 分钟。

（五）比赛音乐

规程规定的配乐项目必须在音乐（不带歌词）伴奏下进行，音乐可根据套路的编排自行选择。

（六）比赛服装

裁判员应穿统一的服装，佩戴裁判等级标志；运动员应穿武术比赛服装。

（七）竞赛场地

（1）个人项目的场地为长14米、宽8米，其周围至少有2米宽的安全区。

（2）集体项目的场地为长16米、宽14米，其周围至少有2米宽的安全区。

（3）场地内沿四周应标有5厘米宽的白色边线，场地的空间高度不低于8米，两个场地间的距离应为6米及以上。

（八）评分方法

裁判组由评判动作质量（A组）的裁判员3~4名（含第一副裁判长）、评判演练水平（B组）的裁判员4名（含裁判长）、评判难度（C组）的裁判员3~4名（含第二副裁判长）组成。

各项比赛的满分为10分。其中动作质量的分值为5分，演练水平的分值为3分，难度的分值为2分。

A组裁判员根据运动员现场完成动作的质量，用动作质量的分值减去各种动作规格错误和其他错误的扣分，即运动员的动作质量分。

B组中由2名裁判员按照套路动作劲力、节奏及音乐的要求整体评判后确定的平均分数减去另外2名裁判员对套路编排错误的扣分，即运动员的演练水平分。

C组裁判员根据运动员现场整套难度完成的情况，按照各项目动作难度和连接难度的加分标准，确定运动员现场完成动作难度、连接难度的累计分，即运动员的难度分。

第二节　初级长拳（第三路）

一、初级长拳（第三路）介绍

中华人民共和国成立后，原国家体委把群众中流传广泛的查、华、炮、洪、弹腿、少林等拳种，根据其风格特点，综合整理创编了长拳。长拳是以套路为主的拳术，既适合基础武术训练，又适合竞赛和提高技术水平。这类拳术的共同特点是：姿势舒展、动作灵活、快速有力、节奏鲜明，并多起伏转折、蹿蹦跳跃、跌扑滚翻等动作和技术。

初级长拳（第三路）编创于1957年。全套除了预备式和结束动作，共分为4段，每段8个动作，合计36个动作。套路内容充实，包括了拳、掌、勾三种手型，弓、马、虚、仆、歇5种步型。手法有冲、劈、抡、砸、栽等拳法，推、挑、穿、摆、亮等掌法，盘、顶等肘法。腿法有弹、踹、踢、拍等。除此之外，还有跳跃和平衡等动作。长拳套路编排合理，动作由简而繁，由易到难，有利于循序渐进地进行练习；套路布局和路线变化前后呼应，左右兼顾，均匀合理；在强调动作规格化、注重功力的同时，还较好地体现了攻防意识，增强了学习的乐趣。

二、初级长拳（第三路）动作名称

<table>
<tr><th colspan="6">初级长拳（第三路）动作名称</th></tr>
<tr><th>预备动作</th><th>第一段</th><th>第二段</th><th>第三段</th><th>第四段</th><th>结束动作</th></tr>
<tr>
<td>1. 虚步亮掌
2. 并步对拳</td>
<td>1. 弓步冲拳
2. 弹腿冲拳
3. 马步冲拳
4. 弓步冲拳
5. 弹腿冲拳
6. 大跃步
　　前穿
7. 弓步推掌
8. 马步架掌</td>
<td>1. 虚步栽拳
2. 提膝穿掌
3. 仆步穿掌
4. 虚步挑掌
5. 马步击掌
6. 叉步双摆掌
7. 弓步推掌
8. 转身踢腿马
　　步盘肘</td>
<td>1. 歇步抡砸拳
2. 仆步亮掌
3. 弓步劈拳
4. 换跳步弓步
　　冲拳
5. 马步冲拳
6. 弓步下冲拳
7. 叉步亮掌侧
　　踹腿
8. 虚步挑拳</td>
<td>1. 弓步顶肘
2. 转身左拍脚
3. 右拍脚
4. 腾空飞脚
5. 歇步下冲拳
6. 仆步抡劈拳
7. 提膝挑掌
8. 提膝劈掌—弓
　　步冲拳</td>
<td>1. 虚步亮掌
2. 并步对拳
3. 还原</td>
</tr>
</table>

三、初级长拳（第三路）动作图解

（一）预备动作

预备势：并步站立，两臂自然下垂。目视前方。（图 8-2-1）

1. 虚步亮掌

（1）右脚向右后方撤步成左弓步。右掌向右前上方划弧，掌心向上，左掌提至腰侧，掌心向上。目视右掌。

（2）重心后移，右腿微屈，左掌从右掌上向前穿出，右掌收至腰侧，掌心朝上。目视左掌。

（3）重心继续后移，左脚稍向右移，成左虚步，左臂内旋，向左向后画弧成反勾手；右手继续向后、向右、向前上方画弧，在头上屈腕亮掌。目视左方。（图 8-2-2）

图 8-2-1　预备势

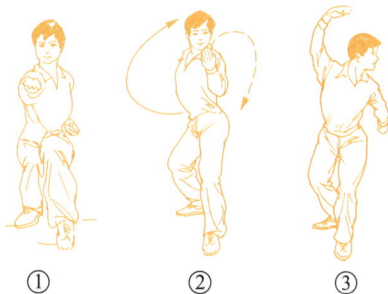

① ② ③

图 8-2-2　虚步亮掌

2. 并步对拳

（1）右腿蹬直，左膝提起。上肢姿势不变。

（2）左腿前落，左勾手变掌经左肋前伸；右臂外旋向前下落于左掌右侧，两掌同高，掌心均向上。

虚步亮掌

并步对拳
（预备动作）

（3）右脚前上一步，两臂向下后摆。

（4）左脚向右脚并步，两臂向外、向上，经胸前屈肘对拳下按至小腹前，拳心向下。目视左侧。（图8-2-3）

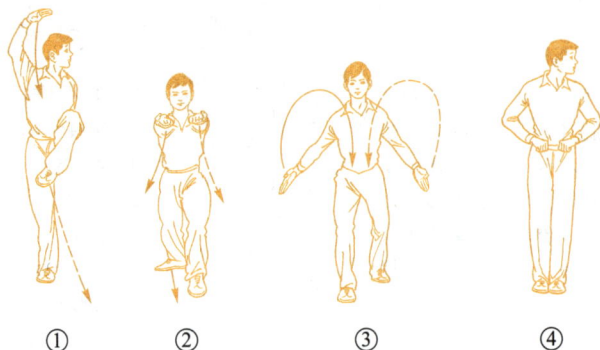

①   ②   ③   ④

图 8-2-3　并步对拳

（二）第一段

1. 弓步冲拳

（1）左脚向左上一步成半马步，左臂向上向左格打，拳眼向后，与肩同高；右拳收至腰侧，拳心向上。目视左拳。

（2）右腿蹬直成左弓步。左拳收至腰侧，拳心向上；右拳前冲，高与肩平。拳眼向上，目视右拳。（图8-2-4）

2. 弹腿冲拳

重心前移，左腿独立，弹右腿，高与腰平。右拳收至腰侧，左拳前冲，拳眼向上。目视前方。（图8-2-5）

3. 马步冲拳

右脚前落，上体左转90°成马步。左拳收至腰侧；右拳前冲，拳眼向上。目视右拳。（图8-2-6）

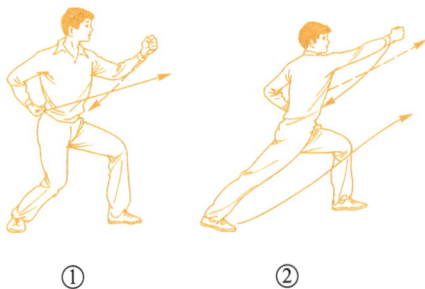

①   ②

图 8-2-4　弓步冲拳　　　图 8-2-5　弹腿冲拳　　图 8-2-6　马步冲拳

4. 弓步冲拳

（1）上体右转 90° 成半马步。右臂屈肘向右格挡，拳眼向后。目视右拳。

（2）左腿蹬直成右弓步。右拳收至腰侧；左拳前冲，拳眼向上。目视左拳。（图 8-2-7）

5. 弹腿冲拳

重心前移，右腿独立，弹左腿高与腰平。左拳收至腰侧；右拳前冲，拳眼朝上。目视前方。（图 8-2-8）

弹腿接大
跃步前穿
接弓步
推掌

① ②

图 8-2-7　弓步冲拳　　　　　　图 8-2-8　弹腿冲拳

6. 大跃步前穿

（1）左腿屈膝。右拳变掌内旋，以手背向下挂至膝外侧，上体前倾。目视右手。

（2）左腿前落，两腿微屈，右掌继续向后挂，左拳变掌向后、向下伸直。目视右掌。

（3）前提右膝，左脚立即猛力蹬地向前跃出，两掌向前、向上画弧摆起。目视左掌。

（4）两脚依次（右先左后）落地后成仆步，右掌变拳收至腰侧；左掌由上向右、向下画弧成立掌，停于右胸前。目视左脚。（图 8-2-9）

① ② ③ ④

图 8-2-9　大跃步前穿

7. 弓步推掌

右腿蹬直成左弓步。左掌经左脚面向后画弧至身后成反勾手，臂伸直。右掌变立掌向前推出。目视右掌。（图 8-2-10）

8. 马步架掌

（1）重心后移，上体右转90°成马步。右臂稍屈，向左侧平摆；同时左勾手变掌，由后经左腰侧从右臂内侧向前上穿出，掌心均向上。目视左手。

（2）右掌立于左胸前，左臂向左上屈肘，亮掌于头部左上方，掌心向前。目视右方。（图8-2-11）

图 8-2-10　弓步推掌　　　　　　　　　图 8-2-11　马步架掌

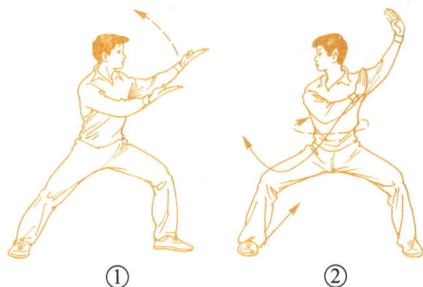

（三）第二段

1. 虚步栽拳

（1）右脚蹬地，屈膝提起；左腿伸直，以前脚掌为轴向右后转体180°；右掌向下，经右腿外侧向后画弧成勾手；左臂随身体转动外旋，使掌心朝右。目视右手。

（2）右脚向右落地，成左虚步。左掌变拳下落于左膝上，拳眼向里，拳心向后；右勾手变拳上架于头右上方，拳心向前。目视左方。（图8-2-12）

2. 提膝穿掌

（1）右腿稍伸直。右拳变掌收至腰侧，掌心向上；左拳变掌由下、向左、向上画弧盖压于头上方，掌心向前。

（2）右腿蹬直，提左膝。右掌经左臂内侧向右前上方穿出，掌心向上，左掌收至右胸前成立掌。目视右掌。（图8-2-13）

3. 仆步穿掌

右腿全蹲，左腿向左后方铲出成左仆步。右臂不动，左掌向下经左腿内侧立掌向左脚面穿出。目随左掌转视。（图8-2-14）

第二段完整动作

提膝穿掌接仆步穿掌接虚步挑掌

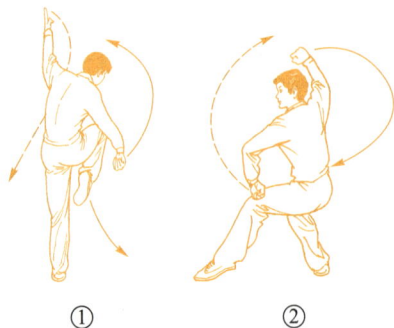

图 8-2-12　虚步栽拳　　　　图 8-2-13　提膝穿掌　　　　图 8-2-14　仆步穿掌

4. 虚步挑掌

（1）重心前移成左弓步。右掌稍下降，左掌随重心移动向前挑起。

（2）右脚向左前方上步成右虚步。身体随上步转180°。同时左掌由前向上、向后画弧成立掌，指尖与眼相平。目视右掌。（图8-2-15）

5. 马步击掌

（1）右脚落地，左掌变拳收至腰侧，右掌俯掌向外捋手。

（2）左脚向前上一步，以右脚为轴向右后转体180°，两腿下蹲成马步，左掌从右臂上立掌向左侧击出，右掌变拳收至腰侧。目视左掌。（图8-2-16）

①　　　　　　　②　　　　　　　①　　　　　　　②

图 8-2-15　虚步挑掌　　　　　　图 8-2-16　马步击掌

6. 叉步双摆掌

（1）重心稍右移，同时两掌向下、向右摆，掌指均朝上。目视右掌。

（2）右脚向左腿后插步。两臂继续向上、向左摆，停于身体左侧，均成立掌。右掌立于左肘窝处。目随双掌转视。（图8-2-17）

7. 弓步推掌

（1）两腿不动。左掌收至腰侧，掌心向上。右掌向上、向右画弧，掌心向下。

（2）左腿后撤一步成右弓步。右掌向下、向后摆动成反勾手。左掌成立掌向前推出。目视左掌。（图8-2-18）

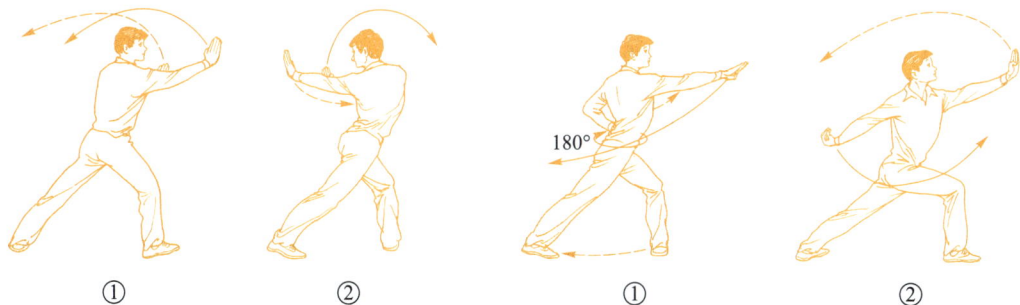

①　　　　　　　②　　　　　　　①　　　　　　　②

图 8-2-17　叉步双摆掌　　　　　　图 8-2-18　弓步推掌

8. 转身踢腿马步盘肘

（1）两脚以前脚掌为轴向左后转体180°。同时左臂向上、向前画半立圆，右臂向下、向后画半圆。

（2）上动不停，两脚不动，右臂由后向上、向前画半圆，左臂由前向下、向后画半立圆。

（3）上动不停，右掌向下成反勾手，左臂向上亮掌，掌心向前上方，右腿伸直，勾脚尖踢起。

（4）右脚向前落地，右手不动；左臂屈肘下落于胸前，掌心向下。目视左掌。

（5）上体左转90°，两腿下蹲成马步。同时左掌向前、向左平捋变拳收至腰侧；右臂伸直，勾手变拳由体后向右、向前平摆至体前屈肘，肘尖向前，高与肩平，拳心向下。目视肘尖。（图8-2-19）

图 8-2-19　转身踢腿马步盘肘

（四）第三段

1. 歇步抡砸拳

（1）重心稍升高，右臂由胸前向上、向右抡直，左臂向下、向左抡直。目视右拳。

（2）上动不停，两脚以脚前掌为轴向右后转体180°。右臂向下、向后抡摆，左臂向上、向前随身转动。

（3）接上动，两腿全蹲成歇步。左臂随身体下蹲向下平砸，拳心向上，肘部微屈；右臂伸直向后上举起。目视左拳。（图8-2-20）

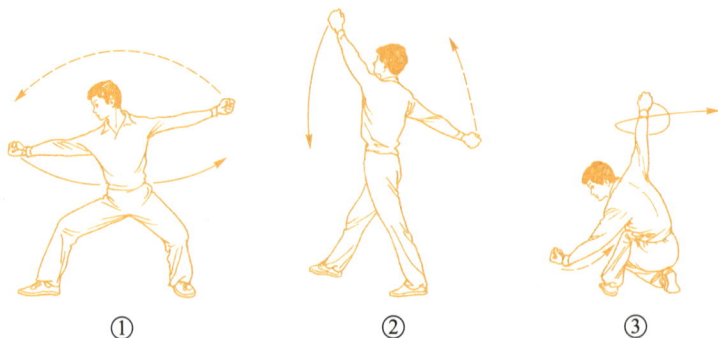

图 8-2-20　歇步抡砸拳

2. 仆步亮掌

（1）左脚由右腿后抽出向前上一步成右弓步。左拳收至腰侧，右拳变掌向下，经胸前向右横击掌。目视右掌。

（2）右脚蹬地屈膝提起，上体右转。左拳变掌从右掌上向前穿出，掌心向上，右掌平收至左肘下。

（3）右脚向右落步成左仆步。左掌向下、向后画弧成勾手，右掌向右、向上画弧亮掌，掌心向前，头随右手转动。亮掌时，目视左方。（图8-2-21）

图8-2-21 仆步亮掌

3. 弓步劈拳

（1）右腿蹬地立起，左腿收回并向左前方上步。右掌变拳收至腰侧，左勾手变掌由下向前上经胸前向左捋手。

（2）右脚经左腿前方绕一步成右弓步。左手向左平捋后再向前挥摆，虎口朝前。

（3）在左手平捋的同时，右拳向后平摆，然后再向前、向上抡劈拳，拳高与耳平，拳心向上，左掌外旋扶右前臂。目视右拳。（图8-2-22）

图8-2-22 弓步劈拳

4. 换跳步弓步冲拳

（1）重心后移，右脚稍向后移动。右拳变掌，右臂内旋，以掌背向下画弧挂至右膝内侧，左掌背贴靠右肘外侧，掌指向前。目视右掌。

（2）右腿自然上抬，上体稍向左转。右掌挂至身体左侧，左掌伸向右腋下。目随右掌转视。

（3）振右脚，同时左脚急速抬起。右手由左向上、向前捋盖而后变拳收至腰侧；左掌伸直，向下、向上、向前屈肘下按，掌心向下。上体右转，目视左掌。

换跳步到
弓步下冲
拳

（4）左脚前落成左弓步；右拳前冲，高与肩平；左掌藏于右腋下，掌背贴靠腋窝。目视右拳。（图 8-2-23）

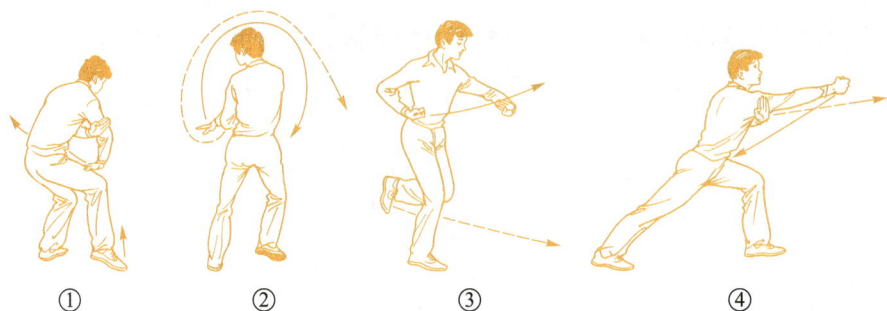

① ② ③ ④

图 8-2-23   换跳步弓步冲拳

5. 马步冲拳

上体右转 90° 成马步。右拳收至腰侧，左掌变拳向左冲击；拳眼向上。目视左拳。（图 8-2-24）

6. 弓步下冲拳

上体左转成左弓步。左拳向下经体前向上，架于头部左上方，右拳向左前下方冲出。目视右拳。（图 8-2-25）

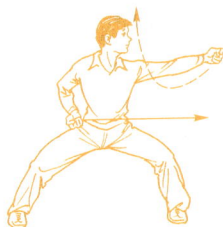

图 8-2-24   马步冲拳   图 8-2-25   弓步下冲拳

7. 叉步亮掌侧踹腿

（1）上体稍右转。左拳由头上下落于右手腕上，右拳变掌，两手交叉成十字。目视双手。

（2）右腿向左腿后插步。左掌向下、向后画弧成反勾手；右掌向右、向上亮掌，掌心向前。目视左侧。

（3）右腿支撑，左腿侧踹。上肢姿势不变。目视左侧。（图 8-2-26）

8. 虚步挑拳

（1）左脚在左侧落地。右掌变拳稍后移，左勾手变拳由体后向左上挑，拳背向上。

（2）上体左转 180°。左拳继续向前、向上画弧上挑，右拳同时向下、向前画弧摆至右膝外侧，同时提右膝。目视右拳。

（3）右脚向左前方上步成右虚步，左拳向后画弧收至腰侧，右拳向上，屈腕挑拳至体前，拳眼向上，与肩同高。目视右拳。（图 8-2-27）

叉步亮掌
侧踹腿接
虚步挑拳

图 8-2-26　叉步亮掌侧踹腿

图 8-2-27　虚步挑拳

（五）第四段

1. 弓步顶肘

（1）重心升高，右脚踏实。右臂内旋向下直臂以拳背下挂至右膝内侧，左拳不变。目视前下方。

（2）左腿伸直，右腿屈膝上抬，左拳变掌，右拳不变，两臂向前、向上画弧摆起。目随右拳转视。

（3）左腿蹬地，身体腾空，两臂继续画弧至头上方。

（4）右脚先落地，接着左脚落地，同时两臂向右、向下屈肘停于右胸前，右拳变掌，左掌变拳，右掌心贴靠左拳面。

（5）左脚向左前上一步成左弓步。右掌推左拳，以左肘尖向左顶出，高与肩平。目视前方。（图 8-2-28）

2. 转身左拍脚

（1）以两脚掌为轴向右转体 180°。随转体，右掌向上、向右、向下画弧抡摆，同时左拳变掌向下、向后、向前抡摆。

（2）左腿伸直绷脚面向上踢起。左掌变拳收至腰侧；右掌由体后向上向前拍击左脚面。（图 8-2-29）

3. 右拍脚

（1）左脚前落，左拳变掌向下向后摆，右掌变拳收至腰侧。

（2）右腿伸直绷脚面向上踢起。左拳变掌由后向上向前拍击右脚面。（图 8-2-30）

第四段完整动作

图 8-2-28　弓步顶肘

图 8-2-29　转身左拍脚　　　　　　图 8-2-30　右拍脚

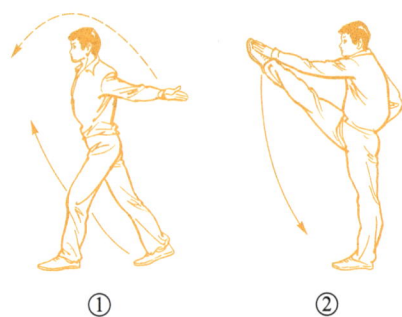

4. 腾空飞脚

（1）右脚前落。

（2）左腿向前摆起，右脚蹬地起跳，左腿屈膝继续上摆。同时右拳变掌向前向上摆起，左掌先向上摆而后下降拍击右掌背。

（3）右腿伸直绷脚面继续上摆。右手拍击右脚面，左掌由体前向后上举。（图 8-2-31）

5. 歇步下冲拳

（1）左右脚先后落地。左掌变拳收至腰侧。

（2）身体右转 90°，两腿全蹲成歇步。右掌抓握，外旋变拳收至腰侧，左拳向前下冲击，拳心向下。目视左拳。（图 8-2-32）

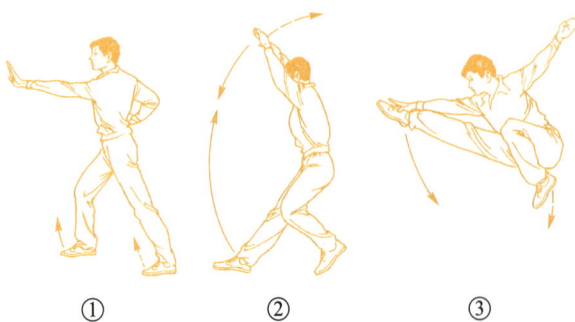

图 8-2-31　腾空飞脚　　　　　　　图 8-2-32　歇步下冲拳

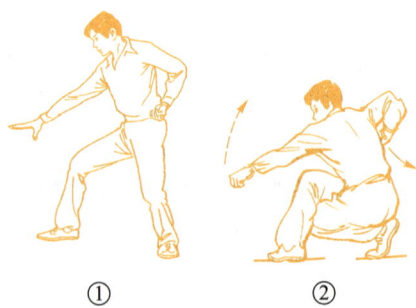

6. 仆步抡劈拳

（1）重心升高，右臂向体后伸直，左臂随身体重心升高向上摆起。

（2）以右脚掌为轴向左转体270°，同时左膝提起。左拳由前向后下画立圆一周，右拳由后下向前上画立圆一周。

（3）左腿向后落步成右仆步。右拳由上向下抡劈，拳眼向上，左拳后上举，拳眼向上。目视右拳。（图8-2-33）

图 8-2-33　仆步抡劈拳

7. 提膝挑掌

（1）重心前移成右弓步。同时右拳变掌由下向上抡摆，左拳变掌稍下落，右掌心向左，左掌心向右。

（2）左、右臂在垂直面上由前向后各画立圆一周，右臂伸直上举，掌心向左，掌指向上，左臂伸直停于身后成反勾手，同时提右膝，左腿支撑。目视前方。（图8-2-34）

8. 提膝劈掌—弓步冲拳

（1）两腿不动，右掌向下猛劈伸直，停于右小腿内侧，力达小指一侧，左勾手变掌向前停于右上臂内侧，掌心向左。目视右掌。

（2）右脚向右后落地，身体右转90°。同时左掌变拳收至腰侧，右臂内旋向右画弧劈掌。

（3）上动不停，左腿蹬成右弓步，右手抓握变拳收至腰侧，左拳前冲。目视左拳。（图8-2-35）

提膝挑掌接劈掌接弓步冲拳

图 8-2-34　提膝挑掌　　　图 8-2-35　提膝劈掌—弓步冲拳

（六）结束动作

1. 虚步亮掌

（1）右脚扣于左膝后。两拳变掌，两臂右上左下屈肘交叉于体前。目视右掌。

（2）右脚向后落步，屈腿半蹲，上体稍右转。同时右掌向上、向后、向下画弧停在左腋下，左掌向左、向上画弧停于右臂与右胸前，两掌左下右上。目视左掌。

（3）左脚尖稍右移成左虚步。左掌伸直向左、向后画弧成反勾手，右臂伸直向下、向右、向上画弧亮掌，掌心向前。目视左方。（图 8-2-36）

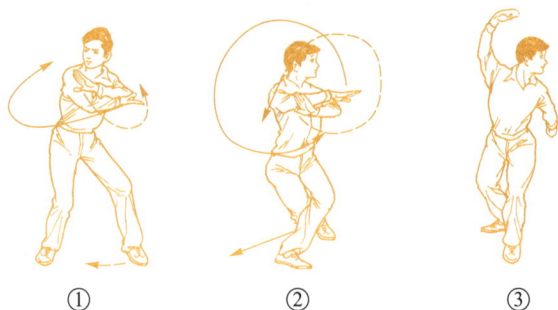

①　　　　　　②　　　　　　③

图 8-2-36　虚步亮掌

2. 并步对拳

（1）左腿后撤一步。同时两掌从腰侧向前穿出伸直，掌心向上。

（2）右腿后撤一步。同时两掌分别从体侧下摆。

（3）左腿后退半步向右脚并拢。两臂由后向上经体前屈臂下按，两掌变拳停于腹前，拳心向下，拳面相对。目视右方。（图 8-2-37）

3. 还原

两臂自然下垂，目视前方。（图 8-2-38）

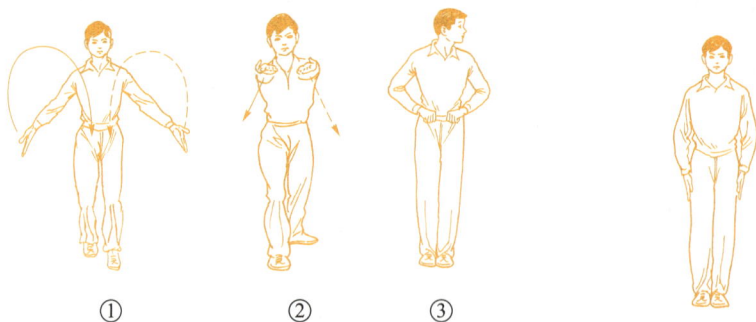

①　　　　　　②　　　　　　③

图 8-2-37　并步对拳　　　　　　图 8-2-38　还原

并步对拳
（结束动作）

第三节　24 式简化太极拳

一、24 式简化太极拳介绍

24 式简化太极拳是原国家体委于 1956 年组织太极拳专家汲取杨氏太极拳之精华编串而成的，又称简化太极拳。24 式简化太极拳虽然只有 24 个动作，但相比传统的太极拳套路来讲，其内容更显精练，动作更显规范，更能充分体现太极拳运动的特点。

二、24 式简化太极拳动作名称（表 8-3-1）

表 8-3-1　太极拳动作名称

第一组	第二组	第三组	第四组
1. 起势 2. 左右野马分鬃 3. 白鹤亮翅	4. 左右搂膝拗步 5. 手挥琵琶 6. 左右倒卷肱	7. 左揽雀尾 8. 右揽雀尾	9. 单鞭 10. 云手 11. 单鞭

第五组	第六组	第七组	第八组
12. 高探马 13. 右蹬脚 14. 双峰贯耳 15. 转身左蹬脚	16. 左下势独立 17. 右下势独立	18. 左右穿梭 19. 海底针 20. 闪通臂	21. 转身搬拦捶 22. 如封似闭 23. 十字手 24. 收势

三、24 式简化太极拳动作图解

预备势：身体自然直立，两脚并拢，两腿自然伸直。两臂下垂，手指微屈，两手垂于大腿外侧。头颈正直，下颌微收，口闭齿扣，舌抵上腭。精神集中，表情自然，双眼平视前方。

（一）起势

两脚开立与肩同宽，双臂慢慢前平举，同时屈膝按掌。（图 8-3-1）

起势

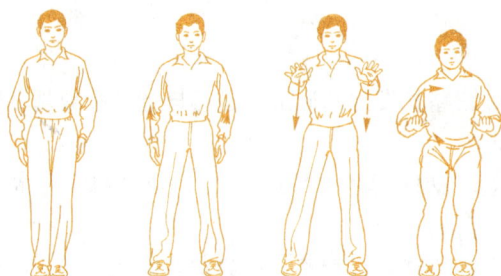

① 两脚开立　② 两臂前举　③ 屈膝按掌

图 8-3-1　起势

（二）左右野马分鬃

收脚抱球，转身上步，弓步分靠；后坐撇脚，跟步抱球，转体出步，弓步分手；后坐撇脚，跟步抱球，转身出步，弓步分靠。（图 8-3-2）

① 收脚抱球　　　② 左转出步　　　③ 弓步分手

④ 后坐撇脚　　⑤ 跟步抱球　　⑥ 右转出步　　⑦ 弓步分手

⑧ 后坐撇脚　　⑨ 跟步抱球　　⑩ 左转出步　　⑪ 弓步分手

图 8-3-2　左右野马分鬃

（三）白鹤亮翅

跟步抱球，后坐举臂，虚步分手。（图 8-3-3）

白鹤亮翅

①跟半步胸前抱球　②后坐举臂　③虚步分手

图 8-3-3　白鹤亮翅

（四）左右搂膝拗步

转体落手，转体收脚，出步屈肘，弓步搂推，后坐撤脚，转体跟腿，出步屈肘，弓步搂推，后坐撤脚，转体跟脚，出步屈肘，弓步搂推。（图 8-3-4）

搂膝拗步

①左转落手　②右转收脚举臂　③出步屈肘　④弓步搂推

⑤后坐撤脚　⑥跟步举臂　⑦出步屈肘　⑧弓步搂推　⑨后坐撤脚

⑩跟步举臂　⑪出步屈肘　⑫弓步搂推

图 8-3-4　左右搂膝拗步

（五）手挥琵琶

跟步展手，后坐挑掌，虚步合臂。（图 8-3-5）

①跟步展手　　②后坐挑掌　　③虚步合臂

图 8-3-5　手挥琵琶

（六）左右倒卷肱

右转体错手翻掌，提膝屈肘，虚步推掌；左转体错手翻掌，提膝屈肘，后坐，虚步推掌。左右各再重复一次。（图 8-3-6）

①两手展开　　　　②提膝屈肘　　　　③撤步错手

④后坐推掌

⑤提膝屈肘　　　　　　　⑥撤步错手

⑦后坐推掌

图 8-3-6　左右倒卷肱

（七）左揽雀尾

转体撇手，收脚抱球，迈步分手，弓腿掤臂，转体伸臂，转身后捋，转体搭手，弓步前挤，后坐分手，弓步按掌。（图 8-3-7）

左揽雀尾

①右转收脚抱球　　　②左转出步　　　③弓步掤臂

④后坐右转下捋　　　⑤左转出步搭腕　　　⑥弓步前挤

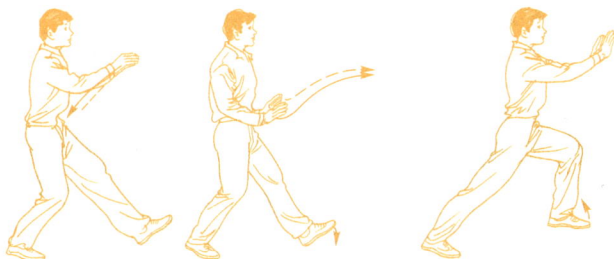

⑦后坐分手　　　⑧弓步按掌

图 8-3-7　左揽雀尾

（八）右揽雀尾

转身分手，收脚抱球，转体上步，弓步掤臂，转体旋臂，后坐下捋，转身后捋，转体搭手，弓步前挤，弓步分掌，后坐引手，弓步推掌。（图 8-3-8）

① 后坐扣脚　　② 右转分手　　③ 收脚抱球　　④ 右转出步

⑤ 弓步掤臂　　⑥ 后坐左转下捋　　⑦ 右转出步搭手　　⑧ 弓步前挤

⑨ 后坐分手　　⑩ 弓步推掌

图 8-3-8　右揽雀尾

（九）单鞭

转身扣脚云手，云手、勾手、收脚，转身上步；弓步推掌。（图 8-3-9）

① 左转扣脚　　② 右转收脚展臂　　③ 出步勾手

④ 弓步推掌

图 8-3-9　单鞭

（十）云手

转体扣脚、撑掌、云手，撑掌收步，转体云手，撑掌出步，转体云手；撑掌收步，转体云手；右云翻掌开步；左云翻掌收步。（图 8-3-10）

云手

　　　① 右转落手　　　　　　　　　　　② 左转云手

③ 并步按掌　　④ 右转云手　　　⑤ 出步按掌　　⑥ 左转云手

⑦ 并步按掌　　⑧ 右转云手　　　　　⑨ 并步按掌

图 8-3-10　云手

单鞭 2

（十一）单鞭

右转勾手，转身上步，弓步推掌。（图 8-3-11）

① 落步右转举臂　　② 出步勾手　　③ 弓步推掌

图 8-3-11　单鞭

高探马

（十二）高探马

跟步后坐展手，坐腿屈臂，虚步探掌。（图 8-3-12）

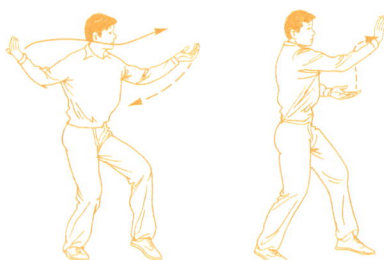

① 后坐展手　　② 虚步推掌

图 8-3-12　高探马

右蹬脚

（十三）右蹬脚

穿手提脚上步，弓步分手画弧，抱手收脚，分手蹬脚。（图 8-3-13）

① 提脚收手　　② 左转出步　　③ 弓步画弧

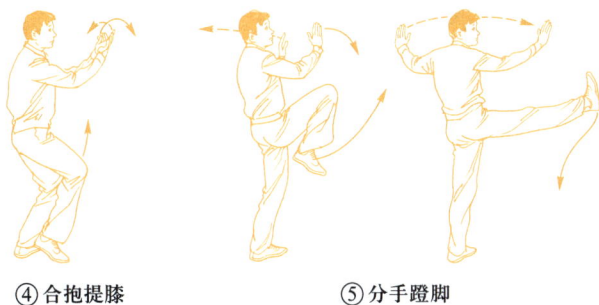

④合抱提膝　　　⑤分手蹬脚

图 8-3-13　右蹬脚

（十四）双峰贯耳

收脚屈膝并手，落脚出步落手，弓步贯拳。（图 8-3-14）

双峰贯耳

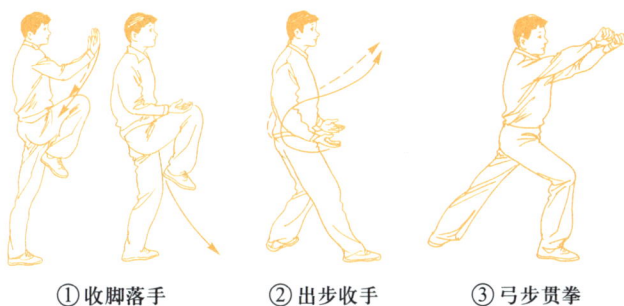

①收脚落手　　　②出步收手　　　③弓步贯拳

图 8-3-14　双峰贯耳

（十五）转身左蹬脚

左转展手，收脚抱手，分手蹬脚。（图 8-3-15）

左转身蹬脚

①后坐扣脚　　②左转展手　　　③合抱提膝　　　　④分手蹬脚

图 8-3-15　转身左蹬脚

（十六）左下势独立

收脚勾手，屈蹲开步，穿掌下势，弓步起身，提膝挑掌。（图 8-3-16）

左下势独立

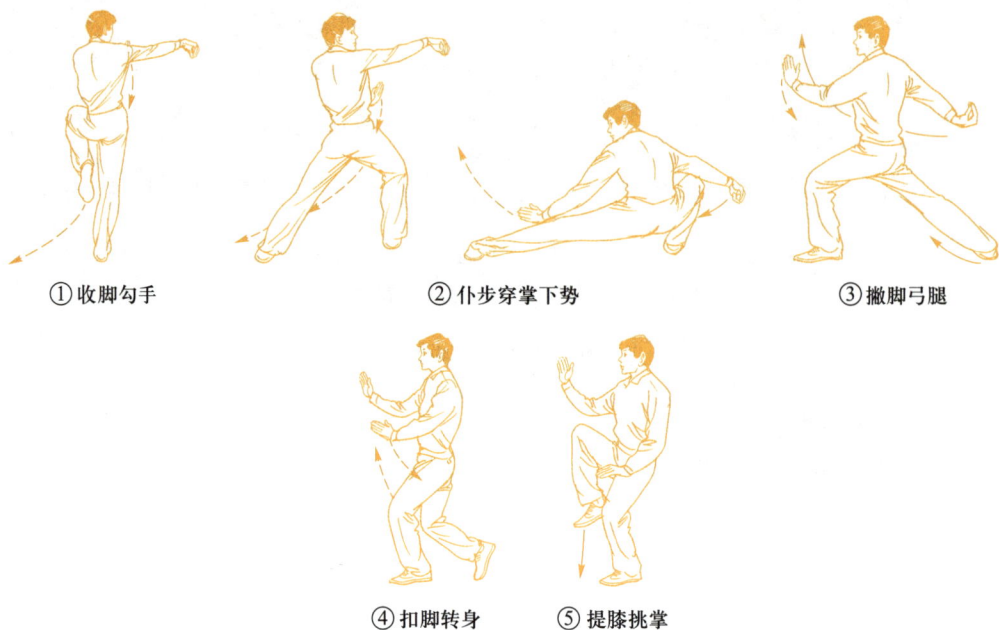

①收脚勾手　　　　　②仆步穿掌下势　　　　　③撇脚弓腿

④扣脚转身　　　⑤提膝挑掌

图 8-3-16　左下势独立

（十七）右下势独立

落脚左转身勾手，屈蹲开步，穿掌下势，弓步起身，提膝挑掌。（图 8-3-17）

右下势独立

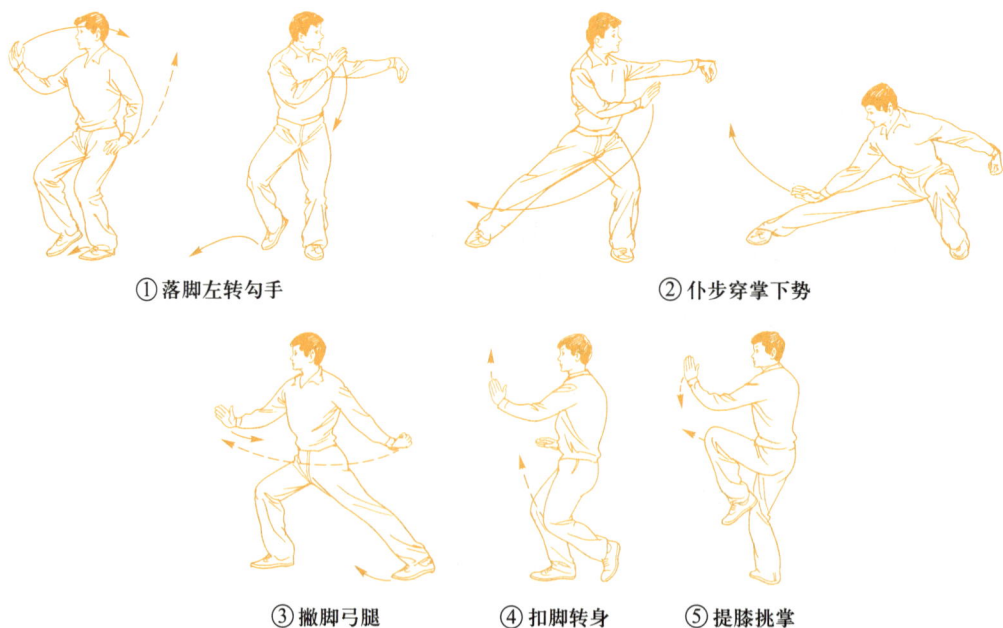

①落脚左转勾手　　　　　　　　　②仆步穿掌下势

③撇脚弓腿　　　④扣脚转身　　　⑤提膝挑掌

图 8-3-17　右下势独立

（十八）左右穿梭

如图 8-3-18 所示。

①落步落手　②跟步抱球　③右转出步　④弓步推架

⑤跟步抱球　⑥左转出步　⑦弓步推架

图 8-3-18　左右穿梭

左右穿梭

1. 右穿梭

落脚抱球，右转上步错手，弓步架推掌。

2. 左穿梭

转身撇脚，跟步抱球，左转上步错手，弓步架推掌。

（十九）海底针

跟步落手，虚步下插掌。（图 8-3-19）

（二十）闪通臂

起身收脚举臂，弓步推架。（图 8-3-20）

海底探针

闪通臂

①跟步落手　②虚步插掌　①收脚举臂　②出步翻掌　③弓步推架

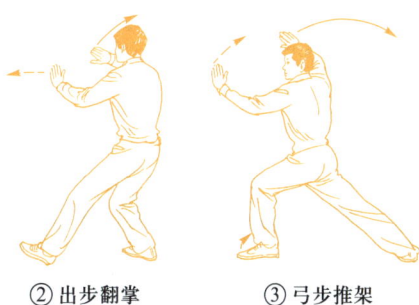

图 8-3-19　海底针　　图 8-3-20　闪通臂

（二十一）转身搬拦捶

后坐转身扣脚，收脚坐腿握拳，摆步搬拳，转体收拳，上步拦掌，弓步打拳。（图 8-3-21）

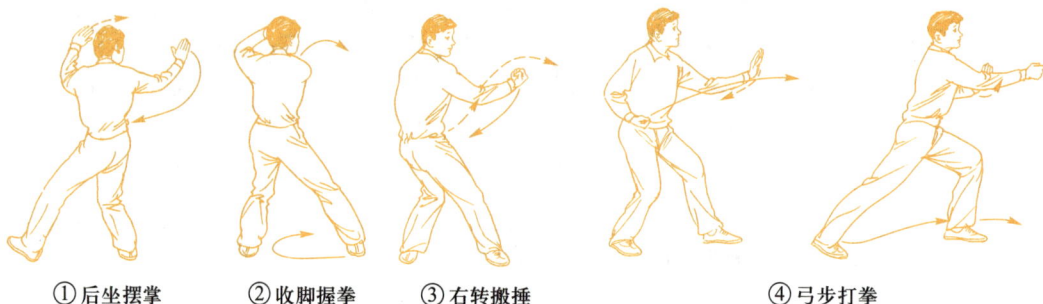

① 后坐摆掌   ② 收脚握拳   ③ 右转搬捶   ④ 弓步打拳

图 8-3-21   转身搬拦捶

（二十二）如封似闭

穿臂翻掌，后坐收掌，弓步推掌。（图 8-3-22）

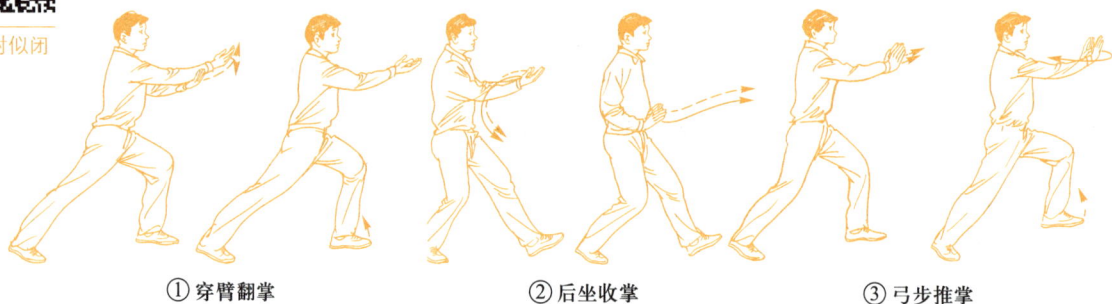

① 穿臂翻掌   ② 后坐收掌   ③ 弓步推掌

图 8-3-22   如封似闭

（二十三）十字手

转体扣脚，撇脚分手；交叉搭手，收脚合抱。（图 8-3-23）

① 后坐扣脚   ② 右转撇脚分手   ③ 收脚合抱

图 8-3-23   十字手

（二十四）收势

翻掌分手，两臂下落，并步还原。（图 8-3-24）

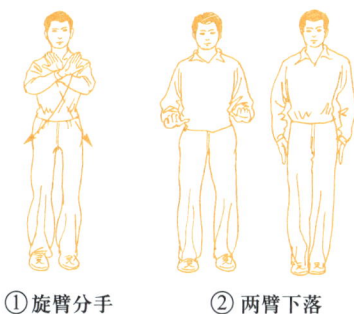

①旋臂分手　　②两臂下落

图 8-3-24　收势

第四节　健身气功八段锦

一、八段锦介绍

八段锦从北宋开始流传，在历代流传的过程中形成了许多练法和各具特色的流派。有坐八段锦与立八段锦，北八段锦与南八段锦，文八段锦与武八段锦，少林八段锦与太极八段锦之分等。

古人把这套动作比喻为"锦"，意为动作舒展优美，体式古朴高雅，如锦缎般优美、柔顺，又因为功法共为八段，每段一个动作，故名为"八段锦"。八段锦动作简单，易记易学，适合男女老少等不同人群习练。传统医学认为，八段锦柔筋健骨、养气壮力，具有行气活血、协调五脏六腑之功能。

二、八段锦动作名称

预备势

第一式　两手托天理三焦	第二式　左右开弓似射雕
第三式　调理脾胃需单举	第四式　五劳七伤往后瞧
第五式　摇头摆尾去心火	第六式　两手攀足固肾腰
第七式　攒拳怒目增气力	第八式　背后七颠百病消

收势

三、八段锦动作图解

1. 预备势

并步站立，左脚侧开半步，两脚与肩同宽。两掌向两侧摆起，然后慢慢屈膝，两掌合抱于腹前（图 8-4-1）。

2. 两手托天理三焦

两臂下落于腹前，两掌交叉（图8-4-2①）。两掌缓慢上托，两腿慢慢伸直，当两掌上托到胸前时，翻掌向头上方托起，充分抬头，动作不停（图8-4-2②）。两臂伸直，下颌微收，略停2 s。最后，两臂向身体两侧下落，松腰松胯，两膝微屈，两掌捧于腹前（图8-4-2③）。重复上述动作。

图 8-4-1　预备势　　　　　图 8-4-2　两手托天理三焦

3. 左右开弓似射雕

右移重心，左脚侧开一步，直腿站立，两臂合抱于胸前，左掌在外（图8-4-3①）。左掌立掌成八字掌，右掌屈指成爪，两腿半蹲成马步，两手分别向左右两侧拉爪推掌，犹如拉弓射箭，略停2 s，眼睛看八字掌方向（图8-4-3②）。随后，重心右移，两手变自然掌，右手向右侧打开，眼睛看右掌（图8-4-3③）。最后，左脚回收，并步站立，两掌分别由两侧下落，捧于腹前（图8-4-3④）。换方向后重复上述动作，最后一遍时，收半步，成开步站立（图8-4-3⑤）。

图 8-4-3　左右开弓似射雕

4. 调理脾胃须单举

两腿慢慢伸直，右掌斜向上托起，左掌慢慢转掌下按，两臂在上托下按的过程中，如怀抱婴儿（图8-4-4①）。右掌过胸之后，旋臂上托，上托之掌有托天之势，下按之掌有挂地之力，舒胸展体，拔长腰脊，略停2 s（图8-4-4②）。随后，松腰沉髋，两膝微屈，右掌经面前下落至腹前，右掌转掌下按同时左掌经体前向左上方托起。重复上

左右开弓
似射雕

调理脾胃
须单举

述动作（图 8-4-4 ③）。最后一遍时，右掌从体前下落，成伏案式（图 8-4-4 ④）。

图 8-4-4　调理脾胃须单举

5. 五劳七伤往后瞧

两腿慢慢直立，两臂伸直，掌心向后，指尖向下（图 8-4-5 ①）。随之，两臂充分外旋，掌心逐渐转向上方，头向右后方转动，目视右斜后方，展胸夹背，略停 2 s（图 8-4-5 ②）。然后，松腰沉髋，两腿微屈，含胸松背，两臂回旋按于髋旁，恢复成伏案式。向另一侧重复上述动作（图 8-4-5 ③），最后一遍时，两掌合抱于腹前（图 8-4-5 ④）。

图 8-4-5　五劳七伤往后瞧

6. 摇头摆尾去心火

右脚平开一步，两掌上托至头上方，目视前方（图 8-4-6 ①）。两腿慢慢半蹲成马步，两臂向两侧落下，掌指轻轻扶于大腿处（图 8-4-6 ②）。上体右倾，随之俯身，经体前旋至右侧，成右偏马步，向右侧顶髋，并向前、左、后旋转，同时向右仰面摇头至身体中位（图 8-4-6 ③④）。最后，收下颌，敛尾间，立身中正，目视前方。向另一侧重复动作，最后一遍时，右脚回收成开步站立，两掌经两侧上举下按到腹前，屈膝微蹲（图 8-4-6 ⑤）。

7. 两手攀足固肾腰

两臂向前上举起，下按于胸前（图 8-4-7 ①②）。随之弓身，掌心向上转，顺势沿腋下向背后插掌，沿脊柱两侧向下摩运到臀部（图 8-4-7 ③）。上体前俯，头颈自然，两掌继续沿腿向后摩运，经两脚外侧置于脚面，抬头，拔长腰脊，略停 2 s（图 8-4-7 ④）。最后，两掌沿地面尽量前伸，以臂带身，慢慢起身，拉长腰身，回到开始时的动作（图 8-4-7 ⑤）。重复上述动作，最后一遍时，两掌向前下方落下，落于腹前，屈膝微蹲（图 8-4-7 ⑥）。

五劳七伤
往后瞧

摇头摆尾
去心火

两手攀足
固肾腰

图 8-4-6　摇头摆尾去心火

图 8-4-7　两手攀足固肾腰

8. 攒拳怒目增气力

左脚开步，两腿屈膝半蹲成马步，两掌握固，抱于腰侧（图 8-4-8 ①）。左拳缓慢用力向前冲出，拳要握紧，力达拳面，脚趾抓地，眼睛逐渐圆睁，目视左拳冲出方向（图 8-4-8 ②）。接下来做旋腕，左拳变掌，转虎口朝下，旋绕一周后，变拳握固收回腰间（图 8-4-8 ③）。另一侧重复动作（图 8-4-8 ④）。最后一遍时，身体重心右移，左脚回收成并步站立，两拳变掌，自然垂于体侧（图 8-4-8 ⑤⑥）。

图 8-4-8　攒拳怒目增气力

9. 背后七颠百病消

并步站立，两脚跟提起，脚趾抓地，提踵而立，同时提肛、收腹、松肩、垂肘、立项竖脊，略停 2 s（图 8-4-9 ①②）。然后，脚跟徐缓下落，轻震地面，全身放松（图

8-4-9③）。重复上述动作。

10. 收势

两臂向两侧摆起，缓缓合抱于小腹，两掌相叠。静养片刻后，两臂自然下落。收势时，意念归一，宁心静养，感觉气沉丹田，小腹部温暖舒适（图8-4-10）。

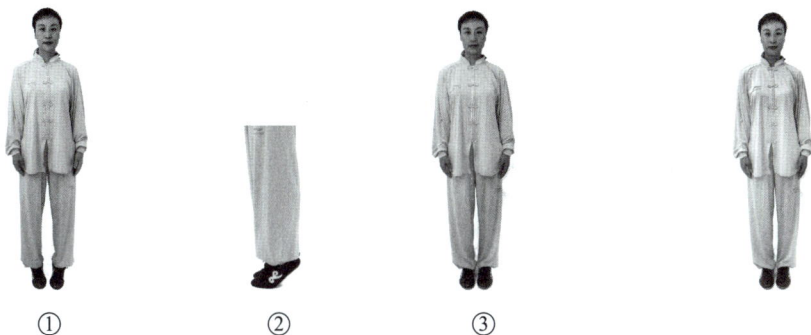

① ② ③

图 8-4-9　背后七颠百病消　　　　　　　　图 8-4-10　收势

思　考　题

1. 长拳有哪些特点？
2. 简述24式简化太极拳动作名称。
3. 简述健身气功八段锦的功能。

第九章　　游泳运动

【章前导言】

　　游泳是男女老幼都喜欢的体育项目。游泳不仅能使人心情愉悦，塑造匀称而优美的体形，还能增强体质，提高身体素质水平，增强心血管系统机能。游泳被认为是最健康、最有效、最科学的运动项目。近年来，中国运动健儿在世界重大游泳比赛中取得了骄人的成绩，吸引了青年人广泛关注，部分高职院校开设了爬泳、蛙泳、侧泳、赛艇、帆板等运动课程，学生参与热情高涨。本章重点介绍游泳运动基本知识，以及蛙泳、爬泳等实用性游泳技术，可为学生参与游泳运动奠定基础。

【学习目标】

1. 了解游泳运动的起源与发展、锻炼价值、基本规则等知识。
2. 了解熟悉水性的动作方法，能够适应水环境。
3. 掌握蛙泳和爬泳的基本技术及练习方法。
4. 能够安全地参加游泳运动，在运动中享受乐趣、增强体质。

"中国飞鱼"奋勇拼搏　勇登奥运之巅

"今天，我打破了世界纪录，也为中国游泳赢得了开门红。在我下水的前一刻，我感受到了大家的期待。"2024年7月31日的拉德芳斯体育馆，潘展乐以破世界纪录的成绩拿到了游泳比赛中分量最重的金牌——男子100米自由泳金牌。在这场飞鱼大战中，潘展乐没有给对手任何机会，全程领先，让所有对手输得心服口服。

在中国游泳多日未能夺金的困难局面下，潘展乐的这块金牌不仅是一块金牌，而且是整个队伍士气提升的催化剂。赛前，记者曾让潘展乐分析一下对手，小伙子的回答出人意料，"没分析过，他们又没超过我46秒80的成绩，而且这次比赛我肯定是要突破这个成绩的。"潘展乐说到做到，他不仅刷新了个人最好成绩，而且创造了闪闪发光的、崭新的世界纪录——46秒40，一个足以让所有对手没有脾气的成绩。在看到显示在大屏幕上的世界纪录时，全场观众也毫不吝啬地将掌声和喝彩送给了潘展乐，真正的强者永远值得人尊敬。

潘展乐并不是完美的天赋型选手，更多的是靠后天的努力才达到如今的高度。良好的身体条件、刻苦的训练方式、百折不挠的精神和对冠军的强烈渴望，才让潘展乐具备了大展宏图的资本。夺冠后，他依然保持热爱游泳的初心，始终坚持着每天将近15 000米的训练量，50米、100米来回冲刺，认真练好每一个动作。在每一场激烈的比赛中，潘展乐始终保持着坚定的信念和自信。他的每一次划水、每一次呼吸都充满了力量与决心，他的成功，是对自立自强、奋勇拼搏的最好诠释。

第一节　游泳运动基本知识

一、游泳运动概述

（一）游泳运动的起源与发展

游泳是人们利用水的自然特性，使人在水的浮力作用下向上漂浮，凭借浮力借助肢体进行有规律的运动技能。它不是人类天生的技能，而是后天形成的一种技能活动，它对人类生存和发展起着重要的作用。人们要在水中洗浴、捕捞食物、躲避野兽的伤害，通过模仿水中动物的姿势和动作而逐渐学会了在水中漂浮、移动、潜行等各种活动技能，这就是最早的游泳。

随着人类社会的发展，生产劳动、军事及生活的需要，又产生了许多泅水方法和游泳技能，如狗爬式、大爬式、踩水（扁担浮）、潜水（扎猛子）等多种游法，这些方法至今还在民间流传。游泳作为一项体育运动出现，是在 1896 年希腊雅典举行的第 1 届现代奥林匹克运动会上，当时游泳比赛只设男子 100 米、500 米、1 000 米自由泳三个单项，此后的奥林匹克运动会上又增加仰泳、蛙泳和自由泳接力等竞赛内容。1908 年在英国伦敦举办第 4 届奥林匹克运动会上，成立了国际业余游泳联合会，审定各项游泳世界纪录，并制定游泳比赛规则。1912 年在瑞典举行的第 5 届奥林匹克运动会上，开始将女子游泳列为比赛项目。1952 年第 15 届奥林匹克运动会后设置蛙泳和蝶泳两个单项。从此，竞技游泳确立了四种泳姿的正式比赛。

（二）游泳运动的锻炼价值

游泳与其他运动项目不同，它是在水中特定的环境中进行。既对生产生活、国防建设等活动有重要价值，又能强身健体，其作用体现在以下三方面。

1. 保障生命安全

水有时非常可怕，也非常具有破坏性。无论是主动下水作业、玩耍、纳凉，还是被动落水、突遇自然灾害等，会游泳就能保证最基本的生存需求。

2. 促进身心健康

游泳是可以终身进行锻炼的运动，也是很受欢迎的健身项目之一。科学进行游泳锻炼，不仅能塑造优美体形、愉悦心理，还能增强体质、提高协调性。

（1）改善人体心血管系统机能。游泳可以增加血管壁的弹性和毛细血管的数量，明显地提高循环系统机能，能良好地保持血压状况，明显加大脉压差。尤其是长距离的游泳，能非常有效地增大心容积，使安静时的心率降低。

（2）改善呼吸系统机能。由于胸腔和腹腔在水中受到的压力加大，人体的呼吸肌群必须用更大的力量进行工作，因此经常游泳可以增强呼吸肌的力量，增强呼吸系统机能，改善肺部通气功能，提高呼吸效率，增加呼吸深度，提高肺活量。

（3）改善肌肉系统机能及塑造健美体形。游泳是一项全身肌肉参与的运动，与其他项目相比，在游泳时可以动员更多的肌肉群参与代谢、提供能量。长期坚持游泳锻炼能提高肌肉力量、速度、耐力及关节的灵活性，使身体得到全面的发展。特别是增强躯干、肩带和上肢的肌肉力量，使肌肉充满弹性和柔韧性，塑造健美的身材。

（4）磨炼意志、培养品质，促进心理健康和智能发展。初学游泳需要克服怕水怕冷的恐惧心理；长期坚持游泳锻炼需要克服怕苦、怕累、怕冷的懒惰心理。游泳可以磨炼意志，培养勇敢顽强、吃苦耐劳的优良品质。

3. 促进生产和国防建设

水是我们生存环境的一部分，生产建设的许多方面都要依靠游泳技能，如水利建设、防洪抢险、沉船捕捞、下水勘探、渔业等。国防、战争、治安等工作的开展也离不开游泳，这也是军队、警察、民兵训练的主要内容之一。

（三）游泳运动的分类

游泳从功能上分为实用游泳、竞技游泳和花样游泳等。

军事上、生产上、生活服务上使用价值较大的游泳方式属于实用游泳。如爬泳（自由泳）、蛙泳、侧泳、潜泳、踩水（立泳）、水上救护、武装泅渡、反蛙泳（仰泳）等。

竞技游泳是指有特定技术要求，按规则规定进行竞赛的游泳项目，主要以速度来决定名次，它可以分为在游泳池比赛和在公开水域比赛两大类，如：自由泳、蛙泳、蝶泳、仰泳和这四种泳姿组成的混合泳以及接力游泳。

花样游泳也称"艺术游泳"，是集舞蹈、体操、游泳等项目于一体的竞技体育项目，对运动员身材、服饰、头饰、音乐及动作编排都有很高的要求，它分为单人、双人、集体比赛项目。通过肢体在水面上的运动，配合音乐，展现出优美动作和造型的艺术技巧性，给观众美好的视觉享受，故有"水上芭蕾"的美誉。

二、熟悉水性

熟悉水性是初学游泳的一个重要环节，是初学游泳者入门必经的阶段。熟悉水性练习，主要目的是让初学者了解水的特性，逐步适应水的环境，消除怕水的心理，培养对水的兴趣；让初学者体会水的阻力、浮力、压力，水的流动性和难以压缩性；学会维持和控制身体在水中平衡及呼吸的方法，为学习和掌握各种竞技游泳姿势打下良好的基础。

（一）水中行走

在齐腰深的水里，做各种方向的步行或奔跑动作练习，通过双手掌拨水维持身体平衡来克服怕水的恐慌心理，以及加快在水中走、跑等动作的速度。熟悉后可以在水中进行走、跑、接力、追逐等游戏。

熟悉水性

（二）浸水憋气与呼吸

两手扶池边（槽）或在同伴的帮助下，深吸一口气，屈膝下蹲缓慢将头部全部浸入水中，憋一口气，再用口慢慢将气呼出，然后站起，当头部离开水面后吸气重复进行。憋气时间可以逐渐延长，在水下要尽量睁开眼睛（图 9-1-1）。

（三）浮体与站立

学习水中的漂浮技术，主要是体会水对人体的浮力，提高和控制身体在水中的平衡能力。

（1）抱膝浮体。原地站立，深吸气后，下蹲低头团身，双手抱住小腿近踝关节处，体会自然飘浮在水中的感觉。身体松开，双脚下垂，双手前伸下压水并抬头，两脚下伸，触

图 9-1-1 浸水憋气与呼吸

池底站立（图 9-1-2）。

图 9-1-2　抱膝浮体

（2）漂浮展体。抱膝浮体后，手臂和腿伸直成俯卧姿势，站立方法同抱膝浮体。

（四）蹬壁滑行

背向池壁，两脚站在池底，或者一脚蹬在池壁上。一手前伸，一手拉池壁或水槽，深吸一口气后将头部浸入水中。收起站立腿，两腿屈膝，臀部靠近池壁。两脚用力蹬离池壁，两臂前伸成俯卧式，身体展直向前滑行（图 9-1-3）。

漂浮滑行

图 9-1-3　蹬壁滑行

三、游泳运动的注意事项

游泳的安全卫生常识是该运动参与者所必须掌握的，内容有很多，但基本常识如下。

（1）游泳时不应该相互戏水，或者捉弄对方。如果有人提前上岸，则要告诉同伴，结束游泳后应结伴离开。要注意休息，不要长距离游泳，不要远离同伴。如果感到身体不适，则要告诉同伴并上岸休息，在岸上观看同伴游泳，留心他们的安全。

（2）未成年人特别是儿童必须在家长（监护人）的带领下游泳。中小学生不游潜泳，更不能相互攀比潜水的时间、潜水的距离。

（3）选择安全卫生的游泳场所，不要到不熟悉的水域，如江河、水塘、水库游泳。

（4）中耳炎、严重心脏病、皮肤病、癫痫、精神病、急性细菌性结膜炎及其他相关传染病的患者不能游泳，女生在月经期间也不宜游泳。

（5）被污染的（水质不好）河流、水库和有急流、两条河流的交汇处及有落差的河流湖泊，均不宜游泳。出现恶劣天气，如雷雨、刮风或天气突变等情况下，也不宜在室外游泳。

（6）酒后、饱食后和饥饿、过度疲劳时不宜游泳。在进行剧烈运动或强体力劳动后，不能立即跳进水中游泳，应休息一会儿，待体力恢复正常后再游泳。

（7）在游泳之前一定要充分做好准备活动。游泳前应慢跑、跳跃使身体发热但不出汗，2~4 min 后再游泳，其目的是使身体内各器官进入活跃状态。通过做徒手操充分活动身体各关节、韧带及拉伸身体肌肉，为游泳做好充分的活动准备。

（8）忌长时间暴晒游泳，否则会产生晒斑，或者引起急性皮炎，亦称日光灼伤。上岸后最好用伞遮阳，或者到有树荫的地方休息，或者用浴巾裹在身上保护皮肤，或者在身体裸露处涂防晒霜。

（9）游泳后要用干净水把全身再冲洗一遍，以免传染疾病。游泳过后可以通过饮用运动饮料、放松训练、调试呼吸、催眠暗示、心理调节、按摩等手段恢复体力。

（10）遵守公共卫生，文明游泳。游泳时着装讲究文明，自觉遵守公共卫生，以免污染水质，损害自身和他人的健康。

四、游泳运动的体能练习

（一）力量素质训练

（1）陆上练习。使用杠铃、哑铃、实心球等器械或克服自重发展一般力量；使用橡皮筋拉力、等动拉力、滑轮拉力等进行力量训练，其动作与爬泳技术动作紧密结合来发展专项力量。

（2）水上练习。通过增大推力和阻力两种形式，反复练习爬泳手臂动作和腿部动作。

（二）速度素质训练

通过爬泳动作速度训练、动作频率训练、牵引训练、短冲训练等方法，提升爬泳出发起跳、转身技术动作和游进速度。

（三）耐力素质训练

耐力素质训练可以通过持续游、变速游、慢速间歇游和重复游等训练形式，发展一般耐力。通过短距离、中距离的高强度间歇训练或"分段游"形式的重复间歇练习，发展专项耐力。

（四）柔韧素质训练

通过流线型伸展、胸前拉肘、俯背压肩、外翻压踝（用于蛙泳）、压踝练习、垫上和屈体压腿、双人互动体侧牵拉等静力性练习和动力性练习，增加肩、髋、踝等关节的运动幅度，降低运动时肌肉的内在阻力，提高游速。

五、游泳运动的基本规则

游泳规则是运动员在游泳比赛中遵守的基本准则，不仅规定了运动员和裁判员按照公正的竞赛规则进行比赛，其演变还反映了竞技游泳技术、训练方法的发展方向。

（一）出发规则

参加自由泳、蛙泳、蝶泳比赛时必须从出发台上出发，运动员在听到"出发"信号后必须用跳水形式出发。仰泳在水中出发，两端抓住握手器，两脚（包括脚趾）应处于水面下，禁止蹬在水槽内、水槽上或用脚趾钩住水槽边。运动员在"出发"信号发出前出发，即算犯规。

（二）比赛规则

运动员必须在自己的泳道内完成比赛，否则算犯规。在比赛中，运动员转身时必须使身体某一部分触及池壁。转身必须从池壁完成，除自由泳可在池底站立外，其他泳式（包括自由泳）均不得跨越或行走，否则算犯规。在比赛中，运动员不得使用或穿戴任何有利于其速度、浮力的器具（如手、脚蹼等，但可戴护目镜），否则算犯规。每个接力队应有四名队员，每名队员在一次接力比赛中只能参加一棒比赛。接力比赛中任何一名队员犯规，如本队的前一名运动员尚未触及池壁，而后一名运动员即离台出发，应算犯规。

（三）泳式规则

1. 自由泳

自由泳比赛中可采用任何泳式，当转身或到达终点时，自由泳参赛者可以用身体的任何部分触及池边。

2. 仰泳

仰泳比赛的出发和转身后，运动员应蹬离池壁，并在整个游进过程中呈仰卧姿势。除在做转身动作外，运动员必须始终仰卧。仰卧姿势允许身体做转动动作，但必须保持与水平面小于90°的仰卧姿势。头部位置不受此限。在整个游进过程中，运动员身体的某部分必须露出水面。转身触池后，手可以做出任何转身动作，但在脚离开池边前，身体要恢复仰泳的正确位置。

3. 蛙泳

从第一次手臂动作开始，运动员出发和每次转身后，身体必须保持俯卧姿势，双肩应与水面成水平。两手应同时在水面、水下或水上由胸前伸出，并在水面或水下向后划水。除出发和转身后的第一次划水动作外，向后划水不得超过臂线，不允许有其他泳姿的腿部打水动作。在每次转身和到达终点时，两手应在水面、水上或水下同时触壁，触壁前两肩应与水面平行。

4. 蝶泳

除在做转身动作外，运动员的身体必须始终成俯卧。比赛时，运动员两臂必须在水面上同时向前摆动，并同时在水下向下划水，两脚的动作必须同时进行，允许两腿和两脚在垂直面上同时做上下打水动作。两腿或两脚可不在同一水平面上，但不允许有交替动作。在出发和每次转身后，允许运动员在水下做一次或多次腿部打水动作，但两手只可做一次划水动作。在每次转身和到达终点时，两手应在水面、水上或水下同时触壁，触壁前两肩应与水面平行。

5. 混合泳

混合泳包括个人混合泳和混合泳接力。个人混合泳按照蝶泳、仰泳、蛙泳、自由泳（仰泳、蛙泳及蝶泳以外的任何泳式）的顺序进行比赛。每种泳姿各游1/4距离。混合泳接力按照仰泳、蛙泳、蝶泳、自由泳（仰泳、蛙泳及蝶泳以外的任何泳式）的顺序进行比赛，四名运动员也必须分别使用不同的泳姿。在个人混合泳和混合泳接力项目的仰泳转蛙泳过程中，运动员转肩动作超过垂直面之前必须呈仰泳姿势触及池壁。

第二节　蛙　泳

一、蛙泳简介

蛙泳是比较古老的一种泳式，因模仿青蛙的游泳动作而得名，在民间广为流传。蛙泳是四种姿势中速度最慢的一种，但它也有独特的优点，蛙泳的呼吸要领容易掌握且每个动作周期结束后都有一定的滑行放松时间，故又是较容易学会且掌握动作节奏后很快能游较长距离的泳姿。此外，蛙泳行进时还便于观察前方，在实用游泳如救生等领域有重要的地位。

（一）蛙泳分类

蛙泳分为平蛙式和波蛙式。在群众体育中，以平蛙式为主。在竞技体育中，以波蛙式为主。

1. 平蛙式

平蛙式行进路线接近水平，只有抬头换气时，肩膀出水面少许，大多时候是在水面滑行，主要动力来源是蹬腿，适合初学者学习。平蛙式蹬水路线长，能充分发挥髋关节和大腿肌肉力量；换气相对波蛙式来说比较轻松。但收腿时两大腿距离大于肩宽，形状阻力增大，影响前进速度；夹水动作易造成大腿内侧肌肉酸痛。

2. 波蛙式

波蛙式行进路线呈波浪式，从水面上看，身体起伏高，胸背出水面，上身呈前扑姿势，对身体力量有一定要求，划手会产生部分前进动力，适合进阶练习。蹬夹水主要是小腿发力，对膝关节的压力相对较大；换气时需拉高上身，对力量弱者不宜使用。

（二）对宽距、窄距蛙泳腿的说明

收腿后，两膝之间的距离大于肩宽，称为宽距蛙泳腿，反之，为窄距蛙泳腿。

二、蛙泳身体姿态和腿部技术

蛙泳的身体姿势在游泳过程中随手臂、腿部、呼吸动作的变化而不断改变，因此没有固定的身体姿势。

（一）蛙泳身体姿势

由于蛙泳水下移臂和收腿动作给身体带来的阻力，蛙泳的前进速度不像自由泳和仰泳那样均匀。为减少身体遇到的阻力，应该注意在游进过程中通过收下颌，微微耸肩，四肢尽量伸展来保持良好的流线型，达到减小阻力的效果。

在手臂开始划水之前，头部和身体尽量保持一条直线，眼睛注视池底，两手臂和肩部前伸，略向下压肩、压胸，使髋关节和双腿漂浮在水面较高的位置，双腿并拢，整个身体有向下滑行的感觉（图 9-2-1）。

蛙泳技术

在手臂划水产生推动力阶段，身体应该尽可能保持流线型。髋关节接近水面，与身体和腿保持在一条直线上。双腿和双脚要并拢且伸展。在蹬腿产生推动力的过程中，脸部和躯干应完全没入水中，躯干部分保持水平（图9-2-2）。

图 9-2-1   蛙泳基本身体姿势   图 9-2-2   蛙泳开始划水的身体姿势

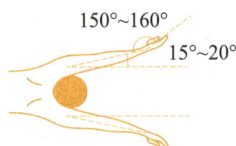

当手臂向内划水时，肩部自然升高，使嘴巴露出水面吸气。这时不用刻意抬头，眼睛保持向下看，下颌微收。划水结束手臂前伸，身体拱起，借助蹬腿产生的推动力，头和肩部平滑地潜入水的中上部。肩的波浪形轨迹大部分时间是在水面上的，在水下的时间很少且保持在水表面。肩潜入水的目的是使臀部和腰部上升到较高的位置。臀部的轨迹也是对称的波浪形且幅度较小。当肩部到达最高点时臀部正好在最低点位置。

（二）蛙泳腿部技术

蛙泳的腿部动作不仅可以产生较大的推动力，还能起到保持身体平衡的作用。腿部动作可以分为收腿、外翻和蹬夹水、滑行三部分，这三部分是紧密相连的完整腿部动作。

1. 收腿

收腿指双腿和双脚从伸直并拢开始，到逐渐收到接近髋部，做好蹬夹水准备的过程。由于划水和呼吸，开始收腿时头、肩、和上体向上倾斜，髋关节和大腿、膝关节略下沉。收腿同时屈膝屈髋，两膝在向前收的同时逐渐分开，踝关节伸展，小腿和脚跟在大腿和臀部的后面，当足跟接近臀部时停止收腿（图9-2-3）。

2. 外翻和蹬夹水

外翻对蛙泳腿产生推进力起着重要的作用，包括小腿的外翻和脚掌的外翻。收腿结束时，脚跟位于臀部上方，两脚掌的距离宽于两膝盖的距离。此时外翻脚掌，使脚尖朝外，同时膝关节向内旋转，使脚和小腿内侧对准蹬水的方向（图9-2-4）。蹬腿开始时，小腿与水面几乎垂直，脚位于水面下外翻接近90°，这是蹬水的最佳角度。

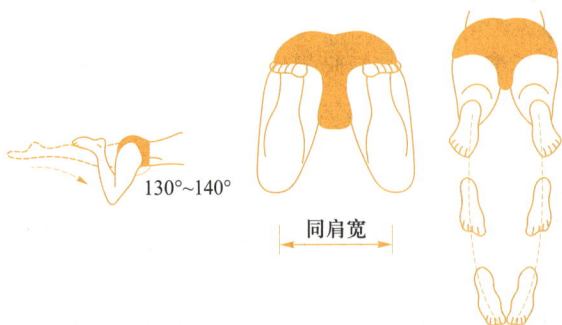

图 9-2-3   蛙泳收腿   图 9-2-4   翻腿

蛙泳腿部
技术

蹬夹水时，为获得较大的蹬水横截面，小腿和脚内旋，位于大腿外侧，通过大腿的内旋和伸髋使大腿带动小腿向后蹬水。当膝关节接近伸展时，小腿和脚掌继续向下和向后蹬水，腿部在向后蹬的同时向中间夹紧。在夹水的最后阶段，两脚从勾脚尖到绷脚尖，这个动作要完成得快速有力，才能表现出鞭打状动作的效果。在蹬夹动作接近完成，两脚接近并拢时，两腿自然地从水下上摆到接近水面的位置，使腿与躯干保持直线，准备滑行及下一次收腿。蹬夹水要加速完成，在完成一次蹬夹水时两腿应并拢伸直，踝关节也要伸直（图9-2-5）。

3. 滑行

蹬夹动作结束后，由于蹬腿的惯性作用两腿有一个短暂的滑行阶段。在滑行之前，应先迅速将腿脚升高到与水面平行的位置，身体呈流线型，减小滑行时的阻力。滑行过程中两腿应尽量伸直并拢，腿部和踝关节尽量放松，为下一个动作周期做好准备（图9-2-6）。

图 9-2-5　夹水

图 9-2-6　滑行

三、蛙泳手部划水和呼吸配合

蛙泳臂划水可以产生较大的推进力，现在蛙泳技术更加强调臂划水的作用。

（一）蛙泳向外划水和抓水技术

划水开始之前，两臂前伸直，两肩前伸，与水面平行，掌心向下，身体充分伸展并保持流线型。两臂边内旋边同时对称地向外后方划水。两手分开超过肩宽时，手臂略外旋、屈肘、屈腕，开始抓水，手掌从朝向外后方转为朝向外后和下方（图9-2-7）。抓水是给后面的划水创造条件，对躯干上部有支撑平衡的作用。

图 9-2-7　外划水

（二）蛙泳向内划水技术

向外划水结束后，手臂向外旋转，手先沿螺旋曲线向内、向下和向后划水，然后随着手臂继续外旋向内、向上和向后划水（图9-2-8）。向内划水结束时，手上升到与肘部齐平的位置。

图 9-2-8　内划水

在向内划水的过程中，手掌的攻角在不断改变，从向外和向下转为向内和向上。肘关节也随着手的动作向下、向内、再向上运动，在内划即将结束时，应在肋下做夹肘的动作。

（三）蛙泳伸臂技术

伸臂是在向内划水的基础上进行的。当两手在下颌下方接近并拢时开始前伸，通过向前伸肘和伸肩，两臂前移至伸直姿势。伸臂时应两手并拢，手腕自然伸直，肩肘伸展，手臂呈流线型沿直线前伸（图 9-2-9）。

图 9-2-9　伸臂

整个划水过程中，手的移动路线应尽量长而伸展。向内划水时肘关节要收得近一些，路线短一些。肩关节在开始向外划水时要伸展，向内划水结束时含胸提肩，为伸臂前冲做好准备。

四、蛙泳完整配合

（一）臂、腿配合

蛙泳臂、腿配合比较复杂。为了保持游进速度的均匀，臂、腿的配合应尽量使每一个阶段都有推动力。当手臂前伸到四分之三时腿开始蹬夹水。头部和躯干向正前方冲，快速蹬夹水能够协助完成前冲并保持身体在水面上。蹬夹水的时机要准确，避免破坏配合节奏（图 9-2-10）。

①划手腿不动

②收手再收腿

③先伸胳膊后蹬腿

④并拢伸直漂一会儿

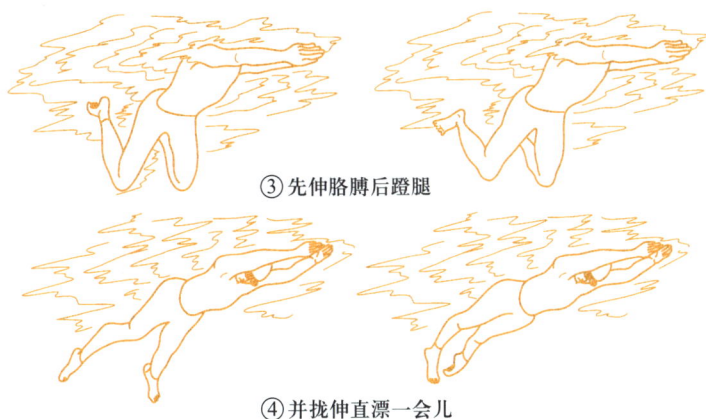

图 9-2-10　完整配合

臂、腿配合中，手臂的动作速度决定了腿的速度。划水、前冲和蹬水相互支持相互配合，形成稳定的动作。如果某一环节速度稍慢就会破坏整个动作。

（二）呼吸配合

蛙泳的呼吸动作是头随着肩和躯干向上、向前的波浪动作，呼吸时头部自然前伸，露出水面吸气，这样既不会破坏身体前进的力量，又能保持身体呈流线型，头和肩离开水面不仅是吸气，也是蛙泳动作的重要组成部分。蛙泳臂、腿、呼吸的配合多采用 1：1：1 的方式，即划水 1 次、蹬腿 1 次、呼吸 1 次。

第三节　爬　　泳

一、爬泳简介

严格来说，在自由泳比赛中，运动员可以用任何泳姿游进，而爬泳是游进速度最快的一种泳姿，几乎所有的运动员都采用爬泳游进，所以爬泳也被通称为自由泳。自由泳不是一种游泳姿势，而是竞技游泳的一种比赛项目。在游爬泳时，身体俯卧在水面上，两腿上下交替打水，两臂轮流划水，由于这样的动作很像爬行，所以被称为"爬泳"。

二、爬泳身体姿态和腿部技术

（一）爬泳身体姿势

在游爬泳的过程中，为最大限度地减小身体的形状阻力和波浪阻力，身体需要尽量保持流线型，并保持重心平稳。

1. 身体伸展并保持流线型

身体在水中呈流线型即两端逐渐变细的形状，也是阻力最小的形状。为保持流线型，身体应尽量伸展，向前略耸肩，手入水后手臂、肩带和上体尽量前伸，将身体拉长（图 9-3-1）。这里说的流线型是相对的，是在减小阻力和增大推动力之间的一个平衡状态。手臂划水的动作应围绕身体纵轴进行，过于靠外划水将使身体横截面积增大。腿

爬泳技术

打水的幅度也不要过大，呼吸时头部也要尽量不偏离身体中线。

图 9-3-1　身体呈流线型

2. 身体在水中的位置高且平直

身体在水面的位置越高，阻力就会越小。形状阻力与身体在水中的空间大小也有很大关系。身体在水中的投影截面积越大，阻力就越大。为减小阻力，需要保持身体平直。

3. 身体绕纵轴有节奏的转动

游爬泳时，身体并非简单地平卧在水面上，应始终围绕身体纵轴配合手臂和腿部动作进行有节奏的转动（图 9-3-2）。躯干和肩应作为一个整体来转动，不依靠刻意的转头动作来吸气，而是靠身体的转动轻松完成吸气。

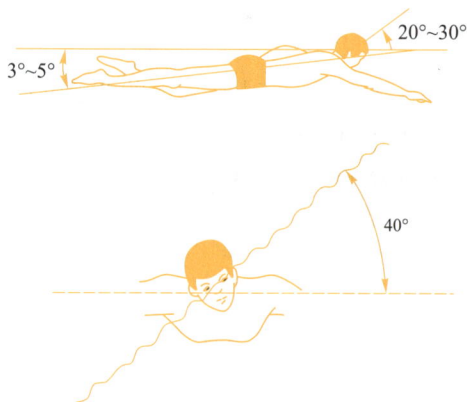

图 9-3-2　身体转动

（二）爬泳腿部技术

有效的打腿可以产生持续的推进力。爬泳的腿部动作采用两腿交替上下打水的形式，主要目的是保持身体姿势和位置，维持身体平衡。打腿由向下打腿和向上打腿两部分交替构成，由于身体绕纵轴的转动，打水动作也包含侧面的动作。

打水过程中两脚应稍微内扣，踝关节放松，由髋关节发力，传至大腿，带动小腿做鞭状打水，使动作有力而富有弹性。大腿、小腿和脚并没有同时向上或向下打水。膝关节屈曲的角度一般在 140°~160°。爬泳打水动作应该向下屈腿打水，向上直腿打水，打水幅度 30~45 cm（图 9-3-3）。

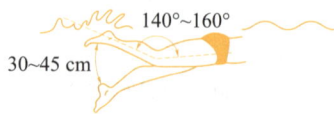

图 9-3-3　腿部打水

三、爬泳手臂划水和呼吸配合

（一）臂部动作

臂部动作是两臂轮流向后划水，由入水、抱水、划水、出水、空中移臂五个连续动

爬泳腿部技术

蛙泳臂部技术

作组成。

1. 入水

手入水时，手指自然伸直并拢，腕和肘部微屈，肘关节要高于手部。指尖对准入水的前方插入水中，入水点一般选择在肩与身体纵轴的延长线之间。入水的顺序是手、前臂、上臂。入水时，臂部应自然放松并有所控制，肘关节要高于手（图 9-3-4）。

2. 抱水

入水后，臂应积极前伸并屈腕抓水，即手指下压，好似画个半圆，此时肘关节应保持高肘姿势。整个手臂动作像抱着一个圆球，肩带肌群充分拉开，为划水做好准备。

3. 划水

划水是从臂抱水后到出水之间的动作。整个动作通过屈臂到伸臂来完成。这个阶段是划水的最有效部分，划水的前半部分屈臂进行。划水时，前臂速度快于上臂，以保持高肘，使手臂处于更有力、更有效的角度向后划水。当划至肩垂直线、手指靠近身体中线时，屈肘，关节角度为 $90° \sim 120°$。其后部分也称为推水，应与前半部分连贯起来并加速完成，中间没有停顿。推水时，前臂与上臂要同时向后推水，直到划水结束。在划水过程中，手掌始终对准划水方向，有一定倾斜度，以保持最佳划水效果。整个划水动作，手的运动轨迹是向前下方的，路线呈稍弯曲的 S 形（图 9-3-5）。

图 9-3-4 手臂入水

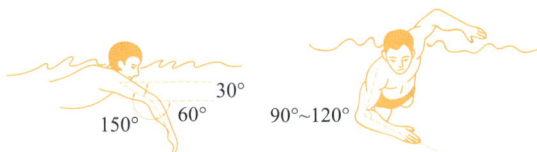

图 9-3-5 划水

4. 出水

当划水结束，臂借助推水的惯性作用向上提拉出水面。出水前，手掌应靠近身体并保持放松。出水顺序一般是先肘关节，随后是手臂。手臂出水动作迅速而不停顿，同时应自然柔和。前臂和手掌处于下垂姿势，应尽量放松完成动作（图 9-3-6）。

5. 空中移臂

空中移臂是随着出水动作的惯性向前移动，直到入水位置。空中移臂时，肘部相对前臂和上臂的位置较高，且放松自如（图 9-3-7）。尽量不破坏身体的流线型。同时两臂要相互配合，使动作更加协调连贯。

图 9-3-6 手臂出水

图 9-3-7 空中移臂

（二）爬泳手臂与呼吸的配合技术

爬泳呼吸是身体转动的一部分，与身体的转动、手臂的动作协调配合，才能形成轻松自然的呼吸动作。不用刻意抬头，否则头就偏离了身体中轴线，破坏了身体姿势和平衡。

以向左侧转头吸气为例，左手入水后吐气，左手一边划水，身体一边向左侧转动，左臂向上划水接近出水时，身体转动幅度最大。左臂出水时，头随身体转动，嘴自然露出水面吸气。吸气时，嘴巴只需要露出水面一半即可，一只眼睛在水上，一只眼睛在水下。随着空中移臂，身体和头向右转动，头又回到水中。

四、爬泳完整配合

爬泳技术动作由身体姿势、腿部动作、臂部动作、呼吸几个部分动作协调配合构成。

（一）全身动作的协调配合

爬泳任何一个技术环节的动作都不是孤立的，都要依靠全身各个部分的协调配合。比如，当右手划水结束，刚出水面时，髋关节向右转动，使身体呈较好的流线型，同时借助躯干大肌肉群的力量与划水产生合力；吸气动作转动后颈不抬下颌，使髋关节处于较高的位置，并使后背相对放松；正准备移臂的右肩上提，帮助身体保持较高的位置；右肘提出水面，形成有力的杠杆作用；此处左臂的各个环节和双腿也在进行各自的活动。这些动作相互协调，熟练配合，才能产生最佳的完整动作效果（图9-3-8）。

图 9-3-8　完整配合

（二）划水、打水与呼吸的配合

爬泳的完整配合还指在一个划水周期中与其配合的划水、打水和呼吸的节奏与次数。爬泳配合技术有多种形式，其中 6：2：1 配合是最常见的一种，即 6 次打水、2 次划水、1 次呼吸。初学者以学习这种配合技术为宜，有利于在学习过程中保持臂、腿动作的协调以及掌握身体的平衡。

思　考　题

1. 简述游泳运动的锻炼价值。
2. 蛙泳完整技术由几部分组成？为什么蹬腿和伸臂不能同时进行？
3. 爬泳手臂划水动作分为几个部分？为什么要屈臂高肘沿曲线划水？

第十章　　时尚户外运动

【章前导言】

　　时尚户外运动是指在户外进行，以时尚休闲、拓展能力和挑战体能为目的的一类体育运动。这类运动形式时尚、富有青春气息和现代感，深受广大青少年喜爱。本章主要介绍在高职学校中经常开展的定向运动、攀岩运动和飞盘运动等项目，旨在增强学生对外界环境的适应能力，不断提高学生的耐寒耐暑能力，增强时尚户外运动的综合健身效果。

【学习目标】

1. 了解定向运动、攀岩运动和飞盘运动的起源演变、锻炼价值、器材使用方法、竞赛规则与裁判方法。
2. 能够读识地图、标定地图、使用指北针、判断攻击点和距离、选择路线、重新定位，掌握定向运动专项体能的练习方法。
3. 掌握攀岩运动基本技术、专项体能练习方法。
4. 掌握飞盘运动传盘和接盘技术，以及进攻和防守战术。

"校园重走长征路、不忘初心跟党走"主题定向越野

2021年5月29日上午,"校园重走长征路,不忘初心跟党走"暨"奔跑在北化"项目启动仪式在北京化工大学昌平校区体育馆南广场举行。校党委书记、副校长等多人出席。各相关部门负责人、各学院学生工作负责人、"绿野仙踪"学生军事定向越野协会、校定向队等300余名师生代表参加活动。

在此次主题定向越野赛中,同学们在起跑打卡后,手机上会弹出"校园重走长征路"地图,每个点位对应一个红军二万五千里长征的重要故事,比如血战湘江、四渡赤水、遵义会议等。同学们按顺序依次打卡后,可以观看各个点位对应的长征故事展板,也可以通过扫描展板上的二维码,观看对应的长征故事视频。之后还会同步开展长征主题线上知识竞赛等系列活动。

校党委书记指出,"校园重走长征路,不忘初心跟党走"主题定向越野比赛是学校党委贯彻落实习近平总书记在党史学习教育动员大会上重要讲话精神的积极探索,是纵深推进"五育并举"、全力培养堪当民族复兴重任时代新人的创新实践。把党史学习教育与定向越野实践项目结合起来,打造"奔跑的党史课",是进一步创新党史学习形式,突出融入日常、抓在经常,突出分类指导、统筹推进,突出因地制宜、因人施教,深入推动党史学习教育深入基层、深入人心的重要举措。各级学生会、学生社团要创新方式方法,引导广大学生积极参与体育运动,在体育锻炼中享受乐趣、增强体质、健全人格、锤炼意志,凝聚和焕发青春力量,练就强健体魄,为实现中华民族伟大复兴的中国梦做出新的更大贡献。

第一节　定向运动

定向运动是一种借助地图、指北针或其他导航工具，在一个设定的范围内，通过途中的各种障碍，快速到达各目标点位，并且完成各点位任务，最后到达终点的运动。

一、定向运动概述

（一）定向运动的起源与发展

定向运动起源于 20 世纪初的北欧，最初为一项军事体育活动。1886 年，读图和野外定向训练被引入斯德哥尔摩和奥斯陆的军官学校课程。1919 年，在斯德哥尔摩举行的第一次正式的定向运动比赛，标志着定向运动作为一项独立的体育项目诞生。

1961 年 5 月 21 日，国际定向运动联合会在丹麦首都哥本哈根宣告成立。国际定向运动联合会是世界定向运动的组织管理者，是国际体育联合会总会之一。定向运动是国际承认的奥林匹克体育项目。目前，定向运动的国际性赛事主要有世界定向锦标赛、世界滑雪定向锦标赛、世界大学生定向锦标赛等。

我国港澳台地区较早开展定向运动。1991 年 12 月，中国无线电运动协会正式成立中国定向运动委员会。1983 年 3 月 10 日，国内首次在广州白云山上组织了一次定向越野试验比赛。2018 年 12 月，中国无线电运动协会更名为中国无线电和定向运动协会。定向越野经过百余年的发展，逐步演变为包括专业竞技型、团建拓展型、休闲娱乐型等类型的比赛和娱乐项目。我国的定向运动赛事主要有全国定向锦标赛、全国学生定向锦标赛等。

（二）定向运动的分类与价值

1. 定向运动的分类

定向运动的种类繁多。按照运动方式，定向运动可分为徒步定向运动和借助器械的工具定向运动两种。徒步定向运动主要包括森林、山地定向运动，校园、公园定向运动，接力定向运动，夜间定向运动，积分定向运动，五日定向运动，公园定向运动等。工具定向运动主要包括滑雪定向运动、自行车定向运动、摩托车定向运动等。按性别的不同，定向运动可分为男子组和女子组；按年龄的不同，定向运动可分为少年组、青年组和老年组；按技术水平的不同，定向运动可分为初级组、高级组和精英组；按参加人数的不同，定向运动可分为个人单项、个人双项和集体项目。

2. 定向运动的价值

定向运动是非常特别的科技体育项目，集测绘、地图学、地理学、野外生存等知识于一身，可以锻炼野外判定方向的能力和学习使用地图的能力。参加过程中需要智力与体力并重，它不仅能强健体魄，还能培养人独立思考、独立解决所遇到困难的能力，以及在受到压力下迅速反应、果断决定的能力，能够培养和锻炼人勇敢顽强的精神，促进人的智力与体力协调发展。智力与体力的协调发展，充分体现了现代社会对个人素质的要求。

二、定向运动的场地与器材

（一）定向运动的场地

定向运动通常在森林中举行，也可以在公园、校园甚至城市街头举行。地形对定向比赛的难度和时长有较大的影响，因此要根据赛事需要选址。地形包括地物和地貌，地物是指地面上的固定性物体；地貌是指地面的高低起伏状态，如山地、丘陵、平地、洼地等。

优质比赛路线具有以下特点：可选择性，使参赛者能够根据自己的能力对前进的方向和路径进行选择；可判读性，使参赛者依赖识图、用图的能力参加比赛，体现出定向越野的特点。另外，起点与终点最好设置在同一处，一般设在地势平坦、面积充足的开阔地段。

（二）定向运动的器材

1. 指北针

指北针的类型主要有简单式、液池式、透明式、照准式和电子式。目前定向越野比赛普遍使用由透明有机玻璃材料制作的指北针（图10-1-1）。

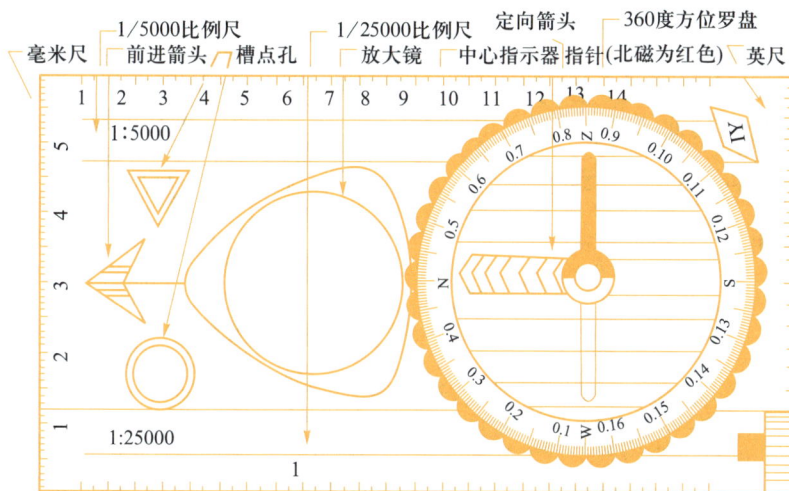

图 10-1-1　指北针

2. 检查卡片

检查卡片主要用于判定参赛者的成绩，分为主卡和副卡。主卡由参赛者在比赛中随身携带，并按顺序将每个检查点的点签图案印在空格中，到达终点时交由裁判人员验证。副卡在出发前交给工作人员留底和在公布成绩时使用。检查卡片的尺寸一般为21 cm×10 cm。

3. 地图

地图是一种按一定比例尺表示地貌、地物平面位置和高程的正射投影的平面图形。定向运动地图一般由地图比例尺、地貌符号、地物符号、磁北方向线、地图颜色、地图图例注记六大要素组成。

（1）地图比例尺。地图上某两点之间的距离与相应的实地两地之间的水平距离之比，称为地图比例尺。地图的长度单位一般为 cm。比例尺 1∶1 000 说明地图上的 1 cm 等于实际地形上的 1 000 cm（10 m）。

（2）地貌符号。地貌符号是在地图上标绘的代表地球表面高低起伏的自然状态的曲线和记号。地貌符号一般有等高曲线、高程注记、各种颜色记号等。定向运动竞赛地图采用等高曲线法显示地貌。把海拔高度相同的各点连接起来，这个相同海拔高度的连接曲线称为等高曲线，如显示地貌高度（图 10-1-2）、显示山体坡度（图 10-1-3）、显示地形外貌（图 10-1-4）、显示地貌坡面（图 10-1-5）、显示地域形态及局部地域地貌（图 10-1-6）。

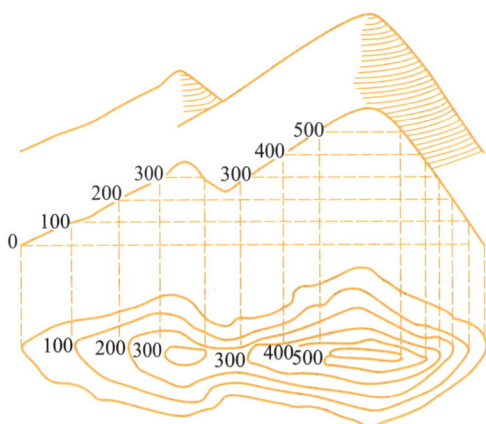

图 10-1-2 显示地貌高度

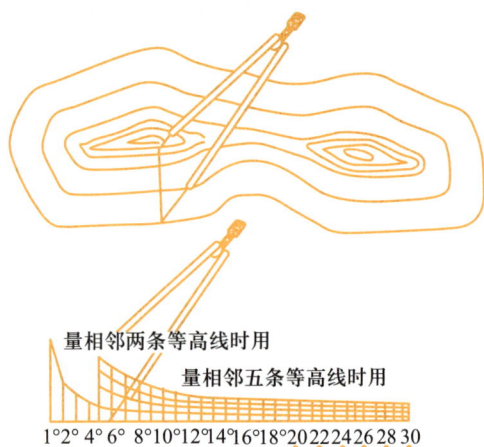

量相邻两条等高线时用

量相邻五条等高线时用

1° 2° 4° 6° 8° 10° 12° 14° 16° 18° 20° 22° 24° 26° 28° 30°

图 10-1-3 显示山体坡度

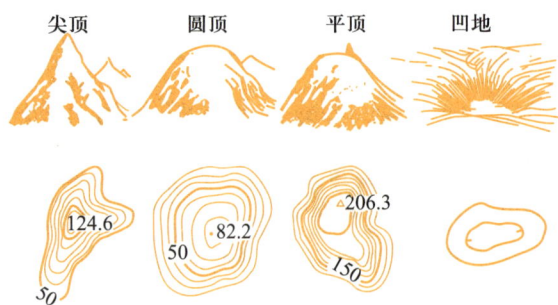

尖顶   圆顶   平顶   凹地

124.6   82.2   206.3

50   50   150

图 10-1-4 显示地形外貌

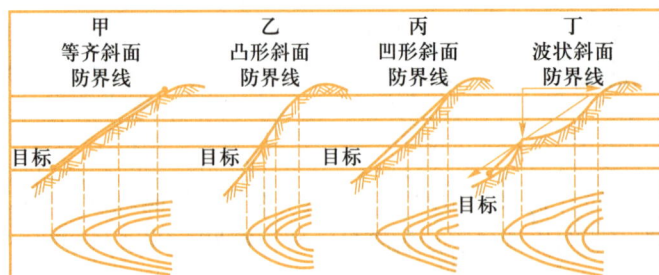

甲   乙   丙   丁
等齐斜面   凸形斜面   凹形斜面   波状斜面
防界线   防界线   防界线   防界线

目标   目标   目标   目标

图 10-1-5 显示地貌坡面

（3）地物符号。地物符号即代表自然形成和人工建造的固定物体在地图上的标识符号。定向运动的竞赛地图中的地物符号是由符号与颜色组成的（图 10-1-7）。

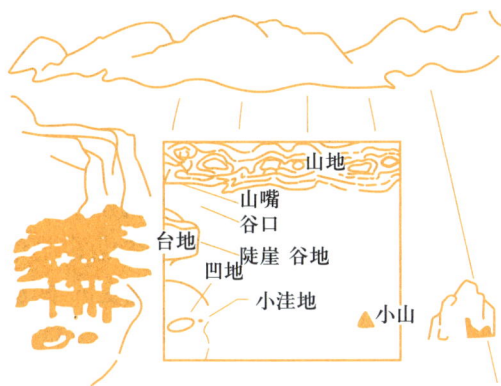

图 10-1-6　显示地域形态及局部地域地貌

图 10-1-7　部分地物符号及定位位置

三、定向运动基本技术

定向运动基本技术是指参赛者完成定向运动比赛所运用的各种基本方法，科学合理地运用各种定向运动基本技术是参赛者取得比赛胜利的基础。

中国地质大学（北京）定向协会多次代表国家参加世界级比赛，取得数十枚奖牌，其教练陈津梁把定向运动基本技术划分为地图信息提取技术、站立点判定技术、路线规划技术、路线执行技术四个部分。

（一）地图信息提取技术（读图）

1. 标定地图

标定地图俗称"对北"，即让地图的北方与指北针的北方对齐。

2. 折叠地图

参赛者拿到地图后应根据个人习惯将地图折叠成方便持图、读图的大小，在跑动中随着站立点的变化要间断地根据需要重新折叠地图，以便能更舒适地读图与奔跑。折叠地图的要领有：① 沿地图磁北方向线或垂直于磁北方向线折叠，用图时无须再确定磁北方向线，方便"对北"；② 折叠后的地图绝大部分能握在手掌内，用手掌托着地图，方便携带及奔跑；③ 确保折叠后的地图还有足够的可视区域，一般除当前目标点外，还应多出一个目标点；④ 不要折叠太多次，要方便再次折叠地图。

3. 边跑边读

边跑边读即一边奔跑一边阅读地图，提取地图信息。在定向运动中，高手从来都是在跑动中阅读地图信息的。但要遵循安全原则，平路多看地图，坑洼地少看或不看，一般上坡时可以看，陡坡或下坡时不看图。

（二）站立点判定技术（我在哪）

1. 站立点的概念

站立点就是地图上的一个位置点，与人在实地中的空间位置相对应。定向运动中一人的运动轨迹在地图上体现为站立点的变化轨迹。

定向越野基本技术

2. 拇指辅行（站立点持续判定）

从起点开始，地图对北后，将拇指压于站立点侧后方，在行进过程中不断移动拇指，使拇指在地图上的移动与人在实地行进过程中保持基本同步。在用地图导航行进中，不断移动拇指，转动地图，保持位置、方位的连贯性与正确性。

3. 重新定位

即使是高水平的定向运动参与者也难免在高速行进过程中由于技术失误而迷失方位。在迷失站立点时，要采取一定的措施重新定位：首先，立即停止前进，标定地图；其次，在地图上找到最后一个自己能明确确定的站立点的位置，回忆自己离开它后的前进方向和距离，得出目前位置的大概区域；最后，观察实地四周的特征，在地图上找到对应的特征。如果仍然无法确定站立点，应该果断地返回到上一个能明确确定的站立点（甚至是上一个检查点），再重新选择路线前进。

（三）路线规划技术（我要去哪）

1. 进攻点的概念

把一个复杂的问题分解成多个简单的问题，每个与简单问题相关的节点称为进攻点。

2. 分解分段法

分段分解法是定向运动路线规划的重要思路与技术。定向运动从一个点到另一个点有些时候距离较长，在遇到复杂的问题时，参赛者要冷静分解，逐个击破。

3. 偏向瞄准法

偏向瞄准法是一种典型的分解分段法，如图10-1-8所示，参赛者从起点△去目标点○，如果直接使用指北针导航往目标点○行进会出现A、B、C三种路线选择情况，线路B可直接找到目标。如果选择线路A，参赛者到溪边时没有见到目标，那么他又会面临两种路线：选择A-1或A-2；如果选择线路C，参赛者到溪边时没有见到目标，那么他也将面临两种路线：选择C-1或C-2，若选择A-1和C-2路线，参赛者很难找到目标。参赛者在进行路线规划时可采用图中D方案，指北针先偏向导航至目标点的西侧，找到小溪后直接右转顺着小溪找到目标，这就是偏向瞄准法。偏向瞄准法路线规划思维就是变找点为找线，找到线后沿线行进找到点。

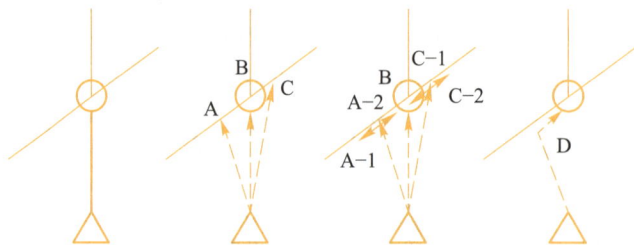

图10-1-8　偏向瞄准法说明图

（四）路线执行技术（怎么去）

路线执行就是选择导航并按照导航行进的过程，基本路线执行技术包含导航选择的技巧及按照导航越野奔跑行进的技术，这里主要介绍指北针导航行进技术。指北针导航行进技术具体有以下三个步骤。

（1）将指北针的右侧顶角置于地图上当前站立点附近，使基板上的行进方向线同目前站立点与目标点间的连线平行，并使行进方向箭头指向目标点。

（2）水平持握指北针于身体正前方，使指北针的行进方向线垂直于身体。转动身体，直到地图磁北线与指北针磁针平行，且磁北线北方与磁针红端（北端）一致，此时行进方向箭头所指的方向即为行进方向或目标所在方位。

（3）手持指北针和地图于体前水平位置，保持指北针的行进方向线垂直于身体，按照指北针行进方向线指示的方向奔跑前进，途中不断提取对方向修正有用的地物特征进行方向修正，确保沿一定的方位角向目标近似直线奔跑行进；过程中也可放下指北针和地图摆臂奔跑，需要时再手持指北针和地图于体前水平位置进行方向修正。

四、定向运动体能练习与运动注意事项

（一）定向运动体能练习

定向越野需要参与者具备较为全面的身体素质，因此，在参与该项目之前，提高各器官和系统的机能水平是十分必要的。

1. 力量素质训练

力量素质训练以常规训练方法为主，包括身体力量练习、负轻重量反复跑等。

2. 速度素质训练

定向越野的速度素质是指越野跑的速度素质，包括上坡跑、短距离加速跑、间歇跑、速度游戏等；还可以在软地上跑（沙滩、耕地、雪地），提高多种地貌下的跑动适应能力。

3. 耐力素质训练

在常规耐力素质方式上多进行间歇性越野跑，练习不同地形（上、下坡）下的跑步姿态动作，提高翻越山地、跨越障碍、高处下跳、穿越树林等越野能力。

（二）定向运动注意事项

（1）定向运动相当于长距离的间歇性越野跑，要根据环境选择好适合的服装和鞋。

（2）重视运动前热身，降低运动损伤风险。

（3）定向运动在户外进行，夏季要防止中暑，冬季要防止冻伤。

（4）多看图识图，提高利用地图色彩、地物、地貌，迅速辨别方向、规划路线的能力。

（5）合理进行体能训练，保障充沛的体能储备，全程要合理分配体力。

五、定向运动比赛规则

定向越野是定向运动的主要比赛项目之一。参赛者要依靠标有若干检查点和方向线的地图并借助指北针，自主规划路线，依次寻找各检查点，用最短时间完成比赛者为优胜。

1. 犯规

犯规行为有：① 有意妨碍他人比赛；② 蓄意损坏点标、点签和其他比赛设施者；③ 搭乘交通工具行进；④ 未通过全部检查点，又伪造点签图案。犯规者应取消比赛

资格。

2. 违例

违例行为有：① 在出发区越位（提前）取图和抢先出发者；② 接受别人的帮助或为别人提供帮助，如指路、寻找点标、非法使用点签者；③ 从对手的技术中获利，同路或跟进；④ 不按比赛规定顺序行进；⑤ 不按规定戴号码布者及其他违反比赛规则行为等。违例应给予警告，并将根据性质和程度，采取相应处罚。

3. 成绩无效

如果出现：比赛前勘查过路线，未通过全部检查点，点签图案模糊不清无法辨认者，不按规定位置使用点签，在比赛结束前不交回检查卡片，终点关闭时间（检查点一般也在同一时间撤收）尚未返回会场者，造成国家或个人的重大经济损失和自然景观破坏等情况，则比赛成绩将被判为无效。

4. 特殊情况

在定向越野比赛中，可能出现某些特殊情况，通常在赛前准备阶段制定《比赛规程》时列入。如果在比赛的过程中，则由裁判长决定处置方法。

第二节　攀岩运动

一、攀岩运动概述

（一）攀岩运动的概念

攀岩运动是一项深受人们喜爱的运动项目，它在各种不同的高度及角度的岩壁上轻松舒展，准确地完成腾挪、转身、跳跃、引体等惊险动作，给人们以优美、惊险的享受，故被誉为"岩壁上的芭蕾"。

攀岩是指人类利用原始的攀爬本能，经过专门的攀登技术训练，以各种装备或攀登工具为保护，通过克服地心引力，攀登自然岩壁或人工岩壁的运动。攀岩主要包括难度攀、速度攀和攀石三种形式。

（二）攀岩运动的起源与发展

攀岩运动是从登山运动中派生出来的竞技运动项目。1865 年，英国登山家埃德瓦特，首次使用钢锥、铁链和登山绳索等简易装备，成功攀上险峰，被誉为"攀岩运动的创始人"。1890 年，英国登山家马默里改进攀登装备，进一步促进了攀岩运动的发展。

1987 年，中国登山协会派遣登山运动员到日本学习，这被视为攀岩运动引入中国的标志。历经数十年发展，这项运动不仅在中国已形成稳定的爱好者群体，而且正在以前所未有的速度呈现放射性的发展态势。攀岩已经是当今世界上与蹦极、跳伞、滑翔等齐名的冒险运动，但因攀岩运动具备十分完善的安全保护措施，所以该运动成为名副其实的有惊无险的极限运动。2010 年 2 月 12 日，国际奥林匹克委员会批准国际攀岩联合会为正式会员，标志着攀岩运动正式迈入奥林匹克大家庭。2016 年，国际奥林匹克委员会确认攀岩成为 2020 年东京奥运会正式比赛项目。

二、攀岩运动的场地与装备

（一）攀岩运动的场地

1. 自然场地

自然场地是指在野外登山或攀岩时遇到的各种陡峭的大岩壁或大岩石等。

2. 人工场地

人工场地一般建在室内或运动场周围，由地基、钢架、攀岩板、岩壁支点或造型等组成。根据国际攀岩联合会发布的《国际攀岩比赛规则》，速度赛场地的岩壁高度不低于 15 米，难度赛场地的岩壁高度不低于 12 米，每条攀爬路线宽为 3 米。攀石场地的岩壁高度一般不低于 5 米，岩壁宽度至少应能够同时设计 4 ~ 6 条线路，地面要求有专门的攀石保护软垫。

（二）攀岩运动的装备

装备是否合格直接关系到攀登者的生命安全，只有正确地使用装备，规范地进行技术操作，合理有效地进行攀登并在使用装备后正确地进行保养、存放等，才能保障从事攀岩运动的安全。

装备须使用通过国际攀登联合会（UIAA）测试标准、欧洲安全标准（CE）或中华人民共和国国家标准（GB）的装备。

1. 攀岩绳子

攀岩绳为攀登者与保护者之间建立了一种可靠的远程连接。按照绳索的用途不同，攀岩绳主要分为主绳和辅绳。主绳分为动力绳和静力绳两种。动力绳一般分为单绳（图 10-2-1）、双绳（图 10-2-2）和半绳（图 10-2-3）。

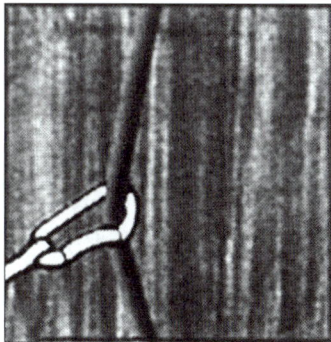  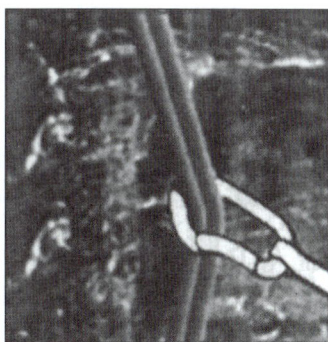

图 10-2-1 单绳　　　　　图 10-2-2 双绳　　　　　图 10-2-3 半绳

2. 扁带、绳套

（1）用途。在保护系统中作为软性连接，通常与人工或自然保护点直接连接后经铁锁连接形成保护点。扁带如图 10-2-4 所示。

（2）分类及性能指标。机械缝制——拉力达 22 kN；手工打结——由于打结，拉力很难达到 20 kN。扁带的分类如图 10-2-5 所示。

图 10-2-4   扁带

手工打结的扁带
使用平结连接

机械缝制的扁带

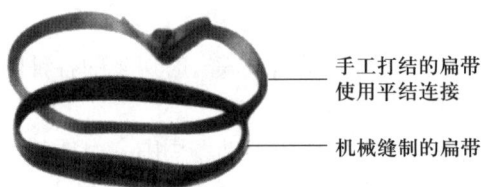

图 10-2-5   扁带的分类

3. 安全带

（1）用途：为攀岩者和绳索之间提供一种舒适、安全的固定连接。

（2）分类及适用范围。安全带按结构不同可分为以下两种。

① 全身式安全带（胸式安全带）：多用于拓展、探洞等活动（图 10-2-6）。

② 坐式安全带：用于登山、攀冰、攀岩等，也是最常用的（图 10-2-7）。

图 10-2-6   全身式安全带

装备环

攀登环

腰环

攀登环

腿环

图 10-2-7   坐式安全带

4. 铁锁

（1）用途：在保护系统中起连接作用，通常与扁带、安全带、攀岩绳直接连接。

（2）分类及适用范围。

① 丝扣锁（保险锁、主锁等）：用于相对永久的保护点连接，如保护站中与主绳的连接点（图 10-2-8）。

② 普通锁（简易锁、一般锁等）：用于临时性的保护（图 10-2-9）。

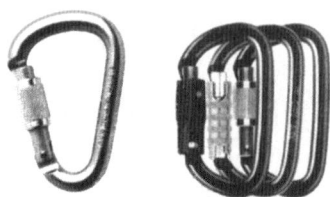

图 10-2-8   丝扣锁

图 10-2-9   普通锁

5. 保护器

（1）功能与作用原理。保护 / 下降器是利用器械与绳子产生摩擦力，让绳子因摩擦而减速直至停止滑动，从而达到减速下降或停止的目的。

（2）常用类型及适用范围（图 10-2-10）。

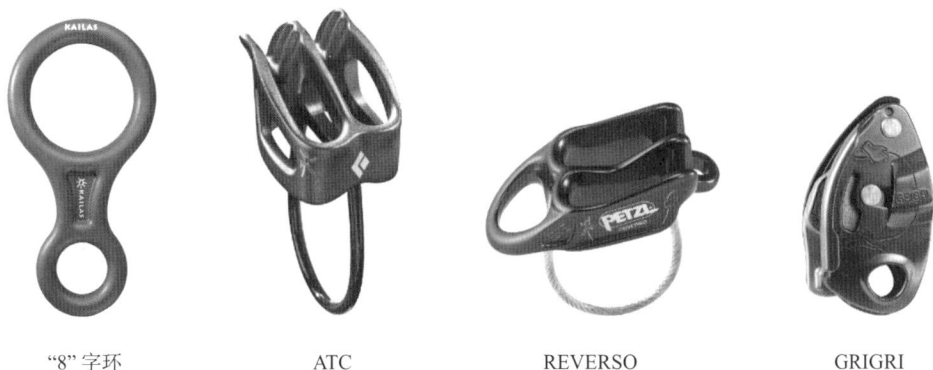

| "8" 字环 | ATC | REVERSO | GRIGRI |

图 10-2-10　常见保护器

① "8" 字环：最常用的保护器，操作简单，适用性强。

② ATC：可以进行双绳操作的保护器。

③ REVERSO：可以进行双绳操作，拥有自锁功能。

④ GRIGRI：可以自锁的保护器。

6. 上升器

上升器是在单绳技术中解决向上运动问题的器械，可在攀岩过程中起到保护作用。上升器按不同用途分为手柄式上升器、胸式上升器、脚式上升器、便携式上升器，其中手柄式上升器最为常用，分为左手式上升器与右手式上升器两种，适用于不同用手习惯的攀岩者。脚式上升器和便携式上升器多用于探洞运动中（图 10-2-11）。

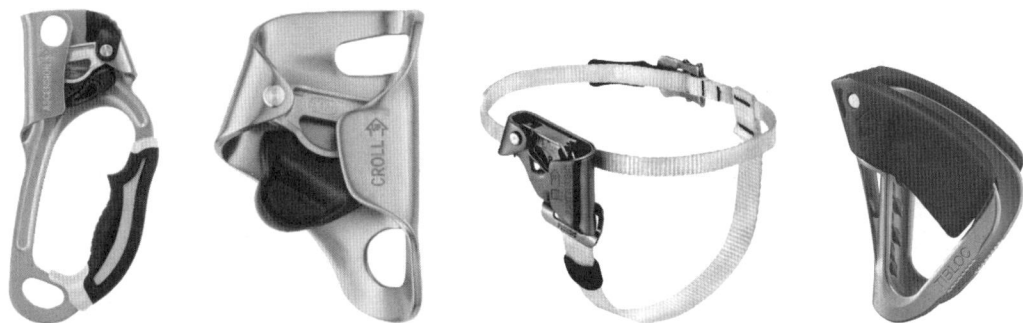

| 手柄式上升器 | 胸式上升器 | 脚式上升器 | 便携式上升器 |

图 10-2-11　常见上升器

7. 头盔

头盔能在攀岩过程中避免头部受落石或上方抛下的装备的伤害，起到保护头部及颈部的作用。攀岩中使用的头盔应为专用头盔，切忌用其他头盔代替（图 10-2-12）。

8. 攀岩鞋

攀岩鞋是一种摩擦力很大的专用鞋，穿起来可以节省很多体力（图 10-2-13）。

图 10-2-12　头盔

图 10-2-13　攀岩鞋

三、攀岩运动基本技术

（一）攀岩基本手法

（1）握。整个手掌和手指包裹住支点用力，主要运用于柱状点，分为开握、抓握、紧握、半紧握、曲握等（图 10-2-14）。

（2）抓。拇指在一侧起辅助作用，其余四个手指的指关节全部正向放入支点（图 10-2-15）。

（3）抠。通过手指指尖（第一指关节或第一、第二指关节）弯曲抓住支点（图 10-2-16）。

（4）压。第一指关节抠挂住支点，第一、第二指关节竖起，与支点开口方向垂直指压住食指（图 10-2-17）。

（5）捏。大拇指和其余四指相对用力，夹住支点（图 10-2-18）。

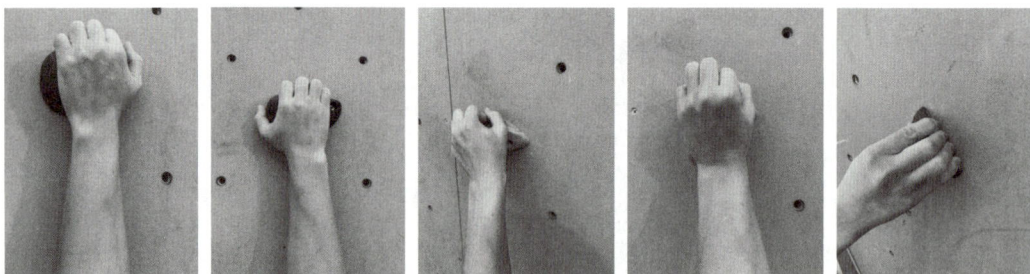

图 10-2-14　握　　图 10-2-15　抓　　图 10-2-16　抠　　图 10-2-17　压　　图 10-2-18　捏

（6）摁。靠摩擦使手掌掌面在支点上向心用力（图 10-2-19）。

（7）撑。靠摩擦使手掌掌面在支点上离心用力（图 10-2-20）。

（8）搂。屈手，并且手掌小指一侧与支点接触固定（图 10-2-21）。

（9）戳。在抓、握有指洞的造型点时，两个手指戳进支点指洞内，大拇指压住其他两指（图 10-2-22）。

（10）反提。手腕和掌心向上，手臂向上反作用力发力（图 10-2-23）。

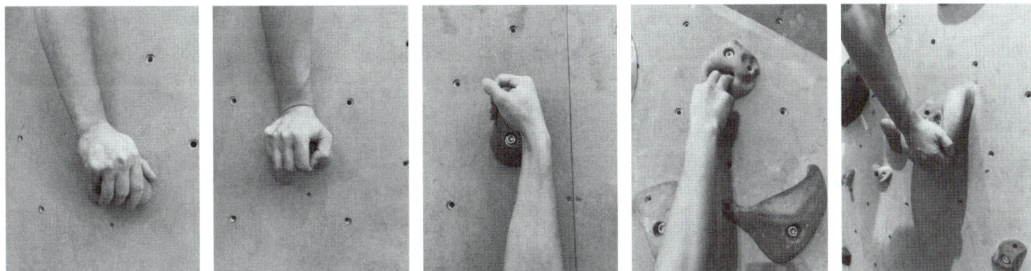

图 10-2-19　撆　　图 10-2-20　撑　　图 10-2-21　搂　　图 10-2-22　戳　　图 10-2-23　反提

（二）攀岩基本脚法

（1）正蹬。使用鞋尖内侧边拇指处踩点，正蹬动作的特点是靠增加攀岩鞋与支点间的压力来增大摩擦力，抬高脚跟可以尽量将身体的重心转移至脚尖，从而达到这个目的。因此，做正蹬动作时，要尽量抬高脚跟以增加对支点的压力（图 10-2-24）。

（2）脚尖外侧踩点。脚的小趾用力，脚外侧贴近岩壁，应尽量抬高脚跟（图 10-2-25）。

（3）脚尖内侧踩点。脚的拇趾用力，脚内侧贴近岩壁（图 10-2-26）。

（4）踩摩擦点。在斜坡或造型板上，通过脚前掌与岩面的摩擦，踩住并固定住脚（图 10-2-27）。

（5）脚尖钩点。用脚尖钩住点，通过膝关节的回收力，以达到稳定身体的目的（图 10-2-28）。

（6）脚跟挂点。将脚后跟放于点上部，挂住支点，通过挂脚，下肢向下用力，挂住身体，以减少手部所受的力量，达到省力的目的（图 10-2-29）。

图 10-2-24　正蹬

侧身蹬拉
起身

挂脚顶胯

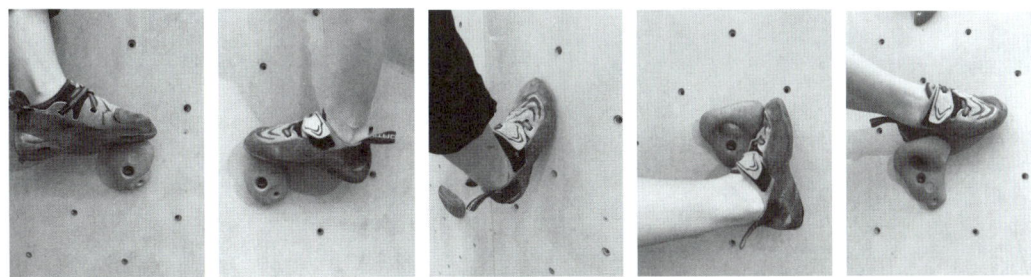

图 10-2-25　脚尖外侧踩点　　图 10-2-26　脚尖内侧踩点　　图 10-2-27　踩摩擦点　　图 10-2-28　脚尖钩点　　图 10-2-29　脚跟挂点

四、攀岩运动的保护技术

（一）上方保护

1. 上方保护的装备

在人工攀岩场地进行上方保护，保护者需要准备必需的技术装备（表 10-2-1）。

表 10-2-1　上方保护装备

装备名称	数量	要求
安全带	1 条	坐式安全带，腰带要宽
主锁	1 把	丝扣锁
保护器	1 副	"8" 字环、ATC、GRIGRI 均可
手套	1 副	可选择
头盔	1 顶	可选择

2. 检查装备、进行口令沟通

一定要亲自动手检查装备，不能只用肉眼观察。

（1）保护者检查攀岩者的安全带穿戴是否正确，"8" 字结打法位置是否正确，是否穿着攀岩鞋等。

（2）攀岩者也应该检查保护者的安全带穿戴是否正确，腰带有无反扣，保护器与绳索的连接位置及方法是否正确，铁锁是否连在安全带的保护环上等。

（3）检查无误后，保护者应整理绳子，保证在保护过程中不会因移动等而踩到绳子。如果在室外，则还应准备绳包或绳筐，将绳子放入其中。

（4）双方进行口令沟通、确认。此环节贯穿于整个攀岩过程。在攀岩过程中的沟通不要嫌麻烦，而且口令沟通更不可走形式。

3. 保护的操作方法

在上方保护中，通常采用五步保护法。上方保护方法的基本技术动作由五个连续步骤组成，故称为五步保护法。以下动作解析以右手为制动手为例（图 10-2-30）。

五步保护法

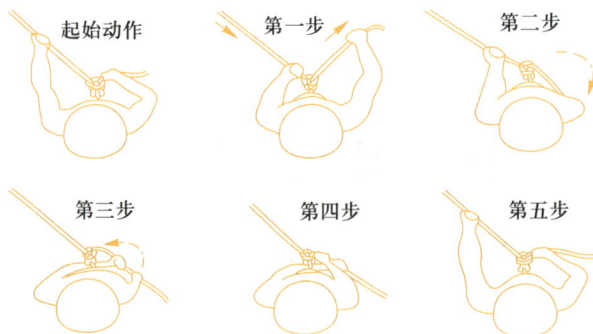

图 10-2-30　五步保护法图解

（1）五步保护法的基本步骤。

① 准备姿势：左手（导向手）抓保护器上端的绳子，抓握位置以能伸直左臂为宜；右手（制动手）握保护器下方的绳子，手尽量靠近但不能贴近保护器，以免受力时被挤进保护器，这样能多收绳子，提高效率。双手均以虎口抓握绳子，便于用力。

② 第一步：双手配合用力，左手向下拽绳，右手向上提绳。双手动作要同步，保持双手之间没有多余的绳子。

③ 第二步：右手抓握绳子后迅速向右后方下摆，返回到制动端，此动作一定要快，不得在第一步结束后停留。

④ 第三步：左手从保护器外侧抓右手制动端的绳子，抓好后双手紧贴。左手与保护器应保持一定的距离，以免手被挤到。

⑤ 第四步：右手再次抓握左手上方的绳子，回到准备姿势时的位置。

⑥ 第五步：左手放回到保护器上方，抓握绳子。此时，双手位置与准备姿势相同。

（2）五步保护法的注意事项或要点。

① 实施五步保护法时，保护者应根据攀岩者的位移、速度的变化做出调整。

② 攀岩者完成手部动作后，保护者开始收绳，避免收绳时绳子的摆动影响攀岩者抓、握支点。

③ 只要攀岩者向上方发生位移，就要完成一次五步保护动作。

④ 如果保护者开始收绳，攀岩者突然停住或返回原点，保护者的制动手应立即回到腰间的侧后方，即制动端，不可停留在第一步。此时若攀岩者脱落，则保护器与主绳的摩擦力将大大降低。

⑤ 每步的握绳无论是左手还是右手，都要以虎口满把握绳，禁止用手指捏绳。

⑥ 只要攀岩者在路线中途停留，保护者就一定要回到制动状态等待，即将制动手放到保护器下。

（3）结束攀爬后的保护技术。当攀岩者攀爬到顶或准备脱落时，保护者要迅速收紧绳子并准备在第一时间将其放回地面。保护者的具体步骤如下。

① 调整站位，以免绳子交叉或摩擦攀岩者的后背、腿部等。通常，保护者站到攀岩路线的侧后方。保护者与岩壁的距离约为 2 m，太近会撞到岩壁，太远则会失去重心，从而失去对攀岩者的控制。

② 双手放到制动端握紧绳子，重心下降，双脚开立，身体站稳，进入保护状态。

③ 与攀岩者沟通，准备放其下降。

④ 双手仍握住绳子，虎口轻轻松开，绳子随着攀岩者的重心移动会慢慢滑动。如果攀岩者体重较重或绳子太细，则可以采取双手轮换倒位的方法代替。如果此时保护者的位置离岩壁较远，则可以握紧绳子往前走，以实现放人效果。

⑤ 在整个下降过程中，保护者应密切关注攀岩者，全程保持匀速且速度要慢。如果岩壁存在角度、造型的差异，放人速度以攀岩者回荡中不触碰岩壁任何部位为宜。

⑥ 当攀岩者接近地面时放慢放绳速度，让其双脚先站稳后再充分放绳。

（二）下方保护

1. 下方保护的装备

下方保护的装备包括头盔、安全带、主锁、保护器等。

2. 保护前的准备

（1）观察地形（保护者所能移动到的最大范围）及攀登线路。预想攀岩者在任意时刻脱落时保护者的站位及如何给绳等。

（2）正确穿戴装备。

（3）用保护器将绳子和安全带连接。

（4）自我检查及相互检查。检查头盔是否戴上、扣好、戴正，调节带的松紧度是否适中，安全带腰环、腿环是否反扣，攀登者的装备是否带齐等。

（5）攀登前相互沟通，确保为攀岩者提供及时、有效的保护。

3. 保护过程及要点

（1）保护时，保护者的制动手始终握住绳子的制动端。

（2）在攀岩者挂上第一把快挂之前，绳子是不能提供任何保护的。因此，保护者要做攀岩保护动作。

（3）前三把快挂的保护。当攀岩者扣入第一把快挂的时候，保护者要迅速收绳，防止攀岩者在扣入第二把快挂之前脱落而直接掉到地上。在攀岩者扣入第二把快挂和第三把快挂的时候，保护者做同样的处理。如果攀岩者在前三把快挂脱落，则保护者几乎不能实施动态保护来防止攀岩者掉到地面上。

（4）站位。合理的站位可以保证攀岩者脱落后不骑在绳子上，保证给绳时能灵活移动。第一把快挂挂上后站位不能太远，避免攀岩者脱落后而直接掉到地面上。在攀岩者挂上第三把快挂以后，保护者可以站得稍远一点，以便更好地观察攀岩者，同时避免落石等状况。

（5）给绳。给绳的关键在于把握给绳的时机。敏锐判断攀岩者提绳的时机，同时，保护者迅速给出适当长度的绳子。注意给绳不要过早，如果攀岩者在这一刻脱落，则会导致攀岩者冲坠的距离更长，冲坠系数更大，危险性也更大。也不要延迟给绳，否则会让攀岩者在拉绳的时候很吃力，影响攀登，甚至会发生脱落。可以通过移动或放绳来实现给绳，保护者最好移动到线路的下方，减少绳子和第一把快挂所形成的角度，以减少摩擦，便于攀岩者抽绳子。

（6）绳子的松紧度。绳子不能太紧，保证不影响攀岩者的攀登，更不能将攀岩者向下拉。绳子也不能太松，以免攀岩者脱落时冲坠距离加大。当攀岩者将绳子提起，但没有挂上的时候，应迅速收绳，尽可能降低脱落时的冲坠系数。

（7）沟通。沟通贯穿于整个攀登、保护过程，保护者应及时提醒攀岩者潜在风险并告知自己所处的境况。

（8）预见性。集中精力，密切关注攀岩者的行为，并对攀岩者的行为有一定的预见性，以便准确、及时地做出反应。

（9）冲坠。攀岩者冲坠的时候，保护者在安全范围内给予最大的缓冲，即保护者实施动态保护。保护者可以通过给绳、向前移动及跳起蹬岩壁等方式实现动态保护。

（10）攀岩结束后放攀岩者下降，要匀速且缓慢，在需要摘除快挂的时候要及时、准确地制动。

4. 下方保护的注意事项

（1）任何时候制动手都要握住绳子的制动端。

（2）选择最佳的位置和站立姿势。

（3）收绳子时，双手要协调配合。

（4）要集中精力，密切关注攀岩者的行为，并且有一定的预见性。

（5）根据攀岩者的需要随时收放绳子，松紧度适中，既不能太紧，影响攀岩者攀爬；又不能太松，在脱落或滑坠时增大攀岩者的冲坠距离。

（6）当攀岩者脱落时，不能立刻收紧绳子，而应给予其一定的缓冲。但在前三把快挂脱落时需要收紧绳子。

（7）当攀岩者处于或可能处于危险状态时，要及时给予提醒。

五、攀岩运动的体能训练

攀岩运动的体能训练内容包括身体形态、力量素质、柔韧素质、耐力素质等。只有综合、全面地练习各种素质，才能使身体协调发展，提高攀岩运动的能力。

（一）身体形态练习

身体形态练习计划的内容包括运动形式和运动负荷。攀岩者应根据练习目的合理选择练习形式。对于普通攀岩者来说，可以采用静态悬垂、负重悬垂、瑜伽、形体操等形式。身体形态练习的运动负荷包括强度、持续时间、组数、间隔时间和练习频率五个方面。

（1）强度。应逐渐加大动作幅度或负重，让练习者感到目标肌肉受到牵拉或略感不适。若没有牵拉的感觉，则达不到练习效果，但也不能使负荷强度大到引起疼痛。

（2）持续时间。在进行静力练习初期，练习部位出现牵拉感觉时，停留 1 min，以后逐渐延长持续时间，几周后可以增加到每次停留时间为 2 ~ 3 min，一般不超过 4 min。

（3）组数。每项练习重复 4 ~ 6 组。根据练习者的感觉，逐渐增大牵拉的程度，增加练习组数。

（4）间隔时间。稍放松，待牵拉感觉缓解后，再开始下一组练习。

（5）练习频率。身体形态练习建议每天进行 1 次，如果时间不允许，则至少两天锻炼 1 次，否则不易产生或保持锻炼效果。

（二）力量素质练习

力量素质练习计划的内容较为复杂，主要包括练习频率、练习时间、练习内容的选择、动作顺序、练习强度、重复次数、练习组数、组间休息、练习方法等。

一般来说，初级水平练习者的练习频率通常是每周两次或三次，中级水平练习者的练习频率通常是每周三次或四次，高水平练习者的练习频率通常是每周四次或五次。

初级水平练习者每周的练习次数应平均分配，可安排周一、周四练习或周一、周三和周五练习。

中、高级水平练习者可以接受每周三次以上的练习频率，但不能每天都练习同一项目内容。例如，每周练习四天，周一和周四练习攀登专项力量素质，周二和周五练习上肢肌肉。

（1）练习时间。一般来说，练习时间的长短取决于练习者的练习水平，但作为一般练习者来说，一次力量素质练习的时间一般不超过 60 min。

（2）练习方法。多角度锁定引体、全程引体、单臂引体、楼梯引体、斜身引体、引体攀爬、负重引体、背人引体。

（3）练习顺序。在一次力量素质练习中将练习动作排成一个特定的序列。练习顺序的安排应该使前一次练习引起的疲劳对下一项练习的影响最小。

（4）练习强度和重复次数。研究证明，高强度（最大或接近最大用力）和低重复次数的练习可使力量得到有效地增强，而低强度和高重复次数的练习可使肌肉耐力获得良好发展。在某种程度上，若想让肌肉力量和肌肉耐力同时得到发展，关键是练习内容要有利于发展专门的神经肌肉类型。以发展肌肉力量为主的力量素质练习应采用 1 ~ 6 RM 的强度，以发展肌肉体积为主的力量素质练习应采用 6 ~ 12 RM 的强度，以发展肌肉耐力为主应采用大于或等于 12 RM 的强度。力量素质属于初级水平的练习者，开始宜采用 12 ~ 15 RM 的强度。

（5）练习组数。练习组数与单次训练时长紧密联系。练习组数的安排不像练习次数的安排那样直接受主要力量素质练习目标的影响，但练习组数也与练习目标有关。研究显示，单组训练即可促进肌肉增长，并且能够提高肌肉力量。力量素质属于中级和高级水平的练习者可能需要靠增加组数来获得力量水平的进一步提高。力量素质属于初级水平的练习者一般不能进行多组练习，刚开始练习的几个月可以采用单组练习，随着练习水平的提高，可逐渐增加组数。发展肌肉体积一般以 3 ~ 6 组为宜，发展肌肉耐力一般安排 2 ~ 3 组。需要说明的是，以上的练习组数不包括热身时的组数。

（6）组间休息。练习者的力量素质练习目标决定于组间休息时间。进行肌肉爆发力练习的组间休息通常是 30 s 或更少。进行肌肉耐力练习，组间休息时间通常与练习时间等量。进行肌肉力量素质练习，组间休息时间较长，尤其是进行下肢或全身性练习，组间休息时间长达 2 ~ 5 min。

（7）练习方法。为了帮助练习者不断提高肌肉力量，降低过度负荷的危险，减少厌烦感并维持练习强度，在练习计划中应讲究多样化原则。可以通过周期性改变频率、强度、练习量或休息时间，使力量素质练习计划更加多样化。下面介绍一些常用的力量素质练习方法。

① 基本练习法：通过测试确定个人最大重量，即练习者在这个重量情况下能完成一次练习的重量。练习分为 3 组，每组 1 ~ 2 次，每组练习的重量依据 110% × 练习者最大重量来确定。

第一组：1 ~ 2 次，110% × 练习者最大重量。

第二组：1 ~ 2 次，110% × 练习者最大重量。

第三组：1 ~ 2 次，110% × 练习者最大重量。

② 金字塔练习法：先确定个人最大重量，然后依据这个难度级别的百分比来确定每组练习的强度。随着每组练习的强度逐渐加大，每组的次数逐渐减少。

第一组：12 次，50% × 练习者最大重量。

第二组：8 次，65% × 练习者最大重量。

第三组：6 次或至力竭，75% × 练习者最大重量。

③ 递减强度练习法：同金字塔练习法相反，随着每组练习的强度逐渐减小，每组的次数逐渐增加。

第一组：6 ~ 8 次或至力竭，80% × 练习者最大重量。

第二组：9 ~ 12 次或至力竭，70% × 练习者最大重量。

第三组：13 ~ 15 次或至力竭，60% × 练习者最大重量。

第四组：16 ~ 18 次或至力竭，50% × 练习者最大重量。

④ 强迫次数练习法：练习者在做某一练习，完成一定的高度，已无力继续完成全程线路时，攀岩指导员可帮助、指导练习者继续完成 1 ~ 2 次练习，使练习者的肌肉得

到最大限度地锻炼。

⑤ 退让练习法：练习者完成正常练习至疲劳后，攀岩指导员可帮助、指导练习者完成向心收缩动作，然后由练习者完成离心收缩动作，有助于消除疲劳。

⑥ 调整运动负荷法：为了避免练习者适应了某个练习计划或出现过度疲劳，可周期性调整运动负荷，如改变练习线路的难度级别。如果练习者每周锻炼 3 天，则将这 3 天可以分别安排大负荷、小负荷和中负荷。如果练习者每周锻炼 4 天，则可以采用大负荷日与小负荷日交替的方法。

⑦ 改变练习动作法：为了保持练习者对攀岩运动的兴趣，提高锻炼效果，可以在每次练习课上改变练习动作。

（三）柔韧素质练习

对于普通攀岩练习者来说，如果关节本身没有活动障碍，则影响柔韧性的因素主要在于肌肉的伸展性。攀岩运动柔韧性的练习方法有递进横向攀爬、脚先ходом横移、举腿触点、钩点起身、斜板仰卧起坐、半悬空俯卧等。练习形式应以静力性动作为主，可让练习者主动完成，也可帮助其完成。如果练习者有特殊需要，则也可以进行极限回弹练习。

1. 静力性柔韧素质练习内容

练习内容包括强度、持续时间、练习组数、间隔时间和练习频率五个方面。

（1）强度。不论是主动伸展还是被动练习，都应逐渐加大动作幅度或逐渐加大给予的助力，让练习者感到目标肌肉受到牵拉或略感不适。如果没有牵拉的感觉，就达不到练习效果，但练习强度也不能大到引起疼痛的程度。

（2）持续时间。练习初期，当练习部位出现牵拉感觉时，保持 10 ~ 15 s，以后逐渐延长持续时间，几周后可以增加到 20 ~ 30 s，一般持续时间不超过 60 s。

（3）练习组数。重复 3 ~ 5 组。根据练习者的感觉逐渐增大牵拉的程度。

（4）间隔时间。稍事放松，待牵拉感觉缓解后，再开始下一次练习。

（5）练习频率。柔韧性练习最好每天锻炼一次，如果时间不允许，则至少隔 1 天锻炼一次，否则不易收到或保持锻炼效果。

2. 极限回弹练习的内容

练习内容包括强度、持续时间、练习组数、间隔时间和练习频率五个方面。

（1）强度。每次练习前，先让练习者做静力性的等长收缩对抗，然后按压练习者的目标肌肉，应有牵拉感或略感不适。

（2）持续时间。肌肉静力性收缩持续 6 s，放松 6 s，肌肉被动伸展保持 15 ~ 20 s。

（3）练习组数。可重复 3 ~ 5 组。

（4）间隔时间。间隔时间应短暂。

（5）练习频率。每周 3 ~ 4 次，最好达到 7 次。

3. 注意事项

（1）进行柔韧素质练习之前，应先进行热身活动，如慢跑，以提高锻炼效果，并预防受伤。

（2）避免进行冲击性的柔韧素质练习，防止在柔韧素质练习过程中发生运动损伤。

（3）柔韧素质练习应从大关节开始逐渐进行至小关节。

（4）进行被动柔韧素质练习时，攀岩指导员一定要避免用力过大，要及时地与练习者交流，了解练习者的感觉。

（5）可以在准备活动、整理活动中进行柔韧素质练习。

（6）练习者如果无特殊的竞技运动需要，则避免进行一些竞技运动专项的柔韧素质练习，以免受伤。

（7）进行静力性柔韧素质练习时，呼吸应保持顺畅。

（8）进行极限回弹练习时，应注意关节角度的极限，在静力性等长收缩段，要保持呼吸，并注意原动肌和对抗肌的配合。

（四）耐力素质练习

提高心肺耐力的耐力素质练习方法有耐力基本练习法、持续练习法、间歇练习法、交叉练习法、循环练习法等。

1. 耐力基本练习法

首先通过测试确定个人最高攀登能力（完成攀登的最难级别线路），然后完成 3 组，每组 4 条线路，每组练习线路的难度根据个人最高攀登能力的百分比来确定。攀岩的难度负荷为可以攀爬这种难度线路的次数。例如，30% 难度负荷是可以连续攀爬这种难度线路 7 条，80% 难度负荷是可以连续攀爬这种难度线路 2 条。

（1）示例一。

① 第一组：4 条线路，50%× 个人最高攀登能力最高级别。

② 第二组：4 条线路，100%× 个人最高攀登能力最高级别。

③ 第三组：4 条线路，80%× 个人最高攀登能力最高级别。

（2）示例二。练习者攀登能力最高级别为 5.11 级。

① 第一组：4 条线路，60%×5.11 级别的强度。

② 第二组：4 条线路，80%×5.11 级别的强度。

③ 第三组：4 条线路，70%×5.11 级别的强度。

2. 持续练习法

持续练习法是指强度较低、持续时间较长且不间歇地进行练习。开始 4 ~ 6 min 做准备活动，此后至少 20 min 以内强度应保持在靶心率之内，最后约 5 min 做整理活动，降低强度，使心率逐渐恢复。持续练习法的运动强度易控制，适合所有人群。

3. 间歇练习法

间歇练习法是大强度和小强度运动的交替，如 3 min 高强度活动（锻炼时心率可超过靶心率高限的 10%）与 3 min 小强度活动交替进行。

4. 交叉练习法

交叉练习法是一种结合几种耐力素质练习形式的练习方法。

5. 循环练习法

循环练习法是将力量素质练习和耐力素质练习相结合的练习方法。将耐力素质练习放在力量素质练习之间，各练习之间只有短暂休息或无间歇，其目的是将心率增加到靶心率范围之内，以同步提高心肺耐力与肌肉耐力。

6. 递增强度练习法（金字塔练习法）

递增强度练习法是指先确定个人最高攀登能力水平级别，然后依据这个难度级别的百分比来确定以下每组练习的难度负荷。随着每组练习强度逐渐加大，每组练习次数逐渐减少。

7. 递减强度练习法

递减强度练习法同递增强度练习法相反，随着每组练习强度逐渐降低，每组练习次数逐渐增加。

8. 突破练习法

突破练习法是指练习者做某一练习，已完成一定的高度，无力继续完成全程线路时，攀岩指导员可以帮助、指导其继续完成 1 ~ 2 次攀登，使肌肉得到最大限度的锻炼。

9. 退让练习法

退让练习法是指练习者完成正常练习至疲劳，攀岩指导员可以帮助、指导其完成向下攀登的动作，然后由练习者自己完成与攀爬方向相反用力的动作。

第三节　飞　盘　运　动

飞盘运动是一种投掷盘形器具的运动。盘呈圆形，有卷边，直径约 25 厘米，厚约 5 毫米，通过手指和手腕发力使之旋转，在空中飘飞。这项运动以投掷、接盘、跑动等动作作为主要比赛内容。

一、飞盘运动概述

（一）飞盘运动的起源与发展

飞盘运动最早可追溯到公元前 8 世纪的古希腊，当时人们通过投掷坚硬圆盘类物体进行打猎或军事训练。现代飞盘运动起源于 20 世纪初的美国，最初为一项学生游戏活动。1972 年，普林斯顿大学以 2 分之差败给罗格斯大学，这是高校间进行的首场团队飞盘比赛，标志着飞盘运动作为一项正式的体育运动项目进入高校。

1985 年，世界飞盘联合会 (WFDF) 成立。1995 年，WFDF 成为国际体育联合会（GAISF）和国际世界运动会（IWGA）的正式成员。世界飞盘联合会是世界飞盘运动的组织管理者，也是国际体育联合会总会的成员之一。2015 年，WFDF 正式加入国际奥林匹克委员会（IOC），并开始申请将团队飞盘赛事纳入奥林匹克运动会竞赛项目。

目前，飞盘运动的国际性赛事主要有：世界飞盘锦标赛（WFDF）、世界飞盘俱乐部锦标赛（WUCC）、世界 24 岁以下青年飞盘锦标赛（WU24）、世界沙滩飞盘锦标赛（WBUC）、亚洲大洋洲飞盘锦标赛（AOUGC）等。

我国最早开展飞盘运动的地区是北京和上海。全国飞盘运动推广委员会负责该运动在全国范围内的推广与发展，并接受国家体育总局社会体育指导中心的指导和监督管理。2022 年 4 月，教育部将极限飞盘作为新兴体育项目列入义务教育阶段课程；2022 年下半年，国家体育总局发文举办中国飞盘联赛。经过百余年的发展，飞盘运动已逐步演变为包括专业竞技型、团建拓展型、休闲娱乐型等多种形式的比赛和娱乐项目。

我国的飞盘赛事主要有：全国飞盘公开赛、中国大学生飞盘联赛、全国青少年飞盘公开赛、全国飞盘城市系列赛、全国青少年 U 系列飞盘巡回赛、全国掷准飞盘系列赛等。

（二）飞盘运动的锻炼价值

飞盘运动是一项集健身、益智、品德教育、休闲娱乐、人际社交等于一体的新兴体育项目。它不仅能强健体魄，还能培养人独立思考、独立解决困难的能力，塑造良好的思想品德，形成"盘不落地，永不放弃"的竞技理念。飞盘在不同角度产生的飞行弧线蕴含诸多物理学原理，能够提高人的智力、体能水平。这种智力与体力的协调发展，充分体现了现代社会对个人素质的要求。

（三）飞盘的分类

飞盘种类繁多，按照运动方式可分为团队飞盘、掷准飞盘、躲避飞盘、飞盘狗、飞盘勇气赛等。团队飞盘分为公开组（男女均可参加、无性别比例要求）、女子组和混合组（有男女比例要求），其中混合组需要至少 3 名女队员在场。掷准飞盘比赛分为个人赛和双人赛，可在不同地势的景区或森林公园中进行，利用树干、石山、坡道等形成自然障碍，增加挑战性。躲避盘是一项趣味性很强的飞盘运动，青少年和成年人都可以参与。飞盘狗竞赛是由人和狗借助飞盘配合完成的竞技运动。飞盘勇气赛是一项高速运动，要求选手以最快的速度大幅度掷出飞盘，使对手在 14 米外无法单手接住。由于飞盘飞行速度通常超过 80 千米 / 小时，接盘者反应时间应在 1 秒以内。

二、飞盘运动场地与器材

（一）飞盘运动的场地

正式比赛需要在草地上进行，真草最佳，高质量人工草亦可。不同比赛形式对于场地的尺寸要求不同，团队飞盘赛场地长 100 米、宽 37 米，两端设 18 米深的得分区。标准的赛事外围需要一定缓冲区，距离边线 3 米和 5 米处设两条缓冲线，中场区距离得分线 18 米处设砖头点。按照国际赛事标准，一个标准足球场可以布置一个飞盘场地。躲避盘场地长 18 米、宽 9 米，中场线平分两块区域，边线内的场地为内场，边线外的场地为外场，外场无边界。除草地外，木地板或其他平整、无危险的空旷场地也可以作为活动场地。为保证参赛选手安全，不建议在水泥地上开展比赛。掷准飞盘场可以将自然风景区、公园、高尔夫球场等作为比赛场地。

（二）飞盘运动的器材

1. 飞盘

飞盘类型主要有 175 克国际标准赛事飞盘、青少年飞盘、软飞盘（图 10-3-1）。

2. 九宫格

主要用于日常传盘的精准性练习，也可用于掷准比赛的器具（图 10-3-2）。

三、飞盘运动基本技术

飞盘运动基本技术是指飞盘参赛者完成飞盘运动比赛所运用的各种基本方法，科学合理地运用各种飞盘运动基本技术是参赛者取得比赛胜利的基础。

飞盘运动技术分为两大类，即掷盘技术和接盘技术。掷盘技术分为正手掷盘、反手掷盘，不同技术对于飞盘的握盘手法要求不同；接盘技术分为双手拍接、双手握接、单手握接。

图 10-3-1 标准飞盘

图 10-3-2 飞盘九宫格

（一）传盘技术

1. 正手握盘

动作要领：正手握盘是团队飞盘比赛中重要的基础动作之一，握盘的质量会影响正手传盘的质量。握盘时，将飞盘放置于虎口位置，用虎口和大拇指夹紧飞盘的外沿，拇指指向飞盘的中心；中指压在飞盘的内沿上，食指与中指并拢或分开，以控制飞盘的平衡。可双手持盘来进行调整，找到最适合自己的握盘方式。

初学者经过一段时间的练习，能逐渐适应正手的握盘方式以及接下来的正手掷盘动作（图 10-3-3）。

2. 正手掷盘

动作要领：正手掷盘时，握盘手同侧腿向体侧迈出，成侧弓步，同时保持身体平衡，降低重心，控制在身体中轴线上。手臂既不要完全伸直也不要贴住身体，肘部靠近身体但不要碰到身体，肩膀略微下沉。运用手腕和小臂的甩动来发力，出手时飞盘外侧可以略微向下倾斜，以保持飞盘平稳飞行。在发力过程中，尽可能减少手臂动作，用身体的核心力量加大手腕甩动的力度，从而增强掷盘的力度（图 10-3-4）。

正手掷盘

图 10-3-3 正手握盘手法

图 10-3-4 正手掷盘基本姿势

练习方法：两人一组互相对传；多人练习，掷盘接力游戏。

3. 反手握盘

动作要领：首先用持盘手的手掌贴住飞盘的外沿，其余四指以握拳的姿势放在飞盘的底部，食指要同时接触飞盘的边沿及底面，将大拇指放在飞盘正面的凸起纹路上并向下压。双手持盘进行调整，找到自己最舒适的握盘方式，握盘既不要太紧也不要太松，控制飞盘平行于地面即可（图 10-3-5）。

握盘时要关注两个要点：一是手掌要紧贴飞盘边缘，以保证对飞盘的控制；二是要能把飞盘端平，使其与手腕和前臂呈一条直线。

4. 反手掷盘

反手掷盘

反手掷盘是飞盘运动最重要的基本技术，是参与飞盘运动的基础动作，也是团队飞盘比赛中最容易掌握、运用最广的技术动作。

在进行反手掷盘时，要始终保持飞盘和前臂在一个水平面上。握盘手同侧的腿向反方向斜前方迈出，身体略微侧向迈腿方向。重心放低，保持在身体中轴线上，身体稳定，看向掷盘方向。手臂自然弯曲，不要将飞盘抱在怀里。

动作要领：准备掷盘时持盘手的肩膀对着掷盘目标，掷盘过程中当胸口正对目标时将飞盘掷出。掷出飞盘时，手腕旋转发力，随即产生制动，使飞盘旋转起来。旋转速度越快，飞盘的飞行越稳定。整个掷盘动作要连贯，腿、核心、手臂要协调发力，同时整个掷盘过程中保持视线在掷盘目标上，可以运用臀部的力量来使飞盘掷得更远（图 10-3-6）。

练习方法：两人一组互相对传；多人练习，掷接盘接力游戏。

图 10-3-5　反手握盘手法　　　　　图 10-3-6　反手掷盘基本姿势

（二）接盘技术

1. 双手拍接

双手腰上接盘

双手拍接是最稳妥的接盘方式，也是初学者应该最先掌握的接盘动作，一般在飞盘飞向接盘人腰部以上、肩膀以下的位置时采用这种接盘方法。

动作要领：双手拍接要求接盘人双手平行，掌心相对，五指尽量张开，以扩大接盘面积。掷盘的惯用手放在上面，以方便在接盘后快速转换成传盘动作。接盘过程中，注意力集中，始终注视飞盘，调整身体姿势，使胸部和飞盘垂直，接住飞盘后将飞盘往怀里带，进行缓冲保护（图 10-3-7）。

2. 握接

双手腰下接盘

在团队飞盘比赛中，当防守人和接盘人距离比较近时，要采用握接的接盘方式，以保证在防守人防守到位之前接到飞盘，一般在飞盘高于接盘人肩膀或者低于接盘人腰部时使用。握接包括双手握接及单手握接。

动作要领：采用握接时，于臂应向前伸展，主动迎向飞行中的飞盘，当飞盘略高于肩膀时，手掌向下，拇指在飞盘底部；当飞盘低于腰部时，手掌向上，拇指在飞盘正面，注意力集中在飞盘上，冲刺跑向飞盘，不要减速。当双手碰触到飞盘时，用力握住飞盘，先保证将飞盘控制在手中，再进行传盘动作（图 10-3-8）。

图 10-3-7 双手拍接　　　　　图 10-3-8 双手握接

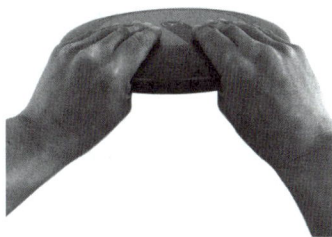

四、飞盘运动体能练习与运动注意事项

（一）飞盘运动体能练习

飞盘运动需要参与者具备较好的身体素质，尤其要加强以速度、耐力、灵敏为主的基础与专项体能练习。

1. 速度素质训练

以一定的速度多次重复一定的距离是速度训练的基本方法，此外还可以采用变换跑道地面等方法。飞盘运动的速度素质训练内容包括：反应速度（如两人各持一盘，用另一只手尝试打落对方飞盘，并保证自己的飞盘不落地；或听信号在规定距离内抢飞盘）、动作速度（如限时传盘并计算次数）、位移速度（如加速跑、接力跑、追盘跑、下坡跑）。

2. 耐力素质训练

（1）发展一般耐力的方法。一般耐力训练以有氧耐力训练为主，主要采用持续负荷法，通过周期性练习手段分为匀速和变速两种，持续时间应在 10 ～ 40 分钟之间，速度控制在有氧代谢供能范围之内。例如，以 70% 的强度进行不间断地持续跑是发展有氧能力的主要训练手段；也可手持飞盘慢跑练习，将飞盘不断抛向空中，并保证飞盘不落地。

（2）发展专项耐力的方法。专项耐力以无氧耐力为主，无氧耐力分为非乳酸盐（ATP、CP 供能）和乳酸盐（糖酵解）无氧耐力。发展非乳酸盐无氧耐力应采用间歇训练方法，每组工作持续时间为 5 ～ 15 秒，强度为 95% ～ 100%，每组重复 4 ～ 5 次，每次间歇 2 ～ 3 分钟，组间间歇 7 ～ 10 分钟。发展乳酸盐无氧耐力时，工作持续时间为 30 ～ 60 秒，强度为 85% ～ 90%。若工作持续时间在 15 ～ 30 秒时，可同时发展两种无氧能力。例如，飞盘追逐练习：一人长传盘，两人或多人同时追盘。

3. 灵敏素质训练

灵敏性主要表现在启动速度、转向速度以及跳起接盘后维持身体平衡的能力。例如，两人拍背游戏：两人相对站立，单手持飞盘，通过快速移动用飞盘拍击对方的后背，先拍到者获胜。

（二）飞盘运动注意事项

（1）飞盘活动相当于长距离的间歇性运动，要选择好合适的服装和鞋。

（2）重视运动前的准备活动，降低运动损伤的发生风险。

（3）在近距离多人接盘时，要避免相撞。

（4）合理进行体能训练，确保活动有充沛的体能储备，全程合理科学分配体力。

五、飞盘运动比赛规则简介

团队飞盘每边上场 7 人，设置目标分为 15 分，持续时间约 100 分钟。如双方在比赛时间结束时均未达到目标分，打完当前回合，得分高的队伍获胜；如平分则进行加时，首先取得决胜分的队伍获胜。

1. 飞盘精神

团队飞盘是一项同场不对抗、禁止身体接触、自我裁判的运动。所有队员都有责任执行和遵守规则。

2. 犯规

犯规行为有：危险动作；防守方接盘犯规；被迫出界犯规；防守方掷盘犯规；夺权犯规；进攻方接盘犯规；进攻方掷盘犯规（持盘人）；阻挡犯规；间接犯规；抵消犯规。

3. 违例

违例行为有得分区违例和阻挡违例。

4. 比赛中断

比赛中断情况分为受伤中断和技术中断。

思　考　题

1. 定向运动如何确定行进方向？

2. 简述识读地图的要点。

3. 飞盘运动的掷盘技术有哪些，如何练习掷盘技术？

3

第三篇

体能和社会适应

　　基础体能主要发展日常生活、工作和运动中所必需的走、跑、跳、爬、投、推、拉、握、支撑、悬垂等身体活动能力，依其性质可分为力量、耐力、速度、灵敏和柔韧等身体素质。职业体能是指与职业相关的身体素质以及在不同劳动环境中的身体耐受力和适应能力。职业体能结合学生的专业和未来职业岗位的需要，对相关训练内容与方法提出建议。职业心理和社会适应根据学生适应未来职业岗位所需的心理能力，按照沟通、合作、细心、果敢、坚持、服从、责任、创新等进行分类，并对相关训练内容与方法提出建议。

第十一章　身体素质锻炼

【章前导言】

　　身体素质是指人体在活动中所表现出来的力量、耐力、速度、灵敏及柔韧等机能的综合能力。这些能力是人们进行日常生活、工作及运动的基础，直接影响人们的生活质量。本章介绍身体素质锻炼的原理与方法，学生通过对本章的学习，可以科学有效地提升自身身体素质水平，更好地满足自身参与日常生活、工作及体育运动的需求。

【学习目标】

1. 了解力量、耐力、速度、灵敏和柔韧素质概念及作用。
2. 掌握力量、耐力、速度、灵敏和柔韧素质的锻炼方法。
3. 学会根据自己的需求，选择 2 ～ 3 项练习方法自主开展锻炼活动。
4. 掌握适合在宿舍开展的力量、耐力、速度、灵敏和柔韧素质的锻炼方法。

我的对手是自己

从 2020 年 10 月开始在北京体育大学封闭备战的巩立姣告诉记者，一直保持体能训练的她，最近体能水平有了明显提升。"现在每个月都有测试，我的引体向上能力明显增强，最开始我可是一个都不行的。"

此前不久，36 岁的新西兰铅球名将亚当斯在新西兰奥克兰田径邀请赛中投出 19.65 米，创下个人五年来最佳战绩。亚当斯是两届奥运会女子铅球金牌得主，也是巩立姣的老对手，此次她以本赛季世界排名第一的成绩，向世人证明了自己"宝刀不老"。很多人担心她会成为巩立姣东京奥运冲金路上的强劲对手，对此，巩立姣乐观地表示："我没感到压力，亚当斯一直都有这个实力，想象和她同场竞技的画面，我还挺开心的。"

在里约热内卢奥运会前，亚当斯一直稳居女子铅球"一姐"的宝座。进入东京奥运周期后，巩立姣的状态和实力显著提升，成为该项目新的领军者。在 2017 年伦敦世锦赛上，巩立姣以 19.94 米的成绩夺冠。2019 年，巩立姣在 13 场比赛中豪取 12 金 1 银，并在世锦赛和钻石联赛总决赛成功卫冕，在女子铅球选手世界排名中，巩立姣稳居第一。2020 年，在缺少大赛练兵的情况下，巩立姣仍以 19.70 米的成绩领跑赛季世界排名。

东京奥运会前夕，巩立姣屏蔽外界杂音，专注于自我提升。她说："我的对手只有我自己，只有突破自己、努力奋斗，才能实现最终的梦想。"

第一节 力 量 素 质

一、力量素质概念及作用

（一）力量素质定义及分类

（1）定义。力量素质是指人体或其某一部分肌肉工作时，克服内部或外部阻力的能力。

（2）分类。按衡量肌肉力量的标准，可分为绝对力量和相对力量；按表现形式，又可分为最大力量、速度力量和力量耐力；根据肌肉收缩的特点，可分为静力性力量和动力性力量。本章根据衡量肌肉力量的分类标准举例说明。

（二）力量素质的作用

力量素质是体育活动的基础，肌肉通过收缩与舒张产生的力量，驱动骨骼运动，使人能够实现行走和保持直立。提升力量素质有助于发展速度素质，因为肌肉快速收缩的前提是具备足够的力量。同时，力量也是提高耐力的关键因素，适当的力量可控制体重、抵抗地心引力使身体动作更加敏捷。此外，力量素质还是衡量健康的重要指标，对日常生活、工作和运动有重要影响。

二、力量素质的生理学基础

影响肌肉力量的生物学因素众多，主要体现在肌肉的生理横断面积、肌纤维类型、肌肉收缩时动员的肌纤维数量、肌纤维收缩时的初长度、神经系统的机能状态、性别和年龄等方面。

（一）肌肉的生理横断面积

运动训练导致的肌肉力量增强通常伴随肌纤维增粗、肌肉生理横断面积增大的现象，即肌力增强与肌肉生理横断面积增大成正比，外在表现为肌肉体积的增大。这一现象的原因是运动训练促进了肌肉收缩蛋白尤其是肌球蛋白的合成，同时也包括肌肉中线粒体数量和体积的增加，相关能量代谢酶的数量和活性的增加等，这些均是导致肌肉力量增长的主要生理学因素。

（二）肌纤维类型

人体不同肌纤维类型在肌肉中的比例直接影响肌肉的力量表现。肌肉中快肌纤维比例高，则表现为肌肉的速度力量占优势；而慢肌纤维比例高，则表现为肌肉的力量耐力占优势。

（三）肌肉收缩时动员肌纤维的数量

肌肉中肌纤维的兴奋阈值各不相同。当神经中枢传出的兴奋信号强度越大，被动员参与收缩的肌纤维数量就越多，表现出来的肌肉力量也就越强。因此，在其他条件相同的情况下，神经系统动员参与收缩的肌纤维数量成为影响肌力的主要因素。

（四）肌纤维收缩时的初长度

肌纤维收缩时的初长度极大地影响着肌肉最大力量的发挥。一般而言，肌纤维在适度拉长的状态下，粗肌丝上的横桥与细肌丝上的肌动蛋白结合的数量最多，能发挥出最大的力量。反之，若肌纤维收缩前长度过短或过长，均会导致粗肌丝上的横桥与细肌丝上的肌动蛋白结合的数量减少，从而影响肌肉最大力量的发挥。

（五）神经系统的机能状态

神经系统机能的状态直接影响其兴奋信号输出的强度，进而影响动员肌纤维参与收缩的数量。当神经系统处于疲劳状态时，不仅会影响肌纤维动员的数量，还会在一定程度上降低其协调不同肌肉工作的能力，最终影响肌肉最大力量的发挥。

（六）年龄和性别

肌肉力量在出生后随年龄的增加而自然增长，通常在 25 岁左右达到峰值，之后逐渐下降。成年后肌肉力量随年龄增长而下降的原因主要与可动员参与收缩的肌纤维数量下降有关。

不同性别儿童在进入性成熟的过程中，由于男性性激素的作用，他们的肌肉合成的速度明显快于女性，因此男性的肌肉发达程度明显高于女性。这表现为青春期后，男性在肌肉的绝对力量和速度力量方面与女性出现明显差异。

三、绝对力量锻炼方法

绝对力量，又称最大力量，指在不考虑体重的情况下，肌肉通过最大随意收缩克服阻力时所表现出的最高力值。这种力量不要求动作速度，如深蹲、卧推等。最大力量的作用取决于对抗的阻力大小，对抗阻力越大，其作用越明显，例如，举重、搬运和角力等。

（一）杠铃卧推

杠铃卧推是一种经典且有效的上肢力量训练动作，主要锻炼胸大肌和三角肌前束，肱三头肌、前臂肌肉和背部肌肉也参与其中。

1. 标准动作介绍

（1）起始姿势。练习者仰面平躺在平板卧推凳上，头部、上背和臀部接触凳面，双腿自然分开，双脚平放在地板上。双手正握（拇指绕过铃杆，与其他四指相对）杠铃杆，双手握距略比肩宽。

（2）下降过程。从卧推架上取下杠铃，双臂伸直，使杠铃位于锁骨正上方。沉肩并收紧肩胛骨，然后慢速下放杠铃至乳头略下轻轻碰触胸部。

（3）上升过程。随即向上、略向后推起杠铃，使杠铃回到锁骨上方。肘部可以锁定或不完全伸直，肩胛骨持续收紧（图 11-1-1）。

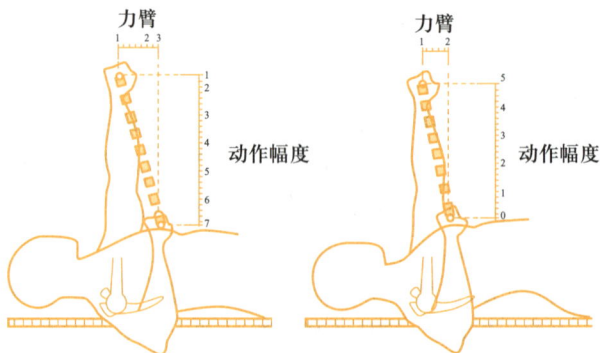

图 11-1-1　杠铃卧推

2. 注意事项

（1）轨迹与角度。杠铃的运动轨迹呈弧线向上，肩外展角应保持在 60° 到 75°，避免展角过大导致肩部损伤。

（2）握距与握法。较宽的握距着重锻炼胸部，较窄的握距对肱三头肌和三角肌刺激更多。建议采用全握，将杠铃贴近手掌根部。

（3）呼吸与节奏。下降时吸气，推举时吐气。保持平稳的呼吸有助于提供力量支持和控制动作。

（4）安全考虑。进行杠铃卧推时，务必注意安全。确保有人在旁边保护或使用安全架，感到不适或无法完成动作时应立即停止练习。

（二）杠铃深蹲

杠铃深蹲是下半身力量训练的关键动作，主要锻炼臀大肌、股四头肌等。锻炼时，正确的姿势和技巧至关重要，以确保效果最大化并降低受伤风险。

1. 标准动作介绍

（1）起始姿势。练习者两脚开立，与肩同宽或更宽，挺胸收紧腰腹部，双手握住杠铃放于颈后。

（2）动作过程。收紧腰腹部，膝盖弯曲至 90 度或以下，稍停，集中腿部和臀部肌肉力量，快速还原到起始位置。深蹲时保持身体平衡，杠铃均匀分布在脚中心上方，双眼平视以保持正确姿势（图 11-1-2）。

图 11-1-2　杠铃深蹲

2. 注意事项

（1）体重较轻、无训练经历者应采用 5~7.5 千克递增，体重较大或有训练经历者可采用 10~15 千克递增。

（2）杠铃深蹲大重量时，建议有同伴在一侧保护，以防危险。

（3）动作过程中需收紧腰腹部，膝盖不超过脚尖，下蹲吸气，起立呼气。

（4）收杠铃时不可向后退步，以免难以观察挂钩，即使有保护者也易发生伤害事故。

四、相对力量锻炼方法

相对力量即每千克体重的最大力量，由最大力量与体重比值表示。影响因素为最大力量和体重，体重变化大时发展最大力量可提高相对力量。良好的相对力量能增强灵敏性、关节稳定性和核心控制力，利于精准控制身体动作，常见表现有支撑、悬垂和攀登。

（一）支撑的锻炼方法和组织

1. 双杠的支撑动作练习

（1）双杠支撑移动。跳上成支撑，双手依次前进至另一端跳下，熟练后可后退练习。

动作提示：两臂伸直，身体垂直向下，两腿并拢，靠摆动和肩带、掌根力量前进。

拓展练习：熟练后可在杠端转体继续练习。

（2）双臂屈伸。跳上成支撑，身体挺直，屈臂后伸直，连续多次。

动作提示：初练时屈臂幅度小，力量提高后幅度增大，次数增多。

拓展练习：学会支撑摆动后，在摆动中练习上肢屈伸动作。

2. 俯卧撑练习

俯卧撑按身体姿势可分为高姿、中姿、低姿三种姿势。

（1）高姿俯卧撑（图 11-1-3）。在做练习时，练习者的身体姿势是脚低手高，动作难度较低，适合力量较弱的学生练习。

（2）中姿俯卧撑又称标准俯卧撑或水平俯卧撑（图 11-1-4）。在做练习时，练习者的脚和手保持在一个水平面上，动作难度适中，适合大多数学生练习。

（3）低姿俯卧撑（图 11-1-5）。在做练习时，练习者的脚高手低，动作难度较大，适合力量达到一定水平后练习。

图 11-1-3　高姿俯卧撑　　　　图 11-1-4　中姿俯卧撑　　　　图 11-1-5　低姿俯卧撑

3. 倒立练习

（1）动作要领。直立，两臂前上举，肩角拉开。接着上体前屈，两手向前撑地（比肩稍宽），含胸抬头。一腿蹬地，另一腿后摆。当摆动腿摆至垂直时，蹬地腿向摆动腿并拢，顶肩立腰，成倒立姿势（图 11-1-6 至图 11-1-8）。

（2）练习步骤。

第一阶段：半倒立。练习者在俯卧撑基础上逐步抬高双腿至脚面放在双杠、肋木、墙面或同伴肩上，身体呈半倒立状。

第二阶段：继续抬高双脚接近倒立。

第三阶段：摆倒立。对墙或同伴蹬地摆腿成倒立后落下，连续进行，体验顶肩和下肢蹬摆。

第四阶段：扶倒立和靠倒立。扶倒立指对墙摆成倒立姿势后，同伴扶持双腿，静止一定时间，体会扶持倒立感觉。靠倒立方法同扶倒立，但全凭自己控制身体靠住墙或同伴停留一定时间。

图 11-1-6　倒立　　　　　　图 11-1-7　半倒立　　　　　　图 11-1-8　摆倒立

（二）悬垂的锻炼方法和组织

悬垂主要利用单杠进行练习。

（1）引体向上。利用自身力量克服体重的悬垂练习，发展上肢、肩带和握力。要求跳起双手正握杠，手距宽于肩，两臂用力拉至下颌过杠。

（2）屈臂悬垂。站凳上，两臂全屈反握横杠，与肩同宽，使杠在颌下，离凳后做静止悬垂，时间越长越好，练 2~4 次。

（3）悬垂举腿。正握单杠，垂直杠下，收腹直腿举至最高点后放下，多次重复。

（4）屈腿悬垂举腿。正握杠，收腹屈腿前举，大小腿折叠，膝靠胸口，再缓慢放下，多次重复。

（三）攀登的锻炼方法和组织

1. 耐久力训练

耐久力训练包括徒步、竞走、长跑交替、变速跑、越野、障碍、负重、沙滩、逆风跑、间歇训练、球类比赛（篮球、足球、手球）、滑冰、滑雪、游泳、划船、骑车、反复登山、负重行军等。

2. 力量训练

（1）上肢力量。通过俯卧撑、举哑铃等方式锻炼。

（2）躯干力量。通过仰卧起坐、单臂哑铃划船等方式锻炼。

（3）下肢力量。通过负重深蹲、弓箭步蹲等方式锻炼。

此外，速度训练可通过跑动练习、短距离跑、球类比赛等进行；灵敏训练可通过球类活动、跳跃练习、跳绳等进行；平衡训练可通过走平衡木、过独木桥等方式进行；心理训练可通过放松训练、集中注意力训练等进行。

第二节　耐　力　素　质

一、耐力素质概念及作用

（一）耐力素质的定义及分类

（1）定义。耐力素质是指人体长时间保持特定强度负荷或维持动作质量的能力。

（2）分类。按照运动时肌肉能力供应的特点，可分为有氧耐力和无氧耐力。有氧耐力是指人体长时间进行有氧代谢供能为主的能力；无氧耐力是指人体在无氧代谢的情况下进行肌肉活动的能力。

（二）耐力素质的作用

（1）提高效率。耐力素质对于需要长时间专注和持续输出的工作或学习场景尤为重要，有助于保持高效率。

（2）提升竞技水平。在周期性运动项目中，耐力素质是决定练习者竞技能力高低的主导因素；在非周期性项目中，耐力素质对比赛结果也有重大影响。

（3）培养意志品质。耐力训练不仅能强身健体，还能培养坚韧不拔、勇于克服困难的意志品质。

（4）增强抗疲劳能力。通过耐力训练，可以提高有机体的抗疲劳能力，使身体更持久地保持高水平的运动状态。

（5）促进新陈代谢。耐力训练能有效提高身体的代谢率，促进能量物质的储备和利用，加速运动后的恢复过程。

（6）改善心血管功能。耐力训练能够增强心肺功能，提高血液循环系统的效率，为身体各部分提供充足的氧气和营养物质。

二、耐力素质的生理学基础

（一）有氧耐力的生理学基础

1. 呼吸机能

氧气的摄取需要依靠呼吸系统来完成。人体持续通过呼吸运动吸入氧气，进行有氧氧化反应并释放能量。因此，呼吸机能和肺通气机能是决定有氧耐力的基本因素之一。

2. 血液循环系统

氧气进入体内，必须借助血液循环才能被输送到各组织器官加以利用。由于氧气在血液中以血红蛋白为载体，血红蛋白的浓度越高，氧气被结合的量就越多。因此，循环机能或心输出量的大小和血红蛋白浓度同样是决定有氧耐力好坏的因素。

3. 肌肉利用氧的能力

作为最终利用氧的器官，肌肉通过氧化能量物质释放能量以供收缩所需。肌肉的氧化供能能力是决定有氧耐力的关键因素。同时，肌肉内肌糖原等能源物质的储存、有氧氧化系统酶的活性和肌纤维类型以及肌肉周围毛细血管的密度与数量都会影响有氧耐力的表现。

（二）无氧耐力的生理学基础

决定无氧耐力的因素，首先是肌肉的无氧酵解供能能力，其中肌肉内能源物质（如肌糖原）含量与无氧酵解酶系的活性是决定无氧酵解供能能力的主要因素。其次是血液中缓冲体系的缓冲作用：肌肉进行无氧酵解供能时会产生大量的乳酸，乳酸进入血液之后，由血液中的缓冲物质（如碳酸氢钠）中和。血液中的缓冲物质中和乳酸的能力越强，机体对乳酸刺激的耐受能力就越强，使疲劳延迟发生。此外，乳酸进入血液，还会影响脑细胞的工作能力。因此，影响无氧耐力的另一个因素就是脑细胞对血液酸碱度变化的耐受能力。

三、耐力素质锻炼方法

（一）有氧耐力训练

提高练习者的有氧耐力，主要采用连续训练和间歇训练两种方法。

1. 采用连续训练法发展有氧耐力

（1）强度。强度应以有氧供能的练习为主，负荷强度相对要小。一般练习者心率应控制在 130 ~ 150 次 / 分钟，训练有素的练习者心率可控制在 145 ~ 170 次 / 分钟。依此强度长时间运动，可改善体内有氧供能系统及肌肉供血功能，提高心肺系统机能水平。进行有氧耐力训练时，在保持心率为 150 次 / 分钟的同时，还可穿插无氧性质的练习，如使心率达到 180 次 / 分钟，以提高有氧耐力的训练效果和机体输送氧气的功能，从而提高有氧耐力水平。

（2）负荷数量。负荷数量以连续练习的距离或持续时间为指标，要尽可能多。如连续跑最好坚持 2 小时，至少也要坚持 20 分钟，才能达到发展有氧耐力的目的。主要练习方式如下：

匀速连续跑：运动心率控制在 150 次 / 分钟左右，时间应在 1 小时以上。

越野跑：运动时间保持在 1.5 ~ 2 小时，强度（速度）变化。

变速跑：负荷强度由低到高，心率从 130 ~ 145 次 / 分钟到 170 ~ 180 次 / 分钟，练习的持续时间在半小时以上。

2. 采用间歇训练法发展有氧耐力

（1）强度。间歇训练强度大于连续训练，可使心率达到 170 ~ 180 次 / 分钟。较大强度能增加心搏量，提高心脏功能，发展有氧耐力。过低强度（心率低于 130 次 / 分钟）会减少每分钟心血输出量，影响效果；过高强度（心率超过 180 次 / 分钟）会导致心舒张期充盈不充分，从而降低心血输出量，无法达到目的。

（2）负荷数量。负荷数量通常以距离和时间两个指标来表示。以时间表示，波动范围大，少则半分钟，多则 2 分钟；以距离表示，波动范围控制在 50 ~ 200 米。基本要求是一次练习的负荷数量不要过多，否则会导致工作强度下降，不利于心脏功能的提高。

（3）间歇时间。要求练习者在未完全恢复时开始下一次练习，一般来说当心率恢复到 120 ~ 140 次 / 分钟再进行下一次练习。整个练习过程包括工作与休息，使摄氧量和心搏量保持高水平，持续刺激呼吸和心血管系统。

（4）休息方式。采用积极性休息，因为轻微的积极性活动可促使血液回流，使机体中积累的酸性物质尽快排除，有利于下一次练习。

（5）练习的持续时间。每次练习时间应控制在 1 ~ 1.5 分钟，但整个练习持续时间需保持在半小时以上。这有助于提高机体利用氧气的能力，且有利于培养意志品质。

（二）无氧耐力训练

（1）强度。练习中需使机体处于无氧糖酵解状态，产生乳酸，强度大于有氧耐力训练。心率达到 180 ~ 190 次 / 分钟或更高。

（2）负荷数量。一次练习持续时间为 30 秒 ~ 2 分钟。跑步距离控制在 200 ~ 600 米，游泳游程控制在 50 ~ 200 米。

（3）重复练习的次数与组数。重复练习次数一般为 3 ~ 4 次，过多则无法保持必要的训练强度。一组练习的重复次数根据距离调整，距离长则次数少，短则次数多。

（4）间歇时间。间歇时间有两种安排方法：恒定不变或逐渐缩短。后一种方法可保证每次练习后体内较高的血乳酸值，下次练习应达到并超过这一阈值。由于密度大，容易疲劳，训练时需做好监控工作。

（三）耐力素质锻炼注意事项

（1）循序渐进。选择训练方法时，应从适量开始，逐步增加强度和时间。

（2）合理饮食。保证营养摄入充足，特别是碳水化合物、蛋白质和水分，满足身体需求。

（3）充足休息。合理安排休息时间，避免因过度训练导致疲劳积累和损伤。

（4）正确姿势。保持正确姿势和动作规范，减少受伤风险并提高训练效果。

第三节 速度素质

一、速度素质概念

（一）速度素质的定义及分类

（1）定义。速度素质指人体快速运动的能力或短时间内完成某种运动的能力。

（2）分类。反应速度、动作速度和位移速度。反应速度是人体对刺激的反应快慢；动作速度是完成单个动作的时间长短；位移速度是在周期性运动中，单位时间内的快速位移能力，常以通过固定距离所用时间表示。

（二）速度素质的作用

速度素质是人体快速运动的能力，包括对外界信号刺激的快速反应能力、快速完成动作的能力和快速位移的能力。以下是速度素质的作用：

（1）提高运动表现。在体育比赛中，速度素质是决定运动成绩的重要因素。

（2）增强身体素质。速度素质练习能提高人体的快速运动能力，促进供能能力的提高及改善代谢过程。

（3）提升竞技水平。在球类运动中，快攻与快防、突然起动、快速改变方向等都要求速度领先一步，方能取得主动。

（4）提高日常生活效率。良好的速度素质可以提高人们的工作效率和生活质量。

（5）促进身体健康。通过速度训练，可以增强心血管系统的健康，提高身体的耐力和协调性。

（6）提高应急反应能力。在紧急情况下，良好的速度素质可以帮助人们更快地做出反应，提高生存机会。

（7）增强自信心。通过速度训练，个人可以在体育活动中获得更好的成绩，从而增强自信心和自我价值感。

二、速度素质的生理学基础

速度素质的生理学因素，可以从反应速度、动作速度、移动速度三个方面来分析，具体如下：

（一）反应速度的生理学基础

"反应时"是衡量反应速度的重要指标。从生理机制上看，"反应时"的长短取决于感受器接受刺激产生兴奋后，兴奋沿反射弧传导，直至引起效应器所需要的时间。在反射弧的5个环节中，传入神经与传出神经的传导速度相对稳定，所以反应速度主要取决于感受器的敏感程度（兴奋阈值高低）、中枢延搁、效应器的兴奋性。其中，中枢延搁是最关键的因素。反应活动越复杂，参与的神经突触越多，反应就越慢。此外，反应速度还与中枢神经系统的灵活性、兴奋状态以及条件反射的巩固程度有密切关系。随着动作的日益熟练，"反应时"会相应缩短，反应速度也会加快。

（二）动作速度的生理学基础

动作速度的快慢主要取决于以下几方面：

（1）肌纤维类型中快慢肌的百分比组成。快肌百分比组成越高，肌肉收缩速度越快，动作速度也越快。

（2）肌力。肌力越大，动作速度就越快，因此影响肌力的因素都会影响动作速度。

（3）肌肉的兴奋性。当肌肉的兴奋性高时，动作速度快。

（4）条件反射的巩固程度。动作技能越熟练，动作速度越快。

（三）移动速度的生理学基础

移动速度的快慢主要取决于以下几方面：

（1）肌纤维类型中快慢肌的百分比组成。快肌百分比组成越高，肌肉收缩速度越快，动作速度越快。

（2）肌力。肌力越大，动作速度也就越大，因此影响肌力的因素都会影响动作速度。

（3）能量供应充足。在高速移动过程中，能量供应系统需要快速、高效地提供充足的能量，以支持肌肉的持续收缩和加速运动。因此，提高能量供应系统的效率是增强移动速度的关键之一。

（4）运动技能熟练程度。运动技能掌握是指个体在学习和练习过程中形成的、能够熟练执行特定运动动作的能力。良好的运动技能掌握可以减少动作失误和能量浪费，提高运动效率，从而有助于提升移动速度。通过反复练习和训练，个体可以不断改善和优化自己的运动技能，以适应更高速度的要求。

三、速度素质锻炼方法

（一）反应速度的锻炼方法

（1）信号练习法。通过突然发出的信号提高对简单信号的反应能力。

（2）运动感觉法。提高时间判断和应答速度。

（3）移动目标练习。迅速对移动目标做出应答。

（4）选择性练习。根据信号复杂程度做出相应动作。

（二）动作速度的锻炼方法

（1）外界助力。如体操训练中用手助力提高动作速度。

（2）风力帮助。在自行车、速度滑冰等训练中借助风力。

（3）地形及器械重量变化。利用下坡跑或加重铅球练习提高动作速度。

（4）信号刺激。与动作同步的声音伴奏加快动作完成。

（三）位移速度的锻炼方法

位移速度与力量、耐力、灵敏和柔韧密切相关。跑步锻炼是提高位移速度的有效方式，步幅和步频是提高位移速度的关键因素。

（四）速度素质锻炼注意事项

（1）科学训练。包括间歇训练和爆发力训练，逐渐增加强度。

（2）技术动作。掌握正确技巧减少能量损失。

（3）身体准备。适当热身、拉伸和肌肉力量训练。

（4）反应速度训练。通过视觉和听觉刺激提高神经系统反应。

（5）营养休息。保证充足蛋白质、糖类摄入和睡眠。

（6）心理素质。培养自信、专注和毅力。

第四节　灵敏和柔韧素质

一、灵敏和柔韧素质概念

（一）灵敏和柔韧素质的定义

灵敏素质指在各种突然变换的条件下，迅速、准确、协调地改变身体运动的空间位置和方向的能力。它体现在快速反应能力、动作准确性和协调性上，要求个体面对突发情况时能快速判断并采取适当行动。

柔韧素质指人体关节活动幅度及肌肉、肌腱和韧带等软组织的伸展能力。

（二）灵敏和柔韧素质的作用

1. 灵敏素质的作用

（1）增强反应能力。提高反应速度和判断能力，迅速应对突发情况。

（2）增强自我操纵能力。更好地控制身体，在不同条件下准确熟练完成动作。

（3）促进身体素质发展。是力量、速度、耐力、柔韧等素质的综合表现，协调发展这些素质。

（4）增强神经反应。与神经反应密切相关，提高神经系统功能和反应速度。

（5）提高节奏感。使运动更协调流畅。

（6）促进身心健康。提高自信心和心理素质，预防运动损伤。

2. 柔韧素质的作用

（1）提高运动表现。增强动作幅度与协调性，提升美感与精确度，增加爆发力与速度。

（2）预防运动伤害。降低肌肉拉伤风险，保护关节健康。

（3）促进身体恢复。加速疲劳恢复，改善体态与姿势。

（4）提高生活质量。增强日常活动能力，缓解心理压力。

二、灵敏和柔韧素质的生理学基础

（一）灵敏素质的生理学基础

神经系统通过快速、准确地传导神经冲动，协调肌肉活动，使个体能够迅速响应外界刺激，调整身体姿势和运动方向。眼睛、耳朵、皮肤等感觉器官，负责接收外界信息，如视觉、听觉、触觉等，并将这些信息传递到大脑进行处理，大脑通过分析这些信息来指导个体的运动反应。机体感官分析器是指分布在身体各部位的感觉神经末梢，它们负责收集身体内外的信息，能够感知身体的运动状态、肌肉收缩情况以及外界环境的变化等信息，为大脑提供准确的反馈，从而指导个体做出正确的反应。强健的肌肉系统能够迅速、准确地响应神经系统的指令，实现身体姿势的快速变换和运动方向的灵活调整。

（二）柔韧素质的生理学基础

柔韧素质主要取决于三个因素：一是运动器官的结构，包括关节的骨结构；二是关节周围组织的体积大小；三是跨关节的韧带、肌腱、肌肉和皮肤的伸展性。其中第三个因素对柔韧素质的影响最大。此外，柔韧素质还取决于支配骨骼肌运动的神经系统的机能状态，特别是中枢神经系统的调节对抗肌之间的协调性的改善，以及调节肌肉收缩和放松的能力。对抗肌间协调的改善可使肌肉活动时参与工作的对抗肌群充分放松，从而降低主动工作的障碍，保证运动幅度的加大。非条件反射性肌牵张反射的抑制以及随意放松肌肉的能力，都是扩大动作幅度的主要因素。

三、灵敏和柔韧素质锻炼方法

（一）灵敏素质的锻炼方法

（1）让练习者在跑跳中迅速、准确、协调地完成各种动作。如快速变向跑、各种躲闪和突然起动的练习，以及各种快速急停和迅速转体的练习。

（2）各种调整身体方位的练习。如利用体操器械做各种复杂的动作。

（3）各种复杂多变的练习。如由"之字跑""躲闪跑"和"立卧撑"等练习组合成的综合性练习。

（4）各种变换方向追逐性的游戏和对各种信号做出应答反应的游戏等。

（二）柔韧素质的锻炼方法

（1）拉长肌肉和结缔组织有爆发式和慢张力两种方法，后者较安全有效。

（2）柔韧性练习应与准备活动结合，先进行动力性练习以降低肌肉黏滞性。

（3）提高肌肉放松能力可减少关节活动阻力，增加活动幅度。

（4）柔韧性练习需与力量练习相结合。

（5）注意年龄特征，持之以恒。少年儿童时期开始系统训练效果最佳，成年后坚持练习可保持柔韧性。

（三）灵敏和柔韧素质锻炼注意事项

1. 灵敏素质锻炼注意事项

（1）适度负荷。发展灵敏素质应在体力较好时进行，练习负荷强度要大但持续时间不宜过长，重复次数不宜太多，间歇时间要充分，以不产生疲劳为限度。

（2）循序渐进。教练员应采取逐渐增加复杂程度的练习方式，通过改变条件、器械等方式增加技术动作的复杂性和难度。

（3）趣味性与竞争性。灵敏练习方法应富有趣味性和竞争性，以提高参与者的兴趣和积极性。

（4）心理素质培养。在发展灵敏素质的同时，应加强心理素质培养，避免紧张和恐惧心理导致反应迟钝和动作协调性下降。

（5）年龄特点。不同年龄段对灵敏素质的发展有不同的敏感期，应根据个人的年龄和身体状况制定合适的训练计划。

（6）休息与恢复。训练时要给身体足够的休息时间，避免过度疲劳，可以在训练中设置适当的休息间隔或留出休息日，让身体有时间恢复和修复。

2. 柔韧素质锻炼注意事项

（1）热身与准备。柔韧素质锻炼前需充分热身，提高体温和血液循环，减少受伤风险。

（2）渐进式训练。逐渐增加运动幅度和强度，避免突然过度伸展或扭转。

（3）正确姿势与技术。确保使用正确的姿势和技术，遵循专业指导或通过教学视频学习。

（4）适应个体差异。根据个人身体柔韧度调整训练，避免过度伸展或强迫自己进入不舒适的姿势。

（5）注意休息和恢复。合理安排休息和恢复时间，帮助预防受伤和提高训练效果。

思 考 题

1. 简述力量素质锻炼的原理和方法。
2. 简述耐力素质锻炼的原理和方法。
3. 简述速度素质锻炼的原理和方法。
4. 简述灵敏和柔韧素质锻炼的原理和方法。

3

第十二章　体质的评价与锻炼计划的制订

【章前导言】

　　体质评价是了解个体运动能力的重要手段，通过科学的评价方法可以全面掌握个体的体质状况。评价结果为制订个性化锻炼计划提供依据，有助于提升训练效果和预防运动损伤。锻炼计划须基于体质评价结果，结合其目标和需求制订。计划应包括训练强度、频率、时间和类型四个要素，以确保训练的系统性和科学性。要注重循序渐进原则和个体差异。锻炼计划的实施须严格按照预定的方案进行，同时要定期进行监控和调整。通过记录训练数据和反馈信息，及时调整训练内容和强度，确保训练目标的实现和个体健康安全。

【学习目标】

1. 了解身体成分的概念及其构成要素对健康的影响。
2. 了解体质评价的方法及作用。
3. 掌握锻炼计划制订的具体步骤。

"三次躺倒"——郑钦文

赢了！右腿缠着绷带的郑钦文第三次躺倒在罗兰·加洛斯中央球场的红土上，但这一次，她没有流泪。几秒钟前，欢呼声如潮水般瞬间充满整个球场。这座历史悠久的球场观众席，第一次如此大面积地被五星红旗覆盖。

郑钦文，这个 21 岁的中国女孩创造了历史：她成为中国乃至亚洲首位站在奥运会网球女单最高领奖台的运动员。就在三天前，在同样的地点，郑钦文经过三小时零四分的鏖战击败了德国老将科贝尔，晋级四强，追平了中国女单奥运会的最好成绩。在决胜球落地的瞬间，她扔掉球拍，躺倒在地上，任凭红土蹭在衣服与身体上。起身时，她悄悄用护腕擦去了自己的眼泪。赛后她坦言，这是自己职业生涯最艰难的一战。

两天前，依旧是这一球场。郑钦文战胜了自己职业生涯中从未战胜过的对手——斯瓦泰克。她再次躺倒，咆哮着庆祝胜利。郑钦文的首次奥运之旅挑战巨大，困难重重，但她没有退路；也正是因为没退路，她硬是一场又一场地拼了下来。三次躺倒，第一次为突破极限，第二次为战胜心魔，第三次，她终于可以尽情享受胜利果实。

时间拉回决赛现场。再度起身，郑钦文从观众席接过了一面五星红旗。仔细铺平在一旁的椅子上后，她带着笑容转身，向观众席发球庆祝胜利。李娜曾说："网球是一项孤独的运动，当你独自上场，你就开始了一个人的战斗。"可当晚的郑钦文并不孤独。决赛中，场内此起彼伏的中文"加油"声，连坐在记者身边的路透社与美联社记者都转头询问了"加油"的拼写与含义。

第一节　身　体　成　分

一、身体成分概述

（一）基本概念

身体成分是指人体内部各种成分及其含量，包括肌肉、骨骼、脂肪、水和矿物质等，常用体内各种物质的组成和比例来表示。身体成分的测量方法包括水下称重法、电阻抗法、超声波法、皮褶厚度法和 CT 法等。

（二）组成部分

（1）水分。总体水分占体重的 50% ~ 70%，分为细胞内液和细胞外液，对维持生理功能至关重要。

（2）蛋白质。占体重的 15% ~ 18%，是维持生命的基础，参与细胞构成和代谢调节。

（3）脂肪。占 10% ~ 20%，具有储存能量和保护内脏的作用。

（4）矿物质。如钙、铁、锌等，对骨骼健康和生理机能有重要作用。

（5）糖类。主要以葡萄糖的形式存在于血液中，为身体活动提供动力。

二、身体成分的评估指标

身体成分的评估指标包括体质指数（BMI）、体脂百分比、腰臀比等。这些指标不仅反映了个体的身体构成，还能为健康管理提供重要信息。以下是关于身体成分评估指标的相关介绍。

（1）体质指数。体质指数（简称 BMI）是国际上常用的衡量人体胖瘦程度以及是否健康的一个标准。通过体重（千克）除以身高（米）的平方来计算得出。根据世界卫生组织的标准，BMI < 18.5 为体重低下，18.5 ~ 24.9 为正常范围，25 ~ 29.9 为超重，而 ≥ 30 则为肥胖。

（2）体脂百分比。体脂百分比表示身体脂肪的含量比例，通过脂肪重量与体重的百分比计算得出。男性的正常范围是 12% 至 20%，女性则是 20% 至 28%。这个指标能更准确地反映一个人的胖瘦程度，因为相同体重下，体脂百分比越高的人看起来会更胖。

（3）腰臀比。腰臀比是腰围和臀围的比值，用于评价体型是否匀称以及是否存在中心性肥胖的风险。男性的正常范围是 0.85 至 0.95，女性则是 0.7 至 0.8。腰臀比超过这些数值可能表明腹部肥胖，这是糖尿病和心血管疾病的危险因素。

（4）肌肉量。肌肉量是指骨骼肌的重量，它直接决定着人体的力量和耐力。肌肉量的测量可以帮助人们了解自己的身体成分，并指导健身或饮食计划的制订。

（5）基础代谢率（BMR）。基础代谢率是指在清醒且静息的状态下，不受肌肉活动、环境温度、食物及精神紧张等影响时的能量代谢率。基础代谢率受到多种因素的影响，包括年龄、性别、体重、身高、体脂肪含量和肌肉量等。

（6）水肿系数。水肿系数是细胞外水分与身体总水分的比例。水肿系数的标准值范围在 0.36 至 0.39 之间，超出这个范围可能表明存在水肿现象。

身体成分的评估指标是了解个人健康状况的重要工具。通过定期检测这些指标，可以更好地了解自己的身体状况，并根据结果调整生活方式和饮食习惯，以达到更健康的生活状态。

三、身体成分的功能及对健康的影响

（一）肌肉

（1）功能。肌肉是身体的主要运动器官，负责维持身体姿势与平衡、支撑骨骼结构、帮助呼吸和消化。

（2）对健康的影响。肌肉量的减少会导致力量下降、平衡能力减弱、骨密度降低等。而适当的锻炼可以帮助增强肌肉量，提高基础代谢率，有助于体重管理和整体健康。

（二）骨骼

（1）功能。骨骼为身体提供支撑，保护内部器官，并参与血液细胞的生成。

（2）对健康的影响。骨密度的降低会增加骨折的风险。保持适当的钙和维生素 D 摄入，以及进行有氧和抗阻力锻炼，都有助于维持骨骼健康。

（三）脂肪

（1）功能。脂肪是能量的主要储存形式，兼具保护和绝缘的作用。

（2）对健康的影响。体脂百分比过高与多种慢性疾病有关，如心血管疾病、2 型糖尿病、某些癌症和骨关节病。而过低的体脂百分比可能导致月经不规律、骨折风险增加、免疫系统功能下降等问题。

（四）水

（1）功能。水在身体中起到运输营养物质、排除废物、调节体温等多种作用。

（2）对健康的影响。脱水可能引发疲劳、头痛、尿液深黄等症状。确保每天摄入足够的水分对于维持身体健康至关重要。

（五）矿物质

（1）功能。矿物质如钙、磷、钾、镁等在身体中起到关键的生理作用，如维持骨骼和牙齿的健康、神经传导、肌肉收缩等。

（2）对健康的影响。矿物质缺乏或过量都可能导致健康问题。例如，钙缺乏可能导致骨折风险增加，而钾过量可能导致心脏问题。通过均衡饮食摄取适量的矿物质是维持身体健康的关键。

第二节 体 质 评 价

一、体质概述

（一）体质的概念

体质是指人体在生命过程中，在先天禀赋和后天获得的基础上所形成的形态结构、生理机能和心理状态方面综合的相对稳定的固有特质。体质由形态结构、生理机能和心理状态三个方面的差异性构成。这些差异性决定了个体对外界刺激的反应和适应能力，以及疾病的易感性和疾病发展的倾向性。影响人的体质的因素很多，如遗传、环境、营

养、教育、体育锻炼、卫生保健、生活方式等。了解体质的概念有助于人们更好地认识自己的身体，从而采取适当的措施来维护和提高自己的健康水平。

（二）体质的范畴

体质的范畴包括身体形态发育水平、生理功能水平、身体素质和运动能力的发展水平、心理素质发展水平以及对内外环境的适应能力。以下是对这些方面的具体介绍：

（1）身体形态发育水平：身体形态涉及体格、体型、姿态、营养状况及身体成分等，这些因素共同构成了个体的基本外观特征和身体状况。

（2）生理功能水平：生理功能指的是机体新陈代谢水平与各器官系统达到的工作效能，这反映了个体生理机能的运行状态。

（3）身体素质和运动能力的发展水平：身体素质和运动能力包含速度、力量、耐力、灵敏柔韧性等素质，以及走、跑、跳、投、攀登、负重等身体活动能力。

（4）心理素质发展水平：心理素质涵盖本体感知能力、个性特征、意志品质等心理因素，这些因素对个体的行为和应对压力的方式有着重要影响。

（5）对内外环境的适应能力：个体对自然环境、社会环境、各种生活紧张事件的适应能力，以及对疾病和其他有碍健康的不良应激原的抵抗能力。

体质是人体质量的综合体现，它不仅涵盖身体的各个层面，还涉及心理状态和环境适应能力。全面了解体质的范畴有助于人们更好地认识自身健康状况，并采取适当的措施来维护和提高自己的健康水平。

二、体质评价目的和意义

体质评价旨在全面了解个体的身体状况、提升健康意识，并为制订个性化的健康管理计划提供科学依据。以下是对体质评价目的和意义的具体阐述。

（1）提高健康意识。通过分析研究体质测试和评价获得的数据，可以方便学校和有关部门了解和掌握学生体质的现状和体质变化的内在规律，并可检查、衡量体育教学和身体锻炼对增强体质的效果。

（2）监测健康状况。定期进行体质评价有助于监测个人的体质变化，及时发现潜在的健康问题，并采取相应措施进行干预。增强学生关注自己体质状况的意识，激发和培养学生科学锻炼身体的自觉性和积极性。

（3）促进全面发展。体质评价不仅关注身体素质，还包括对心理素质的评价，有助于培养德、智、体、美、劳全面发展的高素质人才。

（4）指导锻炼计划。根据体质评价的结果，可以为个人提供科学的锻炼建议和计划，帮助其有针对性地选择锻炼策略，制订切实可行的锻炼计划。

（5）改善教学质量。体质测定及评价有助于教师了解学生的体质状况，克服教学中的盲目性，为制订切合实际的体育教学大纲、计划，确定适宜的教育内容和方法提供科学的依据，同时为制订科学的锻炼计划提供客观依据。

体质评价对于个人和社会都具有重要的意义。它不仅能够帮助个体了解自己的体质状况，还能够促进健康生活方式的形成，提高生活质量，并为社会培养出更多健康的高素质人才。因此，应该重视并积极参与体质评价，将其作为提升个人健康和社会发展的重要手段。

三、国家高等学校学生体质健康标准

《国家学生体质健康标准》（以下简称《标准》）是国家学校教育工作的基础性指导文件和教育质量基本标准，是评价学生综合素质、评估学校工作和衡量各地教育发展的重要依据，也是《国家体育锻炼标准》在学校的具体实施，适用于全日制普通小学、初中、普通高中、中等职业学校、普通高等学校的学生。

（一）《国家学生体质健康标准》说明

（1）本标准是国家学校教育工作的基础性指导文件和教育质量基本标准，是评价学生综合素质，评估学校工作和衡量各地教育发展的重要依据，是《国家体育锻炼标准》在学校的具体实施，适用于全日制普通小学、初中、普通高中、中等职业学校和普通高等学校的在校学生。

（2）本标准的修订坚持健康第一，落实相关要求，着重提高《标准》应用的信度、效度和区分度，着重强化其教育激励、反馈调整和引导锻炼的功能，着重提高其教育监测和绩效评价的支撑能力。

（3）本标准从身体形态、身体机能和身体素质等方面综合评定学生的体质健康水平，是促进学生体质健康发展、激励学生积极进行身体锻炼的教育手段，是国家学生核心素养体系和学业质量标准的重要组成部分，是学生体质健康的个体评价标准。

（4）本标准将适用对象划分为以下组别：小学、初中、高中按每个年级为一组，其中小学为6组、初中为3组、高中为3组。大学一、二年级为一组，三、四年级为一组。

（5）小学、初中、高中、大学各组别的测试指标均为必测指标，其中，身体形态类中的身高、体重、身体机能类中的肺活量以及身体素质类中的50米跑、坐位体前屈为各年级学生共性指标。

（6）本标准的学年总分由标准分与附加分之和构成，满分为120分。标准分由各单项指标得分与权重乘积之和组成，满分为100分。附加分根据实测成绩确定，即对成绩超过100分的加分指标进行加分，满分为20分；小学的加分指标为1分钟跳绳，加分幅度为20分；初中、高中和大学的加分指标为男生引体向上和1 000米跑，女生1分钟仰卧起坐和800米跑，各指标加分幅度均为10分。

（7）根据学生学年总分评定等级：90.0分及以上为优秀，80.0～89.9分为良好，60.0～79.9分为及格，59.9分及以下为不及格。

（二）大学生体质健康标准评价指标与权重

大学生体质健康的评价指标与权重如表12-2-1所示：

表12-2-1　大学生体质健康标准评价指标与权重

评价指标（测试项目）	权重
体重指标（BMI）	15
肺活量	15
50米跑	20

续表

评价指标（测试项目）	权重
坐位体前屈	10
立定跳远	10
引体向上（男）/1 分钟仰卧起坐（女）	10
1 000 米跑（男）/800 米跑（女）	20

注：体重指标（BMI）＝体重（千克）/身高²（平方米）。

（三）大学生体质健康评价指标与评分表

1. 体重指数（BMI）评分表

体重指数（BMI）评分表如表 12-2-2 所示：

表 12-2-2　大学生体重指数（BMI）评分表（单位：千克/米²）

等级	单项得分	大学男生	大学女生
正常	100	17.9~23.9	17.9~23.9
低体重	80	≤ 17.8	≤ 17.1
超重	80	24.0~27.9	24.0~27.9
肥胖	60	≥ 28.0	≥ 28.0

2. 肺活量、50 米跑、坐位体前屈评分表

肺活量、50 米跑、坐位体前屈评分表如表 12-2-3 所示：

表 12-2-3　大学生各测试项目评分汇总表（一）

等级	/分	肺活量/毫升				50 米跑/秒				坐位体前屈/厘米			
		大一、大二		大三、大四		大一、大二		大三、大四		大一、大二		大三、大四	
		男生	女生	男生	女生	男生	女生	男生	女生	男生	女生	男生	女生
优秀	100	5 040	3 400	5 140	3 450	6.7	7.5	6.6	7.4	24.9	25.8	25.1	26.3
	95	4 920	3 350	5 020	3 400	6.8	7.6	6.7	7.5	23.1	24.0	23.3	24.4
	90	4 800	3 300	4 900	3 350	6.9	7.7	6.8	7.6	21.3	22.2	21.5	22.4
良好	85	4 550	3 150	4 650	3 200	7.0	8.0	6.9	7.9	19.5	20.6	19.9	21.0
	80	4 300	3 000	4 400	3 050	7.1	8.3	7.0	8.2	17.7	19.0	18.2	19.5
及格	78	4 180	2 900	4 280	2 950	7.3	8.5	72	8.4	16.3	17.7	16.8	18.2
	76	4 060	2 800	4 160	2 850	7.5	8.7	7.4	8.6	14.9	16.4	15.4	16.9
	74	3 940	2 700	4 040	2 750	7.7	8.9	7.6	8.8	13.5	15.1	14.0	15.6
	72	3 820	2 600	3 920	2 650	7.9	9.1	7.8	9.0	12.1	13.8	12.6	14.3

续表

等级	/分	肺活量/毫升				50米跑/秒				坐位体前屈/厘米			
		大一、大二		大三、大四		大一、大二		大三、大四		大一、大二		大三、大四	
		男生	女生	男生	女生	男生	女生	男生	女生	男生	女生	男生	女生
及格	70	3 700	2 500	3 800	2 550	8.1	9.3	8.0	9.2	10.7	12.5	112	13.0
	68	3 580	2 400	3 680	2 450	8.3	9.5	8.2	9.4	9.3	11.2	9.8	11.7
	66	3 460	2 300	3 560	2 350	8.5	9.7	8.4	9.6	7.9	9.9	8.4	10.4
	64	3 340	2 200	3 440	2 250	8.7	9.9	8.6	9.8	6.5	8.6	7.0	9.1
	62	3 220	2 100	3 320	2 150	8.9	10.1	8.8	10.0	5.1	7.3	5.6	7.8
	60	3 100	2 000	3 200	2 050	9.1	10.3	9.0	10.2	3.7	6.0	4.2	6.5
不及格	50	2 940	1 960	3 030	2 010	9.3	10.5	9.2	10.4	2.7	5.2	3.2	5.7
	40	2 780	1 920	2 860	1 970	9.5	10.7	9.4	10.6	1.7	4.4	2.2	4.9
	30	2 620	1 880	2 690	1 930	9.7	10.9	9.6	10.8	0.7	3.6	1.2	4.1
	20	2 460	1 840	2 520	1 890	9.9	11.1	9.8	11.0	−0.3	2.8	0.2	3.3
	10	2 300	1 800	2 350	1 850	10.1	113	10.0	11.2	−1.3	2.0	−0.8	2.5

3. 立定跳远、引体向上、1分钟仰卧起坐、男生1 000米跑、女生800米跑评分表

立定跳远、引体向上、1分钟仰卧起坐、男生1 000米跑、女生800米跑评分表如表12-2-4所示：

表 12-2-4　大学生各测试项目评分汇总表（二）

等级	/分	立定跳远/米				引体向上、1分钟仰卧起坐/次				男生1 000米、女生800米跑			
		大一、大二		大三、大四		大一、大二		大三、大四		大一、大二		大三、大四	
		男生	女生	男生	女生	男生	女生	男生	女生	男生	女生	男生	女生
优秀	100	273	207	275	208	19	56	20	57	3 min 17 s	3 min 18 s	3 min 15 s	3 min 16 s
	95	268	201	270	202	18	54	19	55	3 min 22 s	3 min 24 s	3 min 20 s	3 min 22 s
	90	263	195	265	196	17	52	18	53	3 min 27 s	3 min 30 s	3 min 25 s	3 min 28 s
良好	85	256	188	258	189	16	49	17	50	3 min 34 s	3 min 37 s	3 min 32 s	3 min 35 s
	80	248	181	250	182	15	46	16	47	3 min 42 s	3 min 44 s	3 min 40 s	3 min 42 s
及格	78	244	178	246	179		44		45	3 min 47 s	3 min 49 s	3 min 45 s	3 min 47 s
	76	240	175	242	176	14	42	15	43	3 min 52 s	3 min 54 s	3 min 50 s	3 min 52 s
	74	236	172	238	173		40		41	3 min 57 s	3 min 59 s	3 min 55 s	3 min 57 s
	72	232	169	234	170	13	38	14	39	4 min 02 s	4 min 04 s	4 min 00 s	4 min 02 s

续表

等级	/分	立定跳远/米				引体向上、1分钟仰卧起坐/次				男生1000米、女生800米跑			
		大一、大二		大三、大四		大一、大二		大三、大四		大一、大二		大三、大四	
		男生	女生	男生	女生	男生	女生	男生	女生	男生	女生	男生	女生
及格	70	228	166	230	167		36		37	4 min 07 s	4 min 09 s	4 min 05 s	4 min 07 s
	68	224	163	226	164	12	34	13	35	4 min 12 s	4 min 14 s	4 min 10 s	4 min 12 s
	66	220	160	222	161		32		33	4 min 17 s	4 min 19 s	4 min 15 s	4 min 17 s
	64	216	157	218	158	11	30	12	31	4 min 22 s	4 min 24 s	4 min 20 s	4 min 22 s
	62	212	154	214	155		28		29	4 min 27 s	4 min 29 s	4 min 25 s	4 min 27 s
	60	208	151	210	152	10	26	11	27	4 min 32 s	4 min 34 s	4 min 30 s	4 min 32 s
不及格	50	203	146	205	147	9	24	10	25	4 min 52 s	4 min 44 s	4 min 50 s	4 min 42 s
	40	198	141	200	142	8	22	9	23	5 min 12 s	4 min 54 s	5 min 10 s	4 min 52 s
	30	193	136	195	137	7	20	8	21	5 min 32 s	5 min 04 s	5 min 30 s	5 min 02 s
	20	188	131	190	132	6	18	7	19	5 min 52 s	5 min 14 s	5 min 50 s	5 min 12 s
	10	183	126	185	127	5	16	6	17	6 min 12 s	5 min 24 s	6 min 10 s	5 min 22 s

4. 加分指标评分表

1 000 米跑、800 米跑均为低优指标，学生成绩低于单项评分 100 分后，以减少的秒数所对应的分数进行加分。引体向上、1 分钟仰卧起坐均为高优指标，学生成绩超过单项评分 100 分后，以超过的次数所对应的分数进行加分（表 12-2-5）。

表 12-2-5　大学生加分指标评分表

项目加分/分	1 000 米跑/秒	800 米跑/秒	仰卧起坐/次	引体向上/次
10	−35	−50	13	10
9	−32	−45	12	9
8	−29	−40	11	8
7	−26	−35	10	7
6	−23	−30	9	6
5	−20	−25	8	5
4	−16	−20	7	4
3	−12	−15	6	3
2	−8	−10	4	2
1	−4	−5	2	1

第三节　锻炼计划的制订

一、锻炼计划及其作用

（一）锻炼计划的构成

锻炼计划是指为了实现特定的健康和健身目标而制订的一套系统的、有组织的体育锻炼方案。一个有效的锻炼计划通常包括以下几个方面：

（1）目标设定。明确锻炼目的，比如减脂、增肌、提高心肺功能、增强柔韧性或改善整体健康状况。

（2）评估当前状况。了解自身的身体状况，包括体重、体脂率、肌肉量等，以及任何可能影响锻炼的健康问题或限制因素。

（3）选择适合的运动类型。根据个人喜好、目标及身体状况选择合适的运动方式，如力量训练、有氧运动（跑步、游泳、骑自行车）、柔韧性训练（瑜伽、拉伸）等。

（4）制订具体计划。确定每周的锻炼频率、每次锻炼的时间长度以及具体的训练内容和强度。

（5）逐步增加难度。随着体能的提升，适时调整锻炼计划，增加运动强度或复杂度，以持续促进身体进步。

（6）休息与恢复。合理安排休息日，确保身体有足够的时间恢复，避免过度训练导致伤害。

（7）监测进展。定期记录并评估自己的进展，根据需要调整锻炼计划。

（二）锻炼计划的作用

锻炼计划的作用是多方面的，它对于个人健康、体能提升以及生活质量的改善都至关重要。以下是对锻炼计划作用的详细阐述：

（1）明确目标与方向。锻炼计划帮助个体明确自己的目标，无论是减脂、增肌、提高心肺功能还是增强柔韧性等。它提供了实现这些目标的具体路径和步骤，使锻炼更加有目的性和方向性。

（2）优化锻炼效果。通过科学的锻炼计划，可以合理安排运动强度、频率和时间，避免过度训练或不足。计划中的多样化训练可以刺激不同的肌肉群和身体系统，促进全面均衡的发展。

（3）提高安全性。合理的锻炼计划会考虑个体的身体状况、运动能力和恢复能力，减少运动损伤的风险。它还包括热身、拉伸和放松等环节，有助于预防肌肉拉伤和其他运动伤害。

（4）促进习惯养成。锻炼计划通常包含固定的锻炼时间和频率，有助于形成规律的锻炼习惯。长期坚持锻炼计划可以提高自律性和毅力，有助于形成健康的生活习惯，提高自我管理能力，对个人的生活和工作也有积极影响。

（5）监测与调整。锻炼计划允许个体定期评估自己的进步和成果，如体重变化、力量增长或耐力提升等。根据评估结果，可以及时调整锻炼计划，以适应身体的变化和目标的调整。

（6）提升生活质量。规律的锻炼可以改善睡眠质量、减轻压力、调节心情、提升自信心；可以增强心肺功能，提高免疫力，减少慢性疾病风险；可以增强免疫系统的功能，降低患病风险，从而提高整体生活质量。

综上所述，锻炼计划在明确目标、优化效果、提高安全性、促进习惯养成、监测与调整以及提升生活质量等方面都发挥着重要作用。因此，制订并遵循一个适合自己的锻炼计划对于个人的身心健康都是非常有益的。

二、锻炼计划的具体制订步骤

1. 目标设定

明确目标是制定成功锻炼计划的关键。目标应该是具体、可衡量、可实现、相关性强和时限性的（SMART 原则）。例如，与其笼统地说"我想更健康"，不如设定为"在接下来的六个月内，通过有氧运动和饮食调整，减少 5 千克体重"这样清晰的目标。常见的锻炼目标包括减脂、增肌、提高心肺功能、增强柔韧性或改善整体健康状况等。

2. 评估当前状况

在开始任何锻炼计划之前，全面评估自身状况至关重要。这包括测量体重、体脂率、肌肉量等基本指标，以及排查任何可能影响锻炼的健康问题或限制因素，如关节疼痛、心脏疾病史等。建议在必要时，咨询医生或专业健身教练的意见。

3. 选择合适的运动类型

根据个人喜好、目标及身体状况选择合适的运动方式，如力量训练、有氧运动（跑步、游泳、骑自行车）、灵活性训练（瑜伽、拉伸）等。力量训练有助于增肌和提高基础代谢率；有氧运动能有效燃烧脂肪，提升心肺功能；灵活性训练则能增加关节活动范围，减少受伤风险。多样化的运动组合通常能带来更全面的健康效益。

4. 制订具体计划

确定每周的锻炼频率、每次锻炼的时间长度以及具体的训练内容。初学者可以从每周 3 ~ 4 次，每次 30 分钟开始，逐渐增加至每周 5 次，每次 45 ~ 60 分钟。确保计划中包含热身环节、主要锻炼部分和锻炼后放松阶段。

5. 逐步增加难度

随着体能的提升，身体逐渐适应运动负荷后，应适时调整锻炼计划，增加运动强度或复杂度，以持续提高身体承受高强度运动负荷的能力。比如增加重量、提高速度、延长时间或尝试新的运动形式，以持续挑战自己，促进身体素质进步。

6. 休息与恢复

合理安排休息日，确保身体有足够的时间恢复，避免过度训练导致的损伤。休息是锻炼计划中不可或缺的一部分，它帮助身体修复和重建，防止过度训练。应确保每周至少有一天的完全休息日，或者采用轻度活动如散步、瑜伽作为主动恢复。

7. 监测进展

定期记录并评估自己的进展，根据需要调整锻炼计划。定期记录锻炼日志，包括锻炼日期、时长、类型、感受以及任何身体变化。每几周或每月评估一次进展，根据需要调整锻炼计划，保持动力并朝着目标前进。

一个有效的锻炼计划是灵活且可持续的，它应该能够适应锻炼者的生活节奏，同时不断推动锻炼者向健康目标迈进。

三、锻炼计划的实施

（一）一次训练课的安排

在锻炼计划的实施过程中，每一次训练课都应包括准备活动、基本部分和放松整理三部分。

1. 准备活动部分

准备活动部分的主要作用是：使身体逐渐从安静状态过渡到工作（运动）状态，逐渐适应运动强度较大的训练部分的运动，避免出现心血管、呼吸等内脏器官系统突然承受较大运动负荷而引起的意外，避免肌肉、韧带、关节等运动组织的损伤。准备活动部分常采用运动强度小的有氧运动和伸展性练习，如慢跑、步行、骑固定自行车以及主要肌肉的静力性伸展练习。准备活动部分的时间一般为 5 ~ 10 分钟。

2. 基本部分

基本部分是锻炼计划的核心内容，也是达到运动目的的主要途径。通过实施锻炼计划中的运动项目，使身体在相对较高的机能状态下持续运动锻炼，从而增强其机能适应能力，挖掘机能潜力，提升体适能。该部分可以安排进行抗阻训练，也可以安排进行有氧运动；或先进行抗阻训练，后进行有氧运动。

3. 整理活动部分

每一次训练课的基本部分锻炼结束后，都应安排适当内容和时间进行整理活动。通过整理活动，使身体机能由激烈的运动状态逐渐恢复到相对安静状态。其作用是使人体激烈的肌肉活动逐渐松弛，心血管和呼吸系统紧张的机能活动逐渐缓解，减轻疲劳程度，促进体力恢复，避免出现因突然停止运动而引起的心血管系统、呼吸系统、植物性神经系统的不良症状，如头晕、恶心、重力性休克等。

整理活动的内容和准备活动的内容相似，运动应较缓和，尽量使肌肉放松。最后可以进行静态伸展练习，这既可改善柔韧性，又利于疲劳的恢复。整理活动的时间一般应在 5 分钟以上。

（二）运动负荷量的监控

在锻炼计划的实施过程中，应注意对锻炼者运动负荷量的监控。根据锻炼者运动过程中和运动后的反应情况，对运动负荷量进行调节，既要保证有效性，又要确保安全性。运动负荷量的监测一般使用 3 种方法：心率监控、主观疲劳感觉及自我感觉与基础指标检查。

1. 心率监测

通常用运动停止后即刻测得的 10 秒钟脉搏数乘以 6 近似地作为运动时的每分钟心率。

2. 主观疲劳感觉

主观疲劳感觉判定法是已被广泛运用的一种简易而有效的评价运动负荷量的方法，通常用 RPE 表示。RPE 是介于心理和生理之间的一种指标。可以说 RPE 的表现形式是心理的，但反映的却是生理机能的变化。

心率结合主观疲劳感觉测试是最常用而简易的方法。它能将客观生理机能的变化与主观心理对运动的体验结合起来。

3. 自我感觉与基础指标检查

运动负荷量适宜的标志是：睡眠好、次日晨起疲劳感完全消除、感觉轻松愉快、体力充沛、有运动的兴趣和欲望。

运动后次日基础状态测定基础心率，每分钟波动不超过 3 ~ 4 次；呼吸频率每分钟变化范围不超过 2 ~ 3 次；血压变化范围在 10mmHg 上下；体重减少在 0.5kg 以内。如数日内有脉搏、血压明显的持续上升，或肺活量、体重等明显的持续下降，则说明运动负荷量偏大，有疲劳积累的征兆，应及时减少运动负荷量。

思　考　题

1. 了解身体成分的要素、评估指标以及对健康的影响作用。
2. 了解《国家高等学校学生体质健康标准》的内容及体质评价的意义。
3. 掌握锻炼计划制订的具体步骤。
4. 根据自己的健康需求，制订一份锻炼计划。

第十三章　职业体能训练

【章前导言】

现代科技在社会生活中的广泛应用使人们的生活方式发生了极大变化：工作、生活变得更加便捷，体力劳动减少，脑力劳动增加，久坐少动成为常态。这种特定的工作模式和静态姿势易导致生理功能退化，进而影响工作效率和生活质量。因此，高职学生在校期间加强职业体能训练、掌握科学锻炼方法，不仅能有效防止职业病的发生，还能对心血管、呼吸、消化、内分泌系统等产生积极影响，为更好地学习、工作、生活保驾护航。本章介绍静态性姿势类、视言类、操作作业类及特殊环境作业类职业岗位人群的生理负荷特征和体能锻炼方法，以及相应疾病的预防和运动疗法。

【学习目标】

1. 了解静态性姿势类职业体能生理特征及锻炼方法。
2. 了解视言类职业体能生理特征及锻炼方法。
3. 了解操作作业类职业体能生理特征及锻炼方法。
4. 了解特殊环境作业类职业体能生理特征及锻炼方法。

考古"特种部队"——考古工作者的职业体能

2022年6月,中央电视台对四川广汉三星堆遗址的挖掘工作进行了现场直播,使三星堆成为公众关注的焦点。文化遗址的发现和文物出土离不开考古工作者的辛勤付出。但长期以来,人们对考古发掘现场和考古工作者面临的实际工作环境了解甚少。一线考古工作不仅需要扎实的专业知识,还需要从业者具备健康的体魄和出色的体能。《职业分类大典(2022年版)》规定,"考古专业人员"的职责包括探寻、发现古代实物遗存并开展科研活动,以及发掘地下、水下遗存等。在实际工作中,考古人员常需要频繁变换姿势观察遗迹和器物,有时甚至需要潜入水下或钻入洞穴进行勘探;在发掘过程中,他们常以蹲姿、坐姿甚至跪姿清理和提取文物,这会对脊椎关节、膝关节造成极大的压力和磨损。此外,挖掘探坑和清理土层时,还需要较强的手臂力量和腰腹力量作为支撑。

随着科技发展,现代考古工作已广泛运用全站仪、无人机、计算机等高科技设备。例如,在利用计算机扫描分析大量文物时,考古人员需长时间紧盯屏幕,如果不注意科学用眼和姿势调整,会对视力和颈椎造成损害。由此可见,在任何岗位要想取得成就,都需要良好的身体素质和丰富的职业体能保健知识。

第一节　静态性姿势类职业体能训练

一、静态性姿势类职业岗位人体解剖与生理特征

（一）静态性姿势类职业岗位人体解剖特征

1. 头颈部

长期伏案工作，头部前倾，颈部受力随角度增加而增大，易导致颈部病变。坐姿工作时，颈部保持前倾 0°～10° 较为合适。

2. 胸部

长时间静坐，常出现低头含胸状态，影响肺部通气功能和胸廓形态，易引发驼背等不良身体形态。

3. 背部

长时间坐姿工作导致脊柱过屈，背部呈弓形，易产生疲劳和肌肉纤维损伤，引发背部酸、胀、痛等不良反应。

4. 手腕部

长时间操作计算机，手指、手腕需重复用力或弯曲伸展，易使小肌群疲劳，甚至引发腕管综合征。

5. 腰部

腰椎位于脊柱下部，承担较大负荷。久站人群若持续直立，易使脊柱伸肌紧张，引发不适和疼痛。腰部受力与躯干倾斜角度相关，角度大则受力大。

6. 臀部与下肢

久站懒散易致膝超伸、骨盆前移，影响下肢循环，引发肿胀、静脉曲张及扁平足。

（二）静态性姿势类职业岗位人体生理特征

1. 心血管系统

血液周流全身，输送氧和营养物质以维持生命活动。心脏是血液循环的动力器官，位于胸腔中。心脏向下方部位输送营养和氧气较顺利，但下方血液返回心脏需克服地心引力，造成静脉回心血流受阻。长期久坐会导致下肢浮肿、痔疮等问题。心脏以上部位，特别是大脑的血液供应需克服地心引力。心脏功能不良会导致脑血供应不畅，出现头昏、眼花等症状。久坐时心脏工作量减少，长期下去会使心脏功能减退，心肌萎缩。世界卫生组织指出，久坐是诱发冠心病的重要因素。医学专家调查发现，司机的冠心病发病率比售票员高 30%。这是因为在坐姿状态下，心脏功能处于相对较低的水平。

2. 代谢系统

心脏和血管组成心血管系统。而长期静坐少动会导致心肺功能减弱，基础代谢率降低，血压和胆固醇升高。此外，久坐还会使胰岛素利用率下降，增加患 2 型糖尿病和肥胖症的风险，并导致肌力和关节保护能力下降。

3. 呼吸系统

坐位伏案工作会限制胸廓扩张，进而影响肺通气功能。研究显示，尽管久坐对静息时通气量影响不大，但为提高体能和健康水平，伏案工作者应加强扩胸动作练习，以促进肺部充分扩张，增强通气换气功能，保持血氧饱和度在 96%～98% 的理想范围。

二、静态性姿势类职业体能训练方法

基于上述分析，静态性姿势类职业需长时间维持一种身体姿态，主要参与肌肉为上肢、腰背部及下肢。因此，这类职业人群应通过力量训练强化肩颈、腰部和上下肢肌肉群，并配合拉伸以缓解肌肉紧张，提高肌肉功能，从而间接提升工作质量。

（一）肩颈背部肌肉

1. 斜方肌主动拉伸

（1）训练目的。放松斜方肌和胸锁乳突肌，缓解过度紧张。肩颈酸痛是现代职业人的通病，拉伸斜方肌能改善肩颈不适，促进健康。

（2）动作技术。双脚自然分开平行站立，下颌微收、挺胸、收腹、两眼平视前方，深吸气，左手扶住头右上方轻柔缓慢地向左侧拉，右手自然垂于体侧，至斜方肌产生轻微紧张时停顿 10 ～ 30 秒，缓慢吐气，全程保持呼吸均匀。

2. 直臂肩绕环

（1）训练目的。增强斜方肌力量，改善肩内扣问题。

（2）动作技术。上半身保持直立，下颌微收、挺胸收腹、平视前方，双手侧平举，立手掌，掌心向外，以肩关节为轴向后画圆，也可交替向前画圆练习。

3. 肩外旋

（1）训练目的。强化肩部肌肉群，提高肩肘关节灵活性，改善肩膀酸痛、肩周炎等问题，塑造肩部形态；预防肩部受伤。

（2）训练方法。身体背靠墙站立，头后部、背部、臀部、小腿、脚跟贴墙面，眼睛目视前方，收下颌，肩关节外展 90°，屈肘 90°，前臂上下转动。可徒手练习，也可手持哑铃或一小瓶矿泉水。

4. 俯身划船

（1）训练目的。增强背阔肌，美化上背部线条，改善含胸驼背体态，缓解肩胛骨疼痛，促进背部血液循环，减轻颈部和腰部酸痛。

（2）训练方法。双脚与肩同宽站立，膝关节微屈，腰背挺直，屈髋俯身 90°，双手略比肩宽正握杠铃或哑铃，提至膝关节下准备；双臂靠近身体背部发力向上拉至腹部，停顿 1 ～ 2 秒后返回起始位置。

（二）臂部肌群

1. 杠 / 哑铃站姿臂弯举

（1）训练目的。增强肱二头肌力量，塑造手臂线条，保护肩关节，满足日常"推""拉""提""扛"需求。

（2）训练方法。双脚与肩同宽站立，膝关节微弯，抬头挺胸收腹，两眼平视前方。反握哑铃，肘关节微弯，大臂贴体侧不动，肱二头肌收缩屈肘上举杠 / 哑铃 1 ～ 2 秒，还原至起始位置。

2. 坐姿颈后臂屈伸

（1）训练目的。增强肱三头肌力量，保护肩关节，促进健康。男性练习可增手臂力量感，女性可减"蝴蝶袖"。

（2）训练方法。坐凳上，抬头、挺胸、收腹、眼平视前方，右手正握哑铃，伸直至头上方，大臂贴耳不动。吸气，肘屈 90° 使哑铃下降，缓缓吐气，伸肘至肘自然直，肘不超伸。

（三）核心肌群

1. 仰卧举腿

（1）训练目的。增强腹部力量，锻炼腹直肌，保护内脏和稳固脊柱骨盆，减轻背部腰部压力。

（2）训练方法。仰卧垫上，抬头挺胸收腹，腰自然曲；手放两侧，双腿并拢举至与地面 90°；收缩腹直肌及斜肌使臀部离垫，停 1～2 秒后缓慢回垫。

2. 坐式缩腿

（1）训练目的。增强腹部力量，降低背部和脊柱受伤风险，提升运动能力。

（2）训练方法。屈膝 90° 坐垫上，两手撑地，腹直肌收缩，保持匀速呼吸；两腿前伸维持平衡，再回收至起始位置。

3. 平板支撑

（1）训练目的。发展核心肌群力量，塑造腹部肌肉，提高平衡能力，增强站姿类职业所需的腹部核心力量。

（2）训练方法。俯卧，屈肘 90° 支撑在垫子上，双脚脚尖蹬地，身体离开地面，耳、肩、髋、臀部、脚跟保持在同一水平面，腹肌收缩，眼睛看向斜前方 45°，不要低头，保持匀速呼吸。

4. 猫式拉伸

（1）训练目的。伸展背部和脊柱，改善血液循环。

（2）训练方法。两腿屈膝跪于垫子上，两手分开与肩同宽撑在垫子上，指尖朝前；吸气，腹部向内缩，拱背，低头至背部有强烈拉伸感；缓缓地向外吐气，背部自然伸展，抬头目视前方，再回到起始位置。

（四）下肢肌群

1. 负重或自重深蹲

（1）训练目的。发展腿部力量，保护膝关节。

（2）训练方法。身体直立，双腿分开与肩同宽或比肩宽，抬头、下颌微收、挺胸、收腹、两眼平视前方；脚尖与膝关节保持同一方向，屈髋屈膝，臀部向后坐，假装坐凳子，蹲至大腿与地面平行，注意膝关节不要超过脚尖，再回到起始位置。

2. 静蹲

（1）训练目的。发展腿部力量，类似深蹲。

（2）训练方法。背靠墙，双脚双膝与肩同宽，脚尖与膝关节方向一致，尽量下蹲至大腿平行地面，2 分钟 1 组，每天 4～6 组。

3. 俯卧直腿上摆

（1）训练目的。发展臀大肌力量。

（2）训练方法。俯卧在训练凳或垫子上，小腿负重，两手抱握器械两侧，臀大肌向心收缩使右腿伸直充分向上抬起，直至最高位，回到起始位置，双腿交替练习。

（五）站姿肌群

（1）训练目的。优美、典雅的站姿能衬托一个人美好的气质和风度，正确站姿能够改善不良腿型。下肢主要功能是负重、平衡和行走，正确站姿不仅关系到美观问题，还隐藏着下肢力线的不正常分布的隐患，使原本均匀受力的膝关节，变成一侧所受的力增大，对侧相对减少，同时由于下肢力线的改变，髌骨、股骨之间的摩擦增强，引起膝关节行走时疼痛，容易导致膝骨关节炎等问题。

（2）练习方法。

① 五点靠墙：背墙站立，脚跟、小腿、臀部、双肩和头部靠着墙壁，训练身体控制能力。

② 双腿夹纸：站立者在两膝间夹一张纸，保持纸不松不掉，训练腿部控制能力。

③ 头上顶书：站立者按要领站好后，在头上顶一本书，努力保持书的稳定性，训练头部控制能力。

④ 效果检测：轻松摆动身体后，瞬间以标准站姿站立，若姿势不够标准，则应加强练习，直至无误为止。

第二节　视言类职业体能训练

一、视言类职业岗位人体解剖与生理特征

视言类职业分为久视类和久言类。久视类包括分析检验技术、医学检验技术等；久言类有心理咨询、导游等。这些职业依赖眼和言语，易导致用眼过度、长时间说话和脑疲劳。本节介绍视言类职业的岗位特点及体能训练方法。

1. 眼部

眼是视觉器官，由眼球、视路和附属器组成。其作用是对光反应并将信息传至大脑，以分辨颜色、性状、质地。久视职业如医学检验、图文处理人员，因长时间注视屏幕和仪器，眨眼次数减至 4 ~ 5 次 / 分钟，晶状体调节肌疲劳，导致生理功能下降，眼睛干涩、视力下降、身心疲劳，引发干眼症等眼部疾病。

2. 声带

声带是喉部的两瓣对称膜状结构，说话时通过与空气相互作用振动发声。长时间说话会使声带疲劳，增加嗓子负担，可能导致声带黏膜充血水肿、唾液腺分泌增多及咽喉部位水分流失，出现口干舌燥。

3. 大脑

语言形成于大脑神经网络，节点间相互抑制与刺激。涉及区域包括前语言区、沃尼克区等，位于额下回后部及颞上回、颞中回后部、缘上回，受神经中枢调控以实现语言控制功能。

二、视言类职业体能训练方法

（一）睫状肌训练

（1）训练目的。改善睫状肌紧绷，提升弹性。

（2）训练方法。

① 快速眨眼 25 ~ 30 次，分泌眼泪防眼干涩。

② 盯住指尖，指尖远近摆动 10 ~ 15 次，使睫状肌舒张收缩。

③ 眼睛上下左右移动各 10 ~ 15 次。

④ 眼睛画圈 10 ~ 15 次。

⑤ 搓热双手捂眼放松 30 秒。

（二）眼外肌训练

（1）训练目的。增强眼外肌力量，改善肌肉无力和萎缩，调整斜视、斗鸡眼、上眼睑下垂。

（2）训练方法。

① 眼睛向上翻至极限，左右转动 10 ~ 15 次。

② 眼睛平视，左右交替往外看 10 ~ 15 次。

（三）心肺功能训练

1. 弹跳练习（图 13-2-1）

（1）训练目的。调整和改善视力，人在弹跳时全身器官都进入运动状态，眼部数条眼球肌协调配合，使物像清晰地呈现在视网膜上来保证身体下落时的平衡，以起到眼部保健的作用，同时还可以锻炼心肺功能。

（2）训练方法。跳绳、跳台阶、蛙跳、并步跳、收腹跳等。

图 13-2-1　踮脚跳跃

2. 有氧运动

（1）训练目的。增强心肺功能，提升肺活量，使呼吸更顺畅，精神更加充沛，对语言类、谈话类职业很重要。

（2）训练方法。健身操、游泳、飞盘运动、跑步、爬山、骑自行车等。

第三节　操作作业类职业体能训练

操作类职业工种多样，包括久步、平衡、精密技术、登攀、狭窄空间等。常见职业有地质调查与矿产普查、导游、安全技术与管理、航海技术、水路运输安全管理、空中乘务、民航空中安全保卫、金属精密成型技术、摄影测量与遥感技术、电力系统自动化技术、矿山测量、供用电技术、矿井建设工程技术、护理、针灸推拿、医学美容技术等。本节主要介绍操作作业类职业岗位解剖与生理特征及体能训练方法。

一、操作作业类职业岗位人体解剖与生理特征

操作类职业需变换姿势，静力性和动力性工作交替进行，长时间易导致肌肉紧张。该类职业人群劳动时的解剖学、生理学特征与坐姿、站姿类职业在身体姿态上有许多共同之处，如手腕部的机械性劳作、身体平衡与柔韧度等。

1. 手腕部

部分操作类职业，如精密技术专业和针灸推拿等，工作时手腕部需长时间屈伸，需要灵活性与力量。人体手腕部肌肉复杂，包括手肌和前臂肌，主要功能是手指和手腕的屈伸、旋转。这些职业长时间作业导致手腕重复用力、反复弯曲伸展，易引发腕管综合征。

2. 身体柔韧性

当身体长时间操作作业时，需具备灵敏、柔韧及平衡等素质。例如船员在船上行走需保持平衡；人在狭窄空间作业时，某些关节部位需具备柔韧素质。若肌肉僵硬、关节活动幅度受限，则难以呈现相应姿势。

二、操作作业类职业体能训练方法

操作类职业人员需频繁移动和变换姿势，可通过手腕肌肉力量及关节柔韧性训练提升灵巧性和活动幅度。

（一）伸展训练

1. 正压腿

面对横木站立，抬腿将脚跟放于横木上，脚尖勾紧；两手放于膝关节上沿，两腿伸直，上体前倾，腰背挺直髋关节摆正，上体前屈并向前、向下做压振动作，左右腿交替进行。

2. 仆步压腿

两脚开立，左腿屈膝全蹲，右腿伸直，脚尖内扣，尽量往远伸。将身体重心从左脚移至右脚，保持身体平衡，向下压振。

3. 站立屈髋

并步站立，抬头、挺胸、收腹、腰背挺直，两腿挺膝夹紧，两手十指交叉，两臂贴耳伸直上举至手心向上。上体俯身向前，两手心尽量向下贴紧地面，两膝伸直，髋关节屈，腰背部充分伸展。

4. 腰绕环

双脚开立与肩同宽，以髋关节为轴俯身向前，再以腰为轴，使上体从前向右、向上再向左，做顺时针或逆时针缓慢旋转；同时，双臂随上体做顺时针或逆时针的环绕动作。

（二）"8"字绕环

（1）训练目的。发展肱桡肌力量，提升手腕力量和灵活性。

（2）训练方法。身体保持直立，抬头、下颌微收、挺胸、收腹、两眼平视前方，握拳，拳心向上，以腕关节为轴拳眼画"8"字（图13-3-1）。

图13-3-1　"8"字绕环

（三）燕式平衡

（1）训练目的。促进小腿和核心肌群的稳定性。

（2）训练方法。身体保持直立，抬头、下颌微收、挺胸、收腹、两眼平视前方；左脚往前一步，俯身前倾，双手侧平举，右腿向后抬起来维持身体平衡，支撑腿要伸直，双腿交换重复练习（图13-3-2）。

图13-3-2　燕式平衡

第四节　特殊环境作业类职业体能训练

一、特殊环境作业类职业岗位人体解剖与生理特征分析

（一）特殊环境作业类职业岗位界定

特殊环境职业包括高空、水环境、寒冷、暑热等工作人群。职业院校开设的专业如古建筑工程技术、轨道交通通信信号设备与维护、水电站设备安装与管理、水利水电工程管理、海洋渔业技术、水环境监测与治理、供热通风与空调工程技术、制冷与空调技术、冰雪、暑热环境运动与管理、消防救援技术、现代铸造技术等，均符合特殊环境作业的特点。下面以高空环境作业类职业岗位为例进行说明。

（二）高空环境作业类职业岗位解剖与生理特征

高空环境作业属于特殊环境作业的一种。从事高空作业的职业人员，需要具备良好的身体平衡性。身体平衡是身体在运动或受到外力作用时，能够主动调整并维持姿态的能力，主要包括对称性平衡、静态性平衡和动态性平衡。在高空作业的过程中，作业人员常常会由于身体平衡系统功能障碍出现身体姿势不易控制，甚至眩晕、呼吸困难等不适感觉。这不仅影响工作效率和质量，还会显著增加安全隐患

影响身体平衡能力的因素除遗传外，还包括年龄、视觉、前庭器官功能、肌肉本体感觉和肌肉力量以及整体身体机能状态。高职学生正处于身体机能状态较好时期，可通过加强位觉感受器、本体感受器以及视觉器官的训练，提高身体平衡能力，进而克服恐高等心理障碍。

二、高空环境作业类职业体能训练方法

基于高空环境作业类解剖学和生理学特征，相关职业人员需要以心肺功能、肌力和肌耐力、核心训练为基础素质（可参考本章前三节举例介绍的训练方法），同时重点加强身体灵敏、协调与平衡和克服恐高方面的训练。

（一）抛接球反应训练（图 13-4-1）

（1）训练目的。加强手眼协调及反应力训练，以提升高空作业时应对外力干扰、保持身体平衡的保护能力。

（2）训练方法。双腿微屈，脚跟抬起，身体做好准备；单手持球在胸部高度，手自然松开，反应球落地，迅速判断反弹方向身体移动，在球二次落地前抓住。

图 13-4-1　抛接球反应训练

（二）身体姿势控制

（1）训练目的。加强位觉感受器、本体感受器、视觉器官训练等方面训练，以提高身体姿势控制。

（2）训练方法。连续前滚翻、后滚翻、仰卧左右侧滚翻、原地跳转 360 度、走平衡木、闭目旋转直线走、荡秋千等。

（三）克服恐高训练

（1）训练目的。帮助高空环境下工作人群更好地适应环境，克服心中的焦虑和恐惧，更加安全、高效地开展工作。

（2）训练方法。可采用高空减压运动疗法，具体如下：

① 处于安静和保温状态，并呼吸 100% 氧气。

② 保证充分休息，把控好进入高空环境的间隔和持续时间。

③ 注意营养的摄入与日常体育锻炼，加强体重管理。

思 考 题

1. 简述静态性姿势类职业体能训练方法。
2. 简述视言类职业体能训练方法。
3. 操作作业类职业需要重点发展哪些身体素质？
4. 简述特殊环境作业类职业体能训练方法。

第十四章　职业心理和社会适应

【章前导言】

职业心理和社会适应可以通过体育活动得到有效锻炼，这种锻炼体现在各种身体活动中正确的心理认知和良好的行动能力上。体育活动能够充分调动运动参与者的智慧与潜能，帮助他们在运动中提升专注力、创造力以及自我控制能力。

职业心理和社会适应训练主要围绕沟通与合作、细心与果敢、坚持与服从、责任与创新等关键素养展开。通过特定的训练活动，参与者（学生）能够在特定环境中思考、发现、感悟，对个人、团队重新认识和定位，启发想象力与创造力，提高克服困难的能力，增强团队意识，培养团队协作能力，提高队员自我意识，从而不断完善自我，走向成熟。同时，它还能帮助参与者增强与他人的有效沟通能力，激发潜能，增强自信心，学会感恩，懂得回报。

本章精选了急速 60 秒、毕业墙等游戏的职业心理、社会适应训练方法，旨在通过寓教于乐的趣味方式，促进运动参与者职业心理素质的发展和社会适应能力的提升。

【学习目标】

1. 了解职业心理与社会适应的概念，以及其沟通与合作、细心与果敢、坚持与服从、责任与创新等构成的内涵。
2. 了解急速 60 秒、穿越电网、移花接木等游戏的规则与方法。
3. 掌握主动组织与参与职业心理与社会适应训练的方法。

从学习体育楷模，到树立爱岗敬业精神

苏炳添，这位被誉为"亚洲飞人"的短跑名将，不仅是男子60米、100米跑亚洲纪录保持者，也是东京奥运会男子4×100米跑接力铜牌得主。在东京奥运会半决赛中，时年32岁的他以九秒八三的惊人成绩夺得小组第一，超越了年龄和体能的限制，创造了属于亚洲田径的奇迹。他用骄人的成绩成为当代青年的榜样，但背后付出的艰辛却鲜为人知。教练袁国强这样评价苏炳添："我带了他快十年了，可以说他是我带过的最自觉的队员。十年来，在训练场地上他只要出现在我的视线范围内，就绝对是在训练，从不偷懒。"外教亨廷顿也赞叹道："他的训练态度是中国田径运动员中少有的，根本不需要教练去鞭策。"

同样令人敬佩的还有临危受命的郎平。在祖国需要时，她义无反顾地回国执教中国女排，并在2019年率队以11场全胜的战绩勇夺女排世界杯冠军。当然，还有王义夫、徐梦桃……体育界这样的例子不胜枚举。我们不仅要学习这些为国争光的体育健儿，更要致敬那些默默耕耘奉献的基层体育工作者——无论是基层教练还是普通教师，他们都在各自的岗位上，为了祖国的体育事业奉献青春、无怨无悔。爱岗敬业体现的是一种忠于职守的职业精神，是职业道德的根基。正是具备爱岗敬业这种平凡而伟大的奉献精神的人们，铸就了中华民族坚挺的脊梁。

职业心理和社会适应是指通过体育活动得到锻炼并体现在各种身体活动中的正确的心理认知和良好的行动能力。职业心理和社会适应训练能从以下几个方面培养学生的基本职业素养。本文根据学生适应未来职业岗位所需的心理能力，按沟通、合作、细心、果敢、坚持、服从、责任、创新等进行分类，并对相关训练内容与方法提出建议。

第一节　沟通与合作训练

一、沟通

沟通是人与人之间、人与群体之间思想与感情的传递和反馈的过程，目的是希望沟通双方思想达成一致，同时促使感情的通畅。沟通是人们分享信息、思想和情感的过程。现代物业管理、健康管理、心理咨询等职业都是在沟通的基础上进行的。与他人进行信息沟通的过程，不仅仅是认识他人的过程，也是人际互动的过程。

训练项目举例：急速 60 秒。

1. 项目描述

急速 60 秒（图 14-1-1）项目中共准备 30 张图片，随机摆放成一个圆圈。学生从出发区出发后迅速走至图片区，齐心协力翻译图片上的相关信息，按照规则在最短时间内将代表 1~30 数字的图片找出并解析。培养团队统筹规划、精细分工、相互协作的团队意识及行为习惯。

急速 60 秒

适合人数：10~15 人。

图 14-1-1　急速 60 秒

2. 场地器材与要求

面积约 100 平方米的场地，要求场地地面平整，没有尖桩、砾石，项目挑战区与学生间距至少 20 米，场地标线远近以学生看不清画面状况为宜。

3. 训练目标

（1）提升学生表达与沟通的能力。

（2）培养学生面对临时项目首先进行统筹规划的意识。

（3）培养学生过程管理的行为习惯。

（4）提升学生时间管理的意识。

（5）深化学生团队协作技巧。

（6）培养发散思维能力，体会广泛掌握知识对工作的帮助。

4. 训练规则

（1）挑战开始前所有学生须站在标线以外。

（2）每张卡片仅代表一个数字，学生需要翻译图片并按照从 1~30 的顺序指示出来。

（3）仅允许一名学生在圈内指示图片顺序，指示错误则本次挑战失败，需返回原处，思考后再次挑战。

（4）每次挑战从学生起步跑动至任务结束时限 60 秒，时限内未完成任务须返回出发点思考。

（5）学生从标线处起跑开始计时，直至完成任务或者 60 秒时间到达则计时结束。

（6）在规定时限内完成任务视为挑战成功。

5. 项目分享

（1）面对纷乱的线索，我们需要运用发散思维，积极思考图片含义。

（2）创造奇迹需要团队，一个人做不了所有的工作，领导行为不是一个人的独奏。

（3）团队协作不是一句空话，需要用心去做，通过精细协作才能迅速达成目标。

（4）工作中将矛盾大而化之，是团队协作的毒药，会破坏团队的信任感，并最终导致团队任务无法完成。

二、合作

合作，指共同创作、共同从事；两人或多人一起工作以达到共同目的；联合作战或操作。合作精神是任何一家企业和单位都十分重视的。作为团队的一员，应主动征求他人意见，与他人互享信息、互相鼓励，为了团队的目标与大家通力合作完成任务。

训练项目举例：毕业墙。

1. 训练描述

所有学生必须在规定的时间内，不借助任何工具，仅依靠相互协作，攀越 4 米高的平滑毕业墙（图 14-1-2）。

适合人数：18~60 人。

毕业墙

图 14-1-2　毕业墙

2. 场地器材及要求

场地地面平整，没有尖桩、砾石，面积大约 100 平方米；4 米高平滑而坚固的一面墙，墙面牢固坚实，墙后有站立的平面和上下使用的楼梯。

3. 训练时间

约 50 分钟。

4. 训练目标

（1）强化团队成员之间的凝聚力。

（2）培养学生的奉献精神与责任意识。

（3）建立团队成员间的信任机制。

5. 训练规则

（1）不能使用器材帮助，只能依靠团队学生之间的互相协作完成任务。

（2）按要求登上毕业墙顶部的人不得从后边安全通道下来再次帮助其他人攀登。

（3）如果要下来帮助其他人必须从正面下来才能再次参与帮助。

（4）注意安全保护，学生在越墙的时候，其余学生应伸出双手准备保护滑落的学生。

6. 交流分享

（1）团队面临危险时，队长是否能做出正确决策？队员是否能够服从队长指挥？个人的决策不可能是最完美的，关键是学会服从，方案要在实施过程中不断调整，要学会在决策过程中合理分工，学习用最优法配置资源。

（2）信任是队友相互合作的基础。为了实现共同目标，要敢于将生命交托给队友，或为了队友牺牲自己的利益，整个团队相互协助取得成功，没有信任就没有卓越的协作。

（3）取得胜利会使整体团队的凝聚力空前高涨，有利于增强队友之间的信任，增强整个团队的合作意识。

（4）翻过毕业墙时间紧迫，必须迅速完成。我们在实际生活工作中也要学会在紧迫的时间内，合理利用资源，快速、冷静思考，果断决策得出解决方案。

第二节　细心与果敢训练

一、细心

细心，即心思周密。"细节决定成败"启示我们在面对复杂工作时，要有周全的思考和细致的作业。

训练项目举例：穿越电网。

1. 项目描述

小组成员要从被关押的监狱逃亡，唯一的出路被一个巨大的电网封锁。小组成员必须从电网的缝隙中钻过去，网与洞口之间没有空隙。所有学生必须在规定时间内相互协助、共同穿过电网，从电网的内侧到达外侧，实现逃生（图 14-2-1）。

适合人数：15~18 人

穿越电网

图 14-2-1　穿越电网

2. 场地器材及要求

场地地面平整，没有尖桩、砾石，面积大约 100 平方米。布置好的电网 1 副，标志夹 20 个。要求网孔适合培训者人数及其体型特征，尽量选择不规则的网孔。网孔包括大小适合穿越及大小不适合穿越两种情况，可以穿越的网孔数量比参与培训的学生人数多 1 个即可。

3. 训练时间

约 60 分钟。

4. 训练目标

（1）培养团队成员关注细节及结果导向的思维习惯。

（2）培养团队的科学决策能力和严谨细致的工作作风。

（3）培养学生统筹规划、统一行动、紧密协作的思维方式及行为习惯。

5. 项目规则

（1）过网的唯一通道就是未封闭的网孔，要求所有学生必须在规定时间内通过。

（2）每个网孔只能通过 1 人，通过后即封闭。

（3）学生身体的任何部位都不能触网（衣服，头发），协助穿越的学生身体也不能接触电网。凡触网，正在通过的学生立即退回原地，所有学生立刻接受培训师规定的惩罚。

（4）学生可以相互协助，但是在没有人到达网的另一边时，学生不能绕过网去协助。只能在过网后在另一边协助。

（5）不可飞身冲钻绳网。

（6）凡是有学生在规定时间内没有穿过电网逃生，则视为全队任务失败。

6. 交流分享

（1）细节决定成败，要尽量减少各种不利因素的影响，注意细节以提高实际效率。而细节决定成败的前提是目标或方向的正确。

（2）工作中有大局观念是个人迅速成长的基础。允许个人有目标，但当自我目标和团队目标不一致时，应该服从团队的目标。

（3）决策有时难以达到最优，因为时间和现有资源是有限的。在实际工作中，经常寻求的是次优决策或满意决策，而决策也是在工作过程中不断得到修正和完善的。

（4）沟通是信任的前提，信任是合作的基础。为了实现共同目标，团队成员要相互信任，且具备相互协调的能力。

（5）穿越电网具有时间紧迫性，要求迅速完成。在实际生活和工作中也要学会在短时间内从大量的外界信息中抽取有效的信息，并进行冷静分析和思考。

二、果敢

果敢，是当机立断、敢作敢为的意思。政法工作是一项极其重要、严肃又艰苦的工作，需要人们忠于事实与法律，只有具备坚毅、果敢、理智、顽强的意志，才能在政法工作中保持清醒的头脑、高度的理智、顽强的斗志、机动灵活的战术，从而立于不败之地。

训练项目举例：信任背摔。

1. 训练描述

一名学生站在 1.5~1.8 米高的背摔台上面挑战自我，背对其余学生，大声询问："准备好了没有？"背摔台下面学生回答："准备好了！"接着询问上面队友："有没有信心？"队友必须大声回答："有！"之后接人学生数"1、2、3！"上面学生挺直腰背向后倒下，团队其余人员用双手组成接人的网垫接住倒下的学生。倒伏台较高则采用双手掌心向上搭肩方式，倒伏台较低则采用双手搭井字方式（图 14-2-2）。

信任背摔

适合人数：15~20 人。

图 14-2-2　信任背摔

2. 场地器材及要求

场地地面平整，没有尖桩、砾石，面积大约 100 平方米。1.7 米左右高的背摔台。

3. 训练时间

约 40 分钟。

4. 训练目标

（1）增强学生挑战自我的勇气。

（2）了解个人与团队的关系，培养团队内部的相互信任和成员的责任心。

（3）培养学生换位思考的意识。

5. 训练规则

（1）挑战者两臂前举，双手外旋，交叉，十指相扣，然后内旋紧紧地靠向身体，脚后跟超出台面少许，两脚并拢，脚尖相靠，膝关节绷直，臀肌收紧，下颌微收略含胸，平直倒下。

（2）保护者手臂和大腿各组成一层保护网，头后仰，时刻关注挑战者。

（3）训练开始前身上的手机、钥匙等硬物一律取下。

6. 交流分享

（1）面对困难时，团队的信念可以帮助学生们树立个人自信心和勇气，鼓励大家勇于挑战困难，突破自我。

（2）建立团队成员之间的信任，理解信任和承诺的重要性。

（3）增强自我的信心，勇于挑战自我极限，在挑战的过程中学会如何提高自我的控制能力。

（4）深刻认识到无论是交友还是共事，信任是建立一切关系的基础，信任来自对他人的能力和品质的肯定。

第三节　坚持与服从训练

一、坚持

坚持，坚即意志坚强，坚韧不拔，持即持久，有耐性。坚持是良好意志力的表现。坚持也是有毅力的一种表现。商务贸易类从业人员在面对错综复杂的市场环境和人际关系时，难免会有压力与挫折，他们需要坚定信念，尝试多种方法去克服困难；在追求目标的过程中不断地激励自己，使自己的精神振作起来，激发自身的潜能，努力去实现预定的目标。

训练项目举例：钻木取火。

1. 训练描述

在一次偶然的行动中，队员集体"穿越"到了蛮荒时代。这里荒芜、寒冷，没有任何现代化设施，连火柴都没有，更别提打火机了。吃惯了熟食的学生们，面对蛮荒没有气馁，队员们要利用有限的资源和曾经学过的知识，钻木取火来抵御严寒（图 14-3-1）。

适合人数：15 人。

图 14-3-1　钻木取火

2. 场地器材及要求

（1）适合山地户外运动的地形，场地平整，约 50 平方米。

（2）附近有灭火水源，备用灭火用水 3 小桶。

（3）远离林木 50 米，并且场地周围没有干枯荒草和其他会导致火情无法控制的物体，最好在沙地、碎石地、岩石地上进行。

（4）远离帐篷搭建区域 20 米以上，风速控制在 2 级以内。

（5）干燥松木板（15×25 厘米）3 块，圆形干燥松木棍（直径 2.5 厘米，长 30 厘米，削尖）3 根，长型竹片（长 1.2 米，宽 4 厘米，厚 0.5 厘米）3 根，干燥纸巾 3 包，5 毫米细绳 10 米，三种规格引火树枝若干（包括干燥树皮、松针、直径 0.5~1 厘米干燥引火细枝若干，直径 2 厘米以上干燥引火粗枝若干）。

3. 训练时间

约 60 分钟。

4. 训练目标

（1）培养团队协作能力，坚持不懈的精神。

（2）提升团队成员主动工作的意识，坚持完成任务。

（3）培养团队的创新思维能力。

5. 训练规则

（1）成员找培训师领取所需的已经加工过的物料。

（2）学生仅能在地面上自行收集干枯树叶树枝。

（3）必须设置安全员，监督火情控制和扑灭。

（4）开始取火操作前必须检查灭火物料是否完备。

（5）取火时间只有 25 分钟。

（6）学生可根据实际情况和需要，向培训师申请工具，并自行对已有工具进行简单加工。

（7）取火小组之间的距离应在 10 米以上。

（8）取火完毕进入野炊环节。

6. 取火技巧

（1）事先将引火细柴加工成细木条，并架空聚拢摆放在引火位置，上面摆放粗一点的引火树枝，做好后利用工具制作可以高速转动木棍取火的工具。

（2）取火前将钻点处挖一个供木屑流出的细缝，细缝下面垫上两层干纸巾。

（3）前期缓慢转动木棍，让木板上不断升温变黑。

（4）当流出的木屑变黑时加速转动并持续1~3分钟；木屑冒出浓烟并呈深黑色时，将落在纸巾上的木屑团拢，直到冒出火星后稍大力吹气。

（5）等火苗出现后将引火细柴点燃，不断增加更粗的木棍直到火势旺盛。

7. 交流分享

（1）没有尝试，怎么能说做不到，怎么会得出正确的结论？要对自己有信心。

（2）理论是指导实践的。在理论的指导下，具体地操作钻木取火的细节，践行钻木取火理论。理论与实践应当相辅相成，既不能轻视理论，也不能荒废实践。

（3）从钻木取火到现在的打火机，取火方式伴随着人类文明的发展的一直都是创新。善于创新才有灵活的思维，善于创新才有宽阔的天地。创新决定了一个人、一个团队今后的发展和成就，重视创新就是在给自己扩展天地。

（4）团队要有主动协作意识。高效的协作需要学生的思维和意识一直跟着工作的进展，同时主动思考。

二、服从

服从，即个体在社会要求、群体规范或他人意志的压力下，被迫产生的符合他人或规范要求的行为。如文秘、事务员、行政秘书等的工作就是从服从上级的安排和指令开始的，要及时地安排并合理地分配工作的内容和时间。

训练项目举例：合力建桥。

1. 训练描述

利用提供的器材，由2个组同时独立搭建大桥的一半，之后将两半拼接起来（图14-3-2）。

适合人数：15~18人。

图14-3-2　合力建桥

2. 场地器材及要求

两处宽敞平整的场地，两处地点之间互相看不到对方动作，2张桌子，建桥材料包括每组 5 只纸杯、2 根筷子、1 卷胶带、A4 纸 2 张、剪刀 1 把。

3. 训练时间

约 60 分钟。

4. 训练目标

（1）培养学生统筹规划、统一行动、紧密协作的思维方式及行为习惯。

（2）强化团队执行力，既定目标与计划要严格执行。

（3）培养学生充分利用资源和对资源进行合理配置的能力。

（4）培养团队的科学决策能力和严谨细致的工作作风。

5. 训练规则

（1）两组分别独立搭建大桥的一半，不能互通声息、不能看见对方。

（2）只能使用提供的工具和材料。

（3）建桥期间可以各派一名学生进行总时间为 90 秒的沟通，沟通次数不限，仅能使用语言沟通。

（4）标准是双方搭建的桥梁能完全拼接，制作方法相同，工艺相同，用料一致。

6. 交流分享

（1）沟通之前要确定一个明确的目标，是为了清楚对方的想法，还是要向对方传递信息。

（2）沟通是一个双向互动的过程，需要对对方传达的信息给予及时的反馈，以确定双方表达和思考的一致性。

（3）信息传递过程中要确保信息传递的准确性。

（4）在压力条件下传递的信息要尽量简单明了，确保接收者对信息的接收及传达的准确性。

第四节　责任与创新训练

一、责任感

责任感，是一种职责和任务。责任感是指个人对自己和他人，对家庭和集体，对国家和社会负责任的认识、情感和信念，以及与之相应的遵守规范、承担责任和履行义务的自觉态度。如食品药品监督管理、高速铁路施工与维护等职业必须要有强烈的责任感，否则会威胁到人们的身体健康和生命安全。

训练项目举例：雷阵取水。

1. 训练描述

一队伪装成平民的士兵在穿越沙漠过程中用尽了所有的水。行进中有人发现了沙漠泉眼，但是经过探测，他们发现泉眼周围 6 米直径的范围内埋了大量的地雷。他们随身带着的只有绳索和水壶，需要用绳索帮助自己取出泉水维持生命，队内所有人需在 10 分钟内喝到水（图 14-4-1）。

适合人数：15~18 人。

图 14-4-1　雷阵取水

2. 场地器材及要求

平整场地，没有尖桩、砾石，面积大约 200 平方米。中间钉有直径 6 米的石质圆圈作为雷区。绳索 2 根，直径 10.5 毫米以上、长度为 20 米。矿泉水 3 瓶，开瓶后放置在场地中心。

3. 训练时间

约 50 分钟。

4. 训练目标

（1）在特殊情境下完成任务，培养吃苦耐劳、坚持不懈、顽强拼搏的意志。

（2）培养分析任务、认证方案、合理分工、协同作业完成任务的工作习惯。

（3）提升全体学生各尽所能，共同完成任务的能力。

5. 训练规则

（1）直径 6 米左右的"雷阵"中有 3 杯水，全体学生要在规定的 10 分钟内，将它们取出来。

（2）活动中任何人或者物体不得触及"雷阵"区域，否则视为任务失败，团队重新开始挑战。

（3）取水的过程中，水不能溅落出来。

（4）不能使用相同的方式连续取水 2 次以上。

6. 交流分享

（1）因为时间和现有资源的有限性，在实际工作中，我们经常寻求次优决策或满意决策，而决策也是在工作过程中不断得到完善的，正确把握民主和集中的尺度，适时使用团队决策或个人决策。

（2）当团队受到挫折时，需要保持冷静，坚持不懈，勇于尝试新方案。

（3）凡事须事前有计划、执行有指挥、事中有监督、事后有总结，每一次的团队自我反馈都会促进团队成长。

（4）团队应当明确"有效的沟通决定团队执行力"的道理。

（5）学会管理时间，注重细节，减少失误。

二、创新

创新，一指创立或创造新的事物，二指先做某事。创新指产生新思想、研制新产品、开拓新市场、制定新战略、开发新技术、推出新产品的能力，善于尝试多种选择去探索新事物，如产品艺术设计、服装与服饰设计等专业。

训练项目举例：移花接木。

1. 训练描述

轰鸣的机器突然停止转动，经过检查和分析，机器内部的一个零件损坏了，需要将仓库中的替代零件更换到损坏的机器中。所有学生必须利用提供的工具在规定的时间内完成机器零件的更换（图 14-4-2）。

适合人数：15~18 人。

移花接木

图 14-4-2　移花接木

2. 场地器材及要求

场地地面要平整，没有尖桩、砾石，面积大约 100 平方米，2 根铁桩高度均为 3 米，每个铁桩上套着 3 个汽车轮胎（模拟机器零件），每个轮胎的直径达 1.2 米以上。

3. 训练时间

约 50 分钟。

4. 训练目标

（1）培养学生紧密协作、服从大局的思想观念和勇于奉献的精神。

（2）培养学生在解决问题时合理分配人力、分工协作的能力。

（3）提升团队执行力和组织策划能力。

5. 训练规则

（1）挑战中不得借用任何其他工具来搬动轮胎，仅能手工操作更换。

（2）操作过程中不得碰触铁桩（机器中轴）。

（3）更换下来的轮胎需要归还到"仓库"中去。

（4）学生在更换零件的过程中不能将零件胡乱扔放，避免砸伤其他学生。

6. 交流分享

（1）付出是自己的责任，能够承担多大的责任，就能体现多强的个人魅力。

（2）安排任何工作，都需要多考虑事情的发展以及可能的意外。

（3）思维是前提，行动是基础。要懂得行动的重要性，不能做思想上的巨人、行动中的矮子。

思　考　题

1. 如何才能做到更有效的沟通？

2. 如何才能做到细心和果敢的完美结合？

3. 团队集体中的责任感，来源于团队的哪些因素？

4. 结合本专业谈一谈自己对责任和创新的理解。

参考文献

［1］梁培根.高职体育［M］.2 版.北京：高等教育出版社，2024.

［2］刘景刚.体育与健康（北方版）［M］.北京：高等教育出版社，2021.

［3］柳杰，谢安，王儒松.高职体育与健康［M］.北京：高等教育出版社，2023.

［4］国家体育总局职业技能鉴定指导中心.公共理论.初级［M］.北京：高等教育出版社，2020.

［5］鲁鑫.高职体育与健康［M］.北京：高等教育出版社，2023.

［6］尹大川，刘军利，王雷.体育健身—高职体育实践教程［M］.4 版.北京：高等教育出版社，2021.

［7］洪浩，王凤仙，岳贤锋，姚丽.体育与健康［M］.北京：高等教育出版社，2024.

［8］徐之军，刘汉卿.体育与健康［M］.济南：山东人民出版社，2023.

［9］郑淳.飞盘运动［M］.北京：北京体育大学出版社，2024.

读者意见反馈

为收集对教材的意见建议，进一步完善教材编写并做好服务工作，读者可将对本教材的意见建议通过如下渠道反馈至我社。

咨询电话　400-810-0598

反馈邮箱　gjdzfwb@pub.hep.cn

通信地址　北京市朝阳区惠新东街 4 号富盛大厦 1 座

　　　　　高等教育出版社总编辑办公室

邮政编码　100029